清涼國師華嚴經疏鈔

청량국사 화엄경소초 40

십행품 ①

청량징관 찬술 · 관허 수진 현토역주

운주사

천이백 년 침묵의 역사를 깨고

오늘도 나는 여전히 거제만을 바라본다.

겹겹이 조종하는 산들

산자락 사이 실가닥 저잣길을 지나 낙동강의 시린 눈빛

그 너머 미동도 없는 평온의 물결 저 거제만을 바라본다.

십오 년 전 그날 아침을 그리며 말이다.

나는 2006년 1월 10일 은해사 운부암을 다녀왔다.

그리고 그날 밤 열한 시 대적광전에서 평소에 꿈꾸어 왔던『청량국사 화엄경소초』완역의 무장무애를 지심으로 발원하고 번역에 착수하였다.

나의 가냘픈 지혜와 미약한 지견으로 부처님의 비단과도 같은 화장세계에 청량국사의 화려하게 수놓은 소초의 꽃을 피워내는 긴 여정을 시작한 것이다.

화엄은 바다였고 수미산이었다.

그 바다에는 부처님의 용이 살고 있었고

그 산에는 부처님의 코끼리가 노닐고 있었다.

예쁘게 단장한 청량국사 소초의 꽃잎에는 부처님의 생명이 태동하고 있었고,

겁외의 연꽃 밭에는 영원히 지지 않는 일승의 꽃이 향기를 뿜어내고

있었다.

그 바다 그 산 그리고 그 꽃밭에서 10년 7개월(구체적으로는 2006년 1월 10일부터 2016년 8월 1일까지) 동안 자유롭게 노닐었다.

때로는 산 넘고 강 건너 협곡을 지나고

때로는 은하수 별빛 따라 오작교도 다니었다.

삼경 오경의 그 영롱한 밤

숨쉬기조차 미안한 고요의 숭고함

그 시공은 영원한 나의 역경의 놀이터였다.

애시당초 이 작업은 세계 인문학의 자존심

내가 살아 숨쉬는 이 나라 대한민국 그리고 불교의 자존심에 기인한 것이다.

일찍이 그 누가 이 청량국사의 『화엄경소초』를 완역하였다면 나는 이 작업을 하지 않았을 것이다.

지금도 여전히 완역자는 없다.

더욱이 이 『청량국사화엄경소초』의 유일한 안내자 인악스님의 『잡화기』와 연담스님의 『유망기』도 그 누가 번역한 사실이 없다.

그러나 내 손안에 있는 두 분의 『사기』는 모두 다 번역하여 주석으로 정리하였다.

이 청량국사 화엄경의 소는 초를 판독하지 않으면 알 수가 없다.

그래서 그 이름을 구체적으로 대방광불화엄경수소연의초大方廣佛華嚴經隨疏演義鈔라 한 것이다.

즉 대방광불화엄경의 소문을 따라 그 뜻을 강연한 초안의 글이라는 것이다.

청량국사는 『화엄경』의 소문을 4년(혹은 5년) 쓰시되 2년차부터는 소문과 초문을 함께 써서 완성하시고 5년차부터 8년 동안 초문을 쓰셨다.

따라서 그 소문의 양은 초문에 비하면 겨우 삼분의 일에 지나지 않는다 할 것이다.

나는 1976년 해인사 강원에서 처음 『청량국사화엄경소초 현담』 여덟 권을 독파하였고,

1981년부터 3년간 금산사 화엄학림에서 『청량국사화엄경소초』를 독파하였다.

그때 이미 현토와 역주까지 최초 번역의 도면을 완성하였고, 당시에 아쉽게 독파하지 못한 십정품에서 입법계품까지의 소초는 1984년 이후 수선 안거시절 해제 때마다 독파하여 모두 정리하였다.

그러나 번역의 기연이 맞지 않아 미루다가 해인사 강주시절 잠시 번역에 착수하였으나 역시 기연이 맞지 않아 미루었다.

그리고 드디어 2006년 1월 10일 번역에 착수하여 2016년 8월 1일 십만 매 원고로 완역 탈고하고, 2020년 봄날 시공을 초월한 사상 초유 『청량국사화엄경소초』가 1,200년 침묵의 역사를 깨고 이 세상에 처음 눈을 뜨게 된 것이다.

번역의 순서는 먼저 입법계품의 소초, 다음에는 세주묘엄품 소초에
서 이세간품 소초까지, 마지막으로 소초 현담을 번역하였다.
번역의 형식은 직역으로 한 글자도 빠뜨리지 않고 번역하였다.
따라서 어색하게 느껴지는 곳도 있을 것이다.
예를 들면 소所 자를 "바"라 하고, 지之 자를 지시대명사로 "이것,
저것"이라 하고, 이而 자를 "그러나"로 번역한 등이 그렇다.
판본은 징광사로부터 태동한 영각사본을 뿌리로 하였고, 대만에서
나온 본과 인악스님의 『잡화기』와 연담스님의 『유망기』와 또 다른
사기 『잡화부』(잡화부는 검자권부터 광자권까지 8권만 있다)를 대조하
여 번역하였다.

앞에서 이미 말한 것처럼, 그 누가 청량국사의 『화엄경소초』를
완역한 적이 있었다면 나는 이 번역에 착수하지 않았을 것이다.
지금까지 이 황금보옥黃金寶玉의 『청량국사화엄경소초』가 번역되
지 아니한 것은 나에게 주어진 시대적 사명이고 역사적 명령이라
생각한다.
나는 이 『청량국사화엄경소초』의 완역으로 불조의 은혜를 갚고
청량국사와 은사이신 문성노사 그리고 나를 낳아준 부모의 은혜를
일분 갚는다 여길 것이다.

끝으로 이 『청량국사화엄경소초』가 1,200년의 시간을 지나 이 세상
에 눈뜨기까지 나와 인연한 모든 사람들 그리고 영산거사 가족과
김시열 거사님께 원력의 보살이라 찬언讚言하며, 나의 미약한 번역

으로 선지자의 안목을 의심케 할까 염려한다.

마지막 희망이 있다면 이『청량국사화엄경소초』의 완역 출판으로 청량국사에 대한 더욱 깊고 넓은 연구와『화엄경』에 대한 더욱 다양한 연구가 이루어지기를 바라는 것뿐이다.

장세토록 구안자의 자비와 질책을 기다리며 고개 들어 다시 저 멀리 거제만을 바라본다.

여전히 변함없는 저 거제만을.

2016년 8월 1일 절필시에 게송을 그리며

長廣大說無一字 장광대설무일자

無碍眞理亦無義 무애진리역무의

能所兩詮雙忘時 능소양전쌍망시

劫外一經常放光 겁외일경상방광

화엄경의 장대한 광장설에는 한 글자도 없고

화엄경의 걸림없는 진리에는 또한 한 뜻도 없다.

능전의 문자와 소전의 뜻을 함께 잊은 때에

시공을 초월한 경전 하나 영원히 광명을 놓누나.

불기 2567년 음력 1월 10일 최초 완역장

승학산 해인정사 관허 수진

● 화엄경소초현담華嚴經疏鈔玄談(1~8)

● 화엄경소초華嚴經疏鈔

영인본 6책 調字卷之一

대방광불화엄경수소연의초 제십구권의 사권

大方廣佛華嚴經隨疏演義鈔 第十九卷之四卷

우진국 삼장사문 실차난타 번역
청량산 대화엄사 사문 징관 찬술
대한민국 조계종 사문 수진 현토역주

십행품 제이십일의 일권

十行品 第二十一之一卷

來意有二하니 一은 前序此正故요 二는 前辨所依佛智며 此辨能
依之行이니 故次來也니라

이 품이 여기에 온 뜻은 두 가지가 있나니
첫 번째는 앞에 두 품은 서론이며[1] 이 품은 바른 종취인 까닭이요
두 번째는 앞에 두 품은 의지할 바 부처님의 지혜를 분별한 것이며
이 품은 능히 의지할 행을 분별한 것이니,
그런 까닭으로 다음에 이 품이 여기에 온 것이다.

疏

二에 釋名者는 隨緣順理하야 造修名行이니 數越塵沙나 寄圓辨十

---

1 앞에 두 품은 서론이며 운운한 것은 승야마천궁품 초初 소문에 차회사품을
   세 가지로 나누리니 처음에 두 품은 당회의 유치由致이고, 다음에 한 품은
   당회의 바른 종취이고 뒤에 한 품은 승진하여 뒤로 나아가는 것이다 하였다.
   영인본 화엄 6책, p.347, 7행이다.

이라 仁王엔 名爲十止라하니 就三學中하야 定心增故요 梵網엔
名爲長養이라하니 長道根故니라 若具梵本하야 應云인댄 功德華
聚菩薩이 說十行品이라하리니 則兼能說人거니와 今文略耳니라

두 번째 이름을 해석한 것은 인연을 따르고 진리를 따라 나아가
수행하는 것이 이름이 행이니,

그 수數는 티끌수 모래를 넘지만 원만수를 의지하여 십十으로 분별하
였다.

『인왕경』에는 이름을 십지十止라 하였으니 삼학 가운데 나아가 정정定
의 마음이 증승한 까닭이요

『범망경』에는 이름이 십장양十長養이라 하였으니 도道의 오근五根[2]
을 장양하는 까닭이다.

만약 범본을 구족하여 응당 말한다면 공덕화취보살이 십행을 설하는
품이라 해야 할 것이니,

곧 능히 설하는 사람[3]을 겸하였거니와 지금의 경문에는 생략되었을
뿐이다.

鈔

仁王엔 名爲十止者는 卽上卷伏忍聖胎三十人이니 十信十止十堅

---

2 도道의 오근五根은 보리도菩提道에 나아가는 오근五根이니 신信·(정)진(精)進·
염念·정정·혜혜이다. 혹 도道는 선善의 잘못(誤)이 아닌가 한다. 교정본엔
도근道根이라 하였다.

3 원문에 능설인能說人은 공덕화취보살功德華聚菩薩이다.

心故라하니 已如上引하니라 梵網엔 名爲長養者는 彼立三賢名云호
대 十發趣(十住)와 十長養(十行)과 十金剛(十迴向)이라하니라

『인왕경』에는 십지十止라고 한다고 한 것은 곧 상권에 복인성태伏忍
聖胎[4]의 삼십인이니,
십신과 십지十止와 십견심十堅心인 까닭이다 하였으니
이미 위에서 인용한 것과 같다.[5]

『범망경』에는 이름을 십장양이라고 한 것은 저 경에 삼현의 이름을
세워 말하기를 십발취(十住)와 십장양(十行)과 십금강(十迴向)이라
하였다.

疏

宗趣可知라

---

4 원문에 伏忍聖胎라고 한 것은 곧 복인위伏忍位에서 성태聖胎를 장양長養한다는
   것이니, 복인伏忍은 번뇌를 끊는 법인(斷煩惱法忍)이고 성태聖胎는 십성의 태(十
   聖之胎)이다. 즉 삼현위三賢位에서 십지十地의 성인聖人이 되려고 수행修行하는
   것을 말함이다.
5 원문에 已如上引이란, 영인본 화엄 5책, p.616, 말행末行이다. 거기에 말하기를
   伏忍下品은 當十住하고, 中品은 當十行하고, 上品은 當十迴向이라 하였다.
   따라서 여기에 십신十信이라고 한 것은 십주十住로 보아야 한다. 물론 십주十住
   안에 십신十信을 포함하지만, 십신十信은 지위로 치지는 않는다.

종취는 가히 알 수가 있을 것이다.[6]

---

6 원문에 종취가지宗趣可知란, 십행十行의 행법行法으로 종宗을 삼고, 지위를
  섭수하여 과보果報를 얻는 것으로 취趣를 삼는 것을 가히 알 수 있을 것이라는
  것이다.

經

爾時에 功德林菩薩이 承佛神力하야 入菩薩善思惟三昧하니라

그때에 공덕숲 보살이 부처님의 위신력을 받아 보살의 잘 사유하는 삼매에 들어갔습니다.

疏

四는 釋文이라 此品이 不同前二의 有行德者는 以行爲主일새 故略無之하며 又行德已純熟하야 進趣中收일새 故唯一品은 義當行中之解니라 品有七分하니 第一에 爾時功德林下는 三昧分이라 功德林入者는 爲衆首故며 表說十行에 衆德建立故라 承佛神力은 是入定因이요 入菩薩善思惟者는 顯定別名이라 揀因異果일새 故名菩薩이요 巧順事理하야 揀擇無礙하야 無心成事일새 名善思惟니라

네 번째는 경문을 해석한 것이다.
이 한 품이 앞의 이회二會에 행덕行德이 있는 것과 같지 않은 것[7]은 행으로써 주인을 삼기에 그런 까닭으로 생략하고 없으며[8] 또 행덕[9]이 이미 순숙하여 진취進趣[10] 가운데서 거두기에[11] 그런 까닭

---

7 원문에 不同前二의 有行德者는, 구체적으로는 前二會에는 行德의 二가 있었지만 此會에 此十行品은 行으로 주인을 삼는 까닭으로 德이 없다는 것이다.
8 원문에 略無之라고 한 것은 즉 德德이 생략되어 없다는 것이다.

으로 오직 이 한 품은 뜻이 행 가운데 해解에 해당하는 것이다.

이 품에 칠분[12]이 있나니

제일 첫 번째 그때에 공덕숲이라고 한 아래는 삼매분이다.

공덕숲 보살이 들어갔다고 한 것은 대중에 상수가 되는 까닭이며,

십행을 설함에 수많은 공덕이 건립됨을 표한 까닭이다.

부처님의 위신력을 받았다고 한 것은[13] 삼매에 들어가는 원인이요

보살의 잘 사유하는 삼매에 들어갔다고 한 아래는 삼매의 다른

---

9 원문에 又行德이라고 한 것은, 이 위에는 행行과 덕德으로 나누었고, 여기는
  행行의 덕德이니 덕德으로 주인을 삼는 것이다.

10 진취進趣란, 제사회第四會의 사품四品 가운데 제사第四 십무진장품十無盡藏品
  진취進趣 가운데이다.

11 거둔다고 한 것은, 덕德은 아래 십무진장품十無盡藏品의 진취進趣 가운데에서
  거두는 까닭으로 따로 말하지 않는다. 『잡화기』는 전 이회二會의 정종正宗
  가운데 다 해解와 행行과 덕德의 삼품三品이 있었기에 곧 此會의 정종 가운데도
  또한 응당 이 삼품이 있어야 할 것이지만, 그러나 이 한 품(십행품)이 앞을
  상대한즉 다만 이 해解뿐인 까닭으로 그렇게 말한 것이다. 대개 지금 이미
  행으로써 주인을 삼는다면 곧 이미 이 행이 가히 따로 밝힐 것이 없는 까닭으로
  생략하는 것이요, 또 행과 더불어 덕이 이 진취 가운데서 거두는 까닭으로
  따로 밝히지 않는 것이니, 이 위에는 오직 행만 잡아 설하였고, 여기는 행과
  덕을 함께 잡아 설한 까닭으로 또라는 말(또 행덕 운운)을 이루는 것이다
  하였다.

12 칠분은, 一은 삼매분三昧分이고 二는 가분加分이고 三은 기분起分이고 四는
  본분本分이고 五는 설분說分이고 六은 현증분現證分이고 七은 중송분重頌分
  이다.

13 원문에 下 자는 신력神力으로 고치는 것이 마땅하여 고쳐 번역하였다.

이름을 나타낸 것이다.

원인이 과보와 다름을 가리기에 그런 까닭으로 보살이라 이름한 것이요

교묘하게 사리에 따라 간택하는 것이 걸림이 없어서 무심으로 일을 이루기에 잘 사유한다 이름한 것이다.

經

入是三昧已에 十方各過萬佛刹微塵數世界外하야 有萬佛刹微
塵數諸佛하니 皆號功德林이라 而現其前하사 告功德林菩薩言
하사대 善哉라 佛子여 乃能入此善思惟三昧니라 善男子야 此是
十方에 各萬佛刹微塵數同名諸佛이 共加於汝하시며 亦是毘盧
遮那如來의 往昔願力과 威神之力과 及諸菩薩衆의 善根力으로
令汝入是三昧하야 而演說法케호려하니

삼매에 들어간 이후에 시방에 각각 일만 부처님의 세계에 작은
티끌 수만치 많은 세계 밖을 지나서 일만 부처님의 세계에 작은
티끌 수만치 많은 모든 부처님이 있으니 다 이름이 공덕숲입니다.
그 부처님들이 공덕숲 보살 앞에 나타나 공덕숲 보살에게 일러
말씀하시기를 착합니다, 불자여. 이에 능히 이 잘 사유하는 삼매에
들어갔습니다.

선남자여, 이것은 시방에 각각 일만 부처님의 세계에 작은 티끌
수만치 많은 같은 이름의 모든 부처님이 함께 그대에게 가피하시며
또한 비로자나 여래의 지나간 옛날에 서원하신 힘과 위의 신통의
힘과 그리고 모든 보살 대중의 선근의 힘으로써 그대로 하여금
이 삼매에 들어가 법을 연설케 하려는 것이니

疏

二에 入是已下는 明加分이라 文中三이니 初는 總辨作加因緣이라
文中四니 一에 入是下는 總標加因이요 二에 十方下는 加緣顯現이
요 三에 告功德林下는 讚有加因이요 四에 善男子下는 雙顯加定
因緣이라 文中二니 一은 別顯所因이요 二는 結因所屬이라 今初에
亦有四因하니 一은 伴佛同加니 十住文云호대 悉以神力으로 共加
於汝라하니라 二는 主佛宿願이요 三은 主佛現威요 四는 大衆機感
이라 略無助化善根은 或是諸字中攝이라 餘義는 具於前會하니라
二에 令汝下는 結因所屬이라

제 두 번째 이 삼매에 들어간 이후라고 한 아래에는 가피하는 분이다.
경문 가운데 세 가지가[14] 있나니
첫 번째는 가피하는 인연을 한꺼번에 분별한 것이다.
그 경문 가운데 네 가지가 있나니
첫 번째 이 삼매 들어간 이후라고 한 아래는 가피하는 원인을 한꺼번
에 표한 것이요
두 번째 시방이라고 한 아래는 가피하는 인연을 나타낸 것이요
세 번째 공덕숲 보살에게 일러 말하였다고 한 아래는 가피하는
원인이 있음을 찬탄한 것이요
네 번째 선남자라고 한 아래는 가피하고 삼매에 들어가는 인연을

---

14 세 가지란, 첫 번째는 여기와 같고 두 번째는 가피하는 바를 분별하는 것이고
   세 번째는 가피하는 모습을 바로 나타낸 것이다.

함께 나타낸 것이다.

그 경문 가운데 두 가지가 있나니

첫 번째[15]는 인연한 바를 따로 나타낸 것이요

두 번째[16]는 인연이 섭속한 바를 맺는 것이다.

지금은 처음으로 또한 네 가지 인연이 있나니

첫 번째는 반불伴佛이 다 같이 가피한[17] 것이니,

십주 경문에 말하기를 다 위신력으로써 다 함께 그대에게 가피한다

하였다.

두 번째는 주불主佛의 숙세 서원이요[18]

세 번째는 주불이 위신력을 나타낸 것이요[19]

네 번째는 보살 대중이 근기를 감응하는[20] 것이다.

교화를 돕는 선근이 여기에 생략되어 없는 것은 혹 제자諸字[21] 가운데

섭속된 것이 아닌가 한다.

---

15 첫 번째란, 경문 선남자善男子 차시시방此是十方 이하이다.

16 두 번째란, 영여입시삼매令入是三昧 이하이다.

17 원문에 반불동가伴佛同加는 선남자善男子 차시시방此是十方 이하이고, 반불伴
佛은 시방미진제불十方微塵諸佛이다.

18 원문에 주불숙원主佛宿願은 亦是 비로자나毘盧遮那 이하이고, 主佛은 비로자나
불毘盧遮那佛이다.

19 원문에 주불현위主佛現威는 위신지력威神之力이다.

20 원문에 대중기감大衆機感은 제보살중諸菩薩衆 이하이다. 여기서 機라고 한
것은 공덕림보살功德林菩薩을 말한다.

21 제자諸字란, 제보살중諸菩薩衆 선근력善根力의 諸 자이다.

나머지 뜻은 앞의 회[22]에 갖추어 설한 것과 같다.

두 번째 그대로 하여금이라고 한 아래는 인연의 섭속한 바를 맺는 것이다.

鈔

略無助化善根者는 十地却有하니 經云호대 亦是汝勝智力이라하니 故云略無라하니라

교화를 돕는 선근이 여기에 생략되어 없다고 한 것은 십지十地[23]에는 도리어 있나니,[24]

『십지경』에 말하기를 역시 그대의 수승한 지혜의 힘이다 하였으니, 그런 까닭으로 말하기를 여기에 생략되어 없다[25] 하였다.

---

22 원문에 전회前會란, 제삼회第三會 가운데 십주품十住品이다.

23 십주十住라 한 주住 자는 응당 지地 자로 할 것이니, 이것은 십지 가운데 문장이고 이 십주 가운데 문장이 아닌 까닭이다 하였다. 역시 『잡화기』의 말이다.

24 원문에 각유却有는 前十住中에 있고, 此十行中에 없고, 後十地中엔 도리어 있는 까닭으로 각유却有라 하였다. 원문에 경운역시經云亦是 운운은 십주경十住經에는 급여소수선근력고及汝所修善根力故라 하였다.

25 원문에 약무略無는 앞뒤(前後)에 함께 있다면 여기에도 응당 있어야 하거늘 없는 까닭으로 약무略無라 한 것이다. 앞뒤란, 십주十住와 십지十地이다.

經

爲增長佛智故며 深入法界故며 了知衆生界故며 所入無礙故며
所行無障故며 得無量方便故며 攝取一切智性故며 覺悟一切
諸法故며 知一切諸根故며 能持說一切法故니 所謂發起諸菩
薩十種行이니라

부처님의 지혜를 증장케 하기 위한 까닭이며
법계에 깊이 들어가게 하기 위한 까닭이며
중생의 세계를 요달하여 알게 하기 위한 까닭이며
들어가는 바가 걸림이 없게 하기 위한 까닭이며
행하는 바가 장애가 없게 하기 위한 까닭이며
한량없는 방편을 얻게 하기 위한 까닭이며
일체 지혜의 자성을 섭취하게 하기 위한 까닭이며
일체 모든 법을 깨닫게 하기 위한 까닭이며
일체 모든 근성을 알게 하기 위한 까닭이며
능히 일체법을 가져 설하게 하기 위한 까닭이니
말하자면 모든 보살의 열 가지 행을 발기하게 하기 위한 것입니다.

疏

二에 爲增長下는 辨加所爲라 有十一句하니 前十은 別明이요 後에
所謂下一句는 總結이라 乃至起分은 皆同前會나 但住行之殊니라

두 번째 부처님의 지혜를 증장케 하기 위한 까닭이라고 한 아래는
가피하는 바를 분별한 것이다.

열한 구절이 있나니

앞에 열 구절은 따로 밝힌 것이요

뒤에 말하자면이라고 한 아래에 한 구절은 모두 맺는 것이다.

이에 기분起分에 이르기까지는 모두 다 앞의 회와 같지만 다만 십주와
십행이 다를 뿐이다.

經

善男子야 汝當承佛威神之力하야 而演此法이니라 是時諸佛이
卽與功德林菩薩에게 無礙智와 無著智와 無斷智와 無師智와 無
癡智와 無異智와 無失智와 無量智와 無勝智와 無懈智와 無奪智
니 何以故요 此三昧力이 法如是故니라 爾時諸佛이 各申右手하
사 摩功德林菩薩頂하시니

선남자여, 그대는 마땅히 부처님의 위신력을 받아 이 법을 연설할
것입니다.
이때에 모든 부처님이 곧 공덕숲 보살에게 걸림이 없는 지혜와
집착이 없는 지혜와
단절함이 없는 지혜와
스승이 없는 지혜와
어리석음이 없는 지혜[26]와
다름이 없는 지혜와
망실함이 없는 지혜와
한량이 없는 지혜와
이길 수 없는 지혜와
게으름이 없는 지혜와
빼앗을 수 없는 지혜를 주시니

---

26 무애지無礙智라 한 애礙 자는 응당 치癡 자라 할 것이라고 『잡화기』는 말하나
   지금 판본은 이미 교정되어 있다.

무슨 까닭인가.

이 삼매의 힘이 법이 이와 같은 까닭입니다.

그때에 모든 부처님이 각각 오른손을 펴 공덕숲 보살의 정수리를
만지시니

疏

第三에 善男子等下는 正辯加相이라 文中三이니 一은 語業加요
二는 意業加요 三은 身業加라 今初는 語業加니 命其說故요 二에
是時諸佛下는 意業加니 與智慧호대 初總餘別이니 捷辯故며 卽無
斷辯故라 前後二會엔 並無此智니 卽是本覺之智를 了因自得하
고 悟不由師니 假佛緣顯일새 故得云與니 與無癡智로 並是迅辯
故며 應辯故며 無謬錯辯故며 豊義味辯故며 一切世間에 最上妙
辯故며 總策前七故며 此七無勝故니 上皆別顯이요 次下는 徵釋이
라 三에 爾時下는 身業加니 增威力故라

세 번째 선남자여라고 한 등 아래는 가피하는 모습을 바로 분별한
것이다.

경문 가운데 세 가지가 있나니

첫 번째는 어업으로 가피하는 것이요

두 번째는 의업으로 가피하는 것이요

세 번째는 신업으로 가피하는 것이다.

지금은 처음으로 어업으로 가피하는 것이니,

그 설하는 것을 생명으로 하는 것이요

두 번째 이때에 모든 부처님이라고 한 아래는 의업으로 가피하는 것이니,

지혜를 주시되 처음은 총總이요 나머지는 별別이니,

민첩한 변재[27]인 까닭이며 곧 단절함이 없는[28] 변재인 까닭이다.

앞과 뒤의 두 회[29]에는 모두 이 지혜가 없나니

곧 본각의 지혜를 요달함에 자기를 인유하여 얻고 깨달음에 스승을 인유하지 않지만 부처님의 인연을 가자하여 나타나기에 그런 까닭으로 준다고 말함을 얻는 것이니[30]

어리석음[31]이 없는 지혜로 더불어 모든 신속한 변재인 까닭이며 응하는 변재[32]인 까닭이며

착오가 없는 변재[33]인 까닭이며

의미가 풍부한 변재[34]인 까닭이며

---

27 원문에 첩변捷辯은 別中第一이다.

28 원문에 무단無斷은 別中第二이다.

29 원문에 전후이회前後二會라고 한 아래는 무사지無師智를 밝힌 것이다. 무사지無師智와 무치지無痴智는 第三에 신변迅辯이다.

30 앞과 뒤의 두 회라고 한 것으로부터 다음 줄 준다고 말함을 얻는다고 함에 이르기까지는 스승이 없는 지혜를 해석한 것이고, 그 아래(여무與無)는 어리석음이 없는 지혜를 해석한 것이다. 역시 『잡화기』의 말이다.

31 師 자는 痴 자의 잘못(誤)이다.

32 원문에 응변應辯은 第四이다.

33 원문에 무요착변無謬錯辯은 第五이다.

34 원문에 풍의미변豊義味辯은 第六이다.

일체 세간에 최상으로 묘한 변재[35]인 까닭이며

앞에 일곱 가지를 모두 꾀하는[36] 까닭이며

이 일곱 가지를 이길 수 없는[37] 까닭이니,

이상은 다 지혜를 따로 나타낸 것이요

이 다음 아래[38]는 묻고 해석한 것이다.

세 번째 그때라고 한 아래는 신업으로 가피한 것이니

위신력을 증장한 까닭이다.

鈔

捷辨等者는 七辯之義니 前文已有어니와 十地更廣하리라

민첩한 변재라고 한 등은 일곱 가지 변재[39]의 뜻이니,

앞의 경문[40]에 이미 있었거니와 십지에 다시 폭넓게 설하겠다.

---

35 원문에 일체세간등一切世間等은 第七이다.

36 원문에 총책전칠總策前七은 第八이다.

37 원문에 차칠무승此七無勝은 第九이다.

38 이 다음 아래란, 何以故 이하이다.

39 일곱 가지 변재(七辯)는 첩변捷辯, 무단변無斷辯, 무요착변無謬錯辯, 풍의미변豐義味辯, 일체세간최상묘변一切世間最上妙辯, 신변迅辯, 응변應辯이다.

40 앞의 경문이란, 바로 소초 앞에 이 경문이고 멀리는 십주문十住文인 듯하니 참조하라.

經

時功德林菩薩이 卽從定起하야

그때에 공덕숲 보살이 곧 삼매로 좇아 일어나

疏

第三에 時功德林下는 起分이라

제 세 번째 그때에 공덕숲 보살이라고 한 아래는 삼매에서 일어나는 분分이다.

經

告諸菩薩言호대 佛子야 菩薩行은 不可思議하며 與法界虛空界
等하나니 何以故요 菩薩摩訶薩이 學三世諸佛하야 而修行故니라

모든 보살에게 일러 말하기를 불자여, 보살의 행은 가히 사의할
수 없으며 법계와 허공계로 더불어 평등하나니
무슨 까닭인가.
보살마하살이 삼세에 모든 부처님을 배워 수행한 까닭입니다.

疏

第四에 告諸菩薩下는 本分이라 文二이 初는 行體라 若約所依인댄
卽前善思三昧로 爲體요 若約所觀인댄 卽二諦雙融이요 若約能
觀인댄 悲智無礙어니와 今從敎相하야 下四行으로 爲體니라 若約
十行別體인댄 卽以十波羅蜜로 爲體니 義見初會니라 今就敎相
中하야 若直就經文인댄 文分爲二리니 初는 標顯이요 二는 徵釋이
라 今初는 標顯行體難思니 行卽深心으로 所修行海也라 與法界
虛空下는 顯難思之相이니 深等法界하고 廣齊虛空일새 故心言罔
及也니라 又超下位가 名不思議며 又卽理之事行이 同事法界之
無量하고 等虛空之無邊하며 卽事之理行이 同理法界之寂寥하고
等虛空之絶相하나니 此二는 俱非言之表詮거나 心之顯詮일새 故
難思議니라 況二交徹하야 能令一行으로 攝一切行하며 一位攝一

切位하야 純雜無礙리요 故로 第十行云호대 入因陀羅網法界하야
成就如來의 無礙解脫하며 人中雄猛大師子吼라하며 乃至到一切
法의 實相源底故니라 又若唯遮者인댄 則凡聖絶分故로 非但遮
常心言이라 亦應融常心言이니 是則於中思議가 不可盡也니라 遮
融無二하야 則思與非思가 體俱寂滅하야사 方曰眞不思議리라

제 네 번째 모든 보살에게 일러 말하였다고 한 아래는 본분本分이다.
그 경문에 두 가지가[41] 있나니
처음에는 보살행의 자체이다.
만약 의지할 바를 잡는다면 곧 앞에 잘 사유하는 삼매로 자체를
삼는 것이요
만약 관찰할 바를 잡는다면 곧 이제二諦가 함께 원융한 것이요
만약 능히 관찰함을 잡는다면 자비와 지혜가 걸림이 없거니와,
지금에는 교상敎相을 좇아 아래에 네 가지 행[42]으로[43] 자체를 삼는
것이다.
만약 십행의 별체別體를 잡는다면 곧 십바라밀로써 자체를 삼는
것이니

---

41 두 가지란, 처음에는 여기에 말한 것과 같고 뒤에는 보살행의 모습이다.
42 四行이란, 육결정六決定 가운데 四行이니 1. 진실행眞實行, 2. 승행勝行, 3.
　　인행因行, 4. 겁약행怯弱行이다.
43 아래에 네 가지 행이라고 한 것은, 이것은 경문 가운데 보살에게 일러 말하였
　　다고 한 구절을 첩석하여 말한 까닭으로 바로 아래 보살행이라고 한 이하의
　　경문을 가리켜 아래라고 말한 것이라 하겠다. 역시 『잡화기』의 말이다.

그 뜻은 초회를 볼 것이다.

지금에는 교상 가운데 나아가 말하였거니와 만약 바로 경문에 나아
간다면 경문을 나누어 두 가지로 하리니

첫 번째는 표시하여 나타낸 것이요

두 번째는 묻고 해석한 것이다.

지금은 처음으로 보살행의 자체가 사의하기 어려움을 표시하여
나타낸[44] 것이니,

보살행은 곧 깊은 마음으로 닦을 바[45] 행의 바다이다.

법계와 허공계로 더불어 평등하다고 한 아래는 사의하기 어려운
모습을 나타낸 것이니,

깊기로는 법계와 같고 넓기로는 허공계와 같기에 그런 까닭으로
마음과 말로 미칠 수 없는 것이다.

또 아래 지위를 초월한 것이 이름이 사의할 수 없는 것이며

또 진리에 즉한 사실의 행이 사법계의 한량이 없는 것과 같고 허공의
끝이 없는 것과 같으며

사실에 즉한 진리의 행이 이법계의 고요함과 같고 허공의 모습을
끊은 것과 같나니,

이 두 가지 행[46]은 함께 말로 표현하여 설명하거나 마음으로 나타내어

---

44 標 자 아래에 顯 자가 있는 것이 좋다. 그러나 없어도 뜻은 통한다.

45 원문에 행즉심심소수行卽深心所修는 삼심三心 가운데 심심深心이니, 십행十行
　에 해당한다.

46 원문에 二行은 즉리지사행卽理之事行과 즉사지이행卽事之理行이다.

설명할 수 있는 것이 아니기에 그런 까닭으로 사의하기 어려운 것이다.

하물며 두 가지 행이 서로 사무쳐 능히 한 행으로 하여금 일체 행을 섭수하며 한 지위로 일체 지위를 섭수하게 하여 순일하고 잡란한 것이 걸림이 없는 것이겠는가.

그런 까닭으로 제십행에 말하기를 인다라망 법계에 들어가[47] 여래의 걸림 없는 해탈을 성취하며,

사람 가운데 웅맹한 큰 사자후로 두려워할 바가 없음을 얻었다 하며,

내지 일체법의 실상의 근원 밑 바다에 이른다 한 까닭이다.

또 만약 오직 차단하기만 한다면 곧 범부와 성인이 그 분分을 끊은 까닭으로 다만 평소의 마음과 말을 차단할 뿐만 아니라 또한 응당 평소의 마음과 말[48]을 융합하기도 해야 할 것이니,

이것이 곧 사의할 수 없는 가운데 사의하는 것이 가히 끝이 없다는 것이다.

차단하고 융합하는 것이 둘이 없어서 곧 사의하는 것과 더불어 사의할 수 없는 것이 자체가 함께 적멸하여야 바야흐로 말하기를 진실로 사의할 수 없는 것이라 할 것이다.

---

47 원문에 第十行云호대 입인다라망법계入因陀羅網法界 운운은 영인본 화엄 6책, p.748, 7행에 있다. 제십행第十行은 진실행眞實行이다.

48 원문에 상심언常心言은 성인聖人의 마음과 말을 가리는 것이니, 지전地前의 행行은 보통의 마음과 사람이 능히 사의할 수 없다는 것이다.

鈔

顯難思之相下는 初就法說이니 別配事理하야 以爲深廣이라 又超下
는 二에 就人顯이요 又卽理之事下는 三에 事理相融釋이니 則法界는
通四法界요 虛空是喩라 亦含四義니 一은 事法界요 卽事之理下는
二에 明理法界니 於中에 顯非表義名言과 及顯境名言所及이 卽不
思議也라 況二交徹者는 三에 卽事理無礙法界요 能令一行下는 四에
明事事無礙法界라 仍上而起니 要由事卽是理하야사 方得以理融事
일새 故有事事無礙니라 下引證은 可知라 第三에 事理無礙는 亦應言
호대 虛空不礙於色하고 色不礙空故라하리라 四에 事事無礙는 如空
入在一毛孔이라도 卽攝無邊法界空이라 又若唯遮者下는 第二에 融
拂이니 恐滯絕思議故니라 絕은 但是遮絕心言故요 融者는 卽言無言
故라 故云於中思議不可盡이라하니 卽用第八眞如相迴向偈文云호
대 菩薩住是不思議하야 於中思議不可盡이니 入是不可思議處하면
思與非思俱寂滅이라하니라 上卽前半意요 從遮融無二下는 卽後半
意也라

사의할 수 없는 모습을 나타낸다고 한 아래는 처음에 법에 나아가
설한 것이니,
사실과 진리를 따로 배속하여 깊고 넓은 것을 삼은 것이다.
또 아래 지위를 초월한 것이라고 한 아래는 두 번째 사람에 나아가
나타낸 것이요[49]

---

49 두 번째 사람에 나아가 나타낸 것이라고 한 것은 이 해석도 또한 법계로써

또 진리에 즉한 사실이라고 한 아래는 세 번째 사실과 진리를 서로 융합하여 해석한 것이니,

곧 법계는 사법계에 통하고 허공계는 비유이다.

또한 네 가지 뜻을 포함하고 있나니

첫 번째는 사법계요

사실에 즉한 진리라고 한 아래는 두 번째 이법계를 밝힌 것이니, 그 가운데 표의명언表義名言과 그리고 현경명언顯境名言이 미칠 바가 아님을 나타낸 것이 곧 사의할 수 없다는 것이다.

하물며 두 가지 행이 서로 사무친다고 한 것은 세 번째[50] 곧 사리무애법 계요

능히 한 행으로 하여금이라고 한 아래는 네 번째 사사무애법계를 밝힌 것이다.

이것은 위에 말을 인하여 생기한 것이니,

반드시 사실이 곧 진리를 인유하여야 바야흐로 진리로써 사실에 융합함을 얻기에 그런 까닭으로 사사무애가 있는 것이다.

아래에 이끌어 증거한 것[51]은 가히 알 수가 있을 것이다.

제 세 번째 사리무애는 또한 응당 말하기를 허공이 색상에 걸리지

깊은 것을 삼고 허공으로써 넓은 것을 삼지만, 그러나 다만 사의할 수 없는 모습이라고 한 것은 앞(一에)에는 행법의 자체에 나아가 말한 것이고, 지금(二에)에는 행인行人의 지위를 가리킨 까닭이다. 역시 『잡화기』의 말이다.

50 著 자 아래 三 자가 있는 것이 좋다.

51 원문에 하인증下引證이란, 제십행第十行의 경문經文이다.

않고 색상이 허공에 걸리지 않는 까닭이라 해야 할 것이다.

네 번째 사사무애는 마치 허공이 한 털구멍에 들어 있을지라도 곧 끝없는 법계의 허공을 섭수하는 것과 같다.

또 만약 오직 차단하기만 한다고 한 아래는 제 두 번째 융합하여 떨치는 것이니,

사의함을 끊는 데만 막힐까 염려한 까닭이다.

끊는다고 한 것은 다만 마음과 말을 차단하여 끊는 까닭이요 융합한다고 한 것은 말에 즉하여 말이 없는 까닭이다.

그런 까닭으로 말하기를 사의할 수 없는 가운데 사의하는 것이 가히 끝이 없다 하였으니

곧 제 여덟 번째 진여상회향의 게송문에 말하기를

보살이 사의할 수 없는 곳에 머물러

그 가운데서 사의하는 것이 가히 끝이 없나니,

이 사의할 수 없는 곳에 들어가면

사의하는 것과 더불어 사의할 수 없는 것이 함께 적멸하다 한 것을 인용한 것이다.

이 위에는 곧 앞에 반 게송의 뜻이요

차단하고 융합하는 것이 둘이 없다고 한 것으로 좇아 아래는 곧 뒤에 반 게송의 뜻이다.

疏

二에 何以下는 徵釋이니 何以로 因人之行이 便叵思耶아 菩薩摩
訶薩下는 釋이니 云同佛果故라 佛窮事行之邊하며 極理行之際하
야 斷一切障하고 證一切理하야 因圓果滿하야 融無障礙라 菩薩同
彼어니 寧可思議리요

두 번째 무슨 까닭인가 한 아래는 묻고 해석한 것이니,
무슨 까닭으로 인인因人52의 행이 문득 사의할 수 없다 하는가.
보살마하살이라고 한 아래는 해석이니
불과佛果와 같음을 말하는 까닭이다.
부처님은 사행事行의 끝을 다하며 이행理行의 끝을 다하여 일체
장애를 끊고 일체 진리를 증득하여 원인이 원만하고 과보가 원만하
여 원융해 장애가 없다. 보살도 저 부처님과 같거니 어찌 가히
사량하겠는가.

疏

若取論勢인댄 菩薩行은 爲總句요 餘皆是別이니 不可思議는 卽眞
實行也라 彼約地前不見이어니와 此約凡愚叵思일새 亦名眞實이
니 行布位中엔 無眞如觀故로 無觀相行이라 二에 與法界等은 卽
是勝行이며 亦是佛本故니라 三에 與虛空等은 卽因行也며 是無常

___
52 인인因人은 곧 보살菩薩이다. 과인果人은 불佛이다.

因이니 亦未得地智일새 缺常果因也라 四에 學三世佛而修行者는
是不怯弱行이니 未能順理眞實救護일새 故無大行이라 餘同前會
니라

만약 『십지론』의 문세를 취한다면 보살행이라고 한 것은 총구가
되고 나머지는 다 별구가 되나니,

가히 사의할 수 없다고 한 것은 곧 진실행이다.

저 『십지론』에서는 지전보살이 볼 수 없음을 잡았거니와 여기서는
어리석은 범부가 사의할 수 없음을 잡았기에 또한 진실행이라 이름
하는 것이니,

행포위行布位 가운데는 진여관이 없는 까닭으로 관상觀相의 행이
없는 것이다.

두 번째 법계로 더불어 평등하다고 한 것은 곧 수승한 행이며 또한
부처님의 근본행인 까닭이다.

세 번째 허공계로 더불어 평등하다고 한 것은 곧 인행이며 무상인無常
因[53]이니,

또한 아직 십지의 지혜를 얻지 못하였기에 상과인常果因[54]은 빠졌다.

네 번째 삼세에 모든 부처님을 배워 수행한다고 한 것은 이것은
겁약하지 않는 행이니,

아직 능히 진리를 따라 진실하게 구호하지 못하기에 그런 까닭으로
큰 행이 없는 것이다. 나머지는 앞의 회와 같다.

---

53 무상인無常因은 제행무상인諸行無常因이다.

54 상과인常果因은 곧 열반적정인涅槃寂靜因이다.

鈔

不可思議者는 例後十地의 六決定中에 有眞實善決定이니 彼經云호
대 不可見이라하얏거늘 今以不思議가 當之니라 無觀相行者는 彼云無
雜은 無帶相之雜故어니와 今經地前일새 猶帶如相故로 無無雜之言
이라 故無大行者는 大行合云호대 遍一切佛刹하야 普能救護一切衆
生이라하얏거늘 今無此言하니라

가히 사의할 수 없다고 한 것은 뒤에 십지의 여섯 가지 결정 가운데
진실선결정이 있음에 비례한 것이니,
저 『십지경』에 말하기를 가히 볼 수 없다 하였거늘, 지금에 가히
사의할 수 없다고 한 것이 거기에 해당하는 것이다.

관상의 행이 없다고 한 것은 저 『십지경』에 말하기를 잡란함이
없다고 한 것은 모습을 띤 잡란함이 없다는 까닭이거니와, 지금의
경은 지전地前이기에 오히려 진여의 모습을 띤 까닭으로 잡란함이
없다는 말이 없는 것이다.

그런 까닭으로 큰 행이 없다고 한 것은 큰 행이라고 한 것은 저
『십지경』 법합에 말하기를 일체 부처님의 세계에 두루하여 널리
능히 일체중생을 구호한다 하였거늘, 지금 경에는 이 말이 없는
것이다.

經

佛子야 何等이 是菩薩摩訶薩行고 佛子야 菩薩摩訶薩이 有十種
行하니 三世諸佛之所宣說이니라 何等爲十고 一者는 歡喜行이
요 二者는 饒益行이요 三者는 無違逆行이요 四者는 無屈橈行이
요 五者는 無癡亂行이요 六者는 善現行이요 七者는 無著行이요
八者는 難得行이요 九者는 善法行이요 十者는 眞實行이니 是爲
十이니라

불자여, 어떤 등이 이 보살마하살의 행인가.
불자여, 보살마하살이 열 가지 행이 있나니
삼세에 모든 부처님이 선설하신 바입니다.
어떤 등[55]이 열 가지가 되는가.
첫 번째는 환희케 하는 행이요
두 번째는 요익케 하는 행이요
세 번째는 어기거나 거역함이 없는 행이요
네 번째는 굴복하거나 꺾임이 없는 행이요
다섯 번째는 어리석거나 산란함이 없는[56] 행이요
여섯 번째는 잘 나타나는 행이요
일곱 번째는 주착함이 없는[57] 행이요

---

55 원문에 하등何等은 무엇이, 어떤이라는 뜻이나, 나는 어떤 등이라 번역하였다.
   等은 '무엇이 등' 자로도 쓰인다.
56 원문에 무치란행無癡亂行은 영인본 화엄 6책, p.595, 6행에는 離痴亂行이다.

여덟 번째는 얻기 어려운 행이요
아홉 번째는 잘 법을 설하는 행이요
열 번째는 진실한 행이니,
이것이 열 가지가 됩니다.

疏

第二에 佛子何等下는 辨行相이라 文中三이니 一은 總徵其名이요
이는 標數顯勝이요 三은 徵數列名이니 今初라 二에 佛子等下는
標數요 三世諸佛下는 顯勝也라 三에 何等爲下는 徵數列名이니
上徵下列이라 然與本業으로 名雖小異나 而義意大同하니라 一은
施悅自他일새 故名歡喜라 約三施說인댄 在因皆悅이니 故下經云
호대 爲令衆生生歡喜故라하니라 若就果說인댄 財獲富饒하고 無
畏는 身心安泰하고 法施는 當獲法喜니 皆歡喜義라 此約隨相니라
本業云호대 始入法空하야 不爲外道의 邪論所倒하고 入正位故로
名歡喜行이라하니 此約離相이라

제 두 번째 불자여, 어떤 등이라고 한 아래는 바로 보살행의 모습을
분별한 것이다.
경문 가운데 세 가지가 있나니
첫 번째는 그 보살행의 이름을 한꺼번에 물은 것이요

---

57 원문에 무착無着을 영인본 화엄 6책, p.663, 9행엔 무주고無住故로 명위무착名
爲無着이라 하였기에 주착함이 없다고 해석하였다.

두 번째는 행의 수를 표하고 수승함을 나타낸 것이요

세 번째는 수를 묻고 이름을 열거한 것이니,

지금은 처음이다[58]

두 번째 불자여, 보살마하살이라고 한 등 아래는 수를 표한 것이요

삼세에 모든 부처님이라고 한 아래는 수승함을 나타낸 것이다.

세 번째 어떤 등이 열 가지가 되는가 한 아래는 수를 묻고 이름을 열거한 것이니,

이 위에는 물은 것이고 이 아래는 열거한 것이다.

그러나 『본업경』으로 더불어 이름이 비록 조금 다르지만 뜻은 크게는 같다.

첫 번째는 보시로 자기도 타인도 기쁘게 하기에 그런 까닭으로 환희라 이름하는 것이다.

세 가지 보시를 잡아서 설한다면 보시하는 원인이 다 기쁘게 하는 데 있나니,

그런 까닭으로 아래 경[59]에 말하기를 중생으로 하여금 환희를 내게 하는 까닭이다 하였다.

만약 결과에 나아가 설한다면 재시는 부요富饒[60]함을 얻고, 무외시는

---

58 지금은 처음이라고 한 것은 위에 첩석한 바 경문을 가리켜 지금이라고 말한 것이라고 『잡화기』는 말하나, 다만 세 가지 해석 가운데 첫 번째라고 말하는 것이 더욱 쉽다 하겠다.

59 원문에 下經이란, 영인본 화엄 6책, p.514, 9행을 意引한 것이다.

60 부요富饒는 즉 부유富裕이다.

몸과 마음이 편안함을 얻고, 법시는 마땅히 진리의 환희를 얻을 것이니 다 환희의 뜻이 있다. 이것은 모습을 따름을 잡은 것이다. 『본업경』에 말하기를 처음 법공에 들어가 외도의 삿된 논리에 넘어진 바가 되지 않고 바른 지위에 들어가는 까닭으로 환희행이라 이름한다 하였으니,

이것은 모습을 떠남을 잡은 것이다.

鈔

本業云者는 經에 此前總明從住入行云호대 從灌頂으로 進入五陰法性空하야 亦行八萬四千波羅蜜일새 故名十行이라하니라

『본업경』에 말하였다고 한 것은 『본업경』에 이 앞에 십주로 좇아 십행에 들어감을 모두 밝혀 말하기를 관정주로 좇아 오음의 법성이 공함에 진입하여 또한 팔만사천 바라밀을 행하기에 그런 까닭으로 십행이라 이름한다 하였다.

疏

二는 三聚淨戒로 亦益自他일새 故名饒益이라 或以後攝前이니 本業云호대 得常化一切衆生法하야 皆利衆生故라하니 此唯據利他니라

두 번째는 삼취정계로 또한 자기도 타인도 이익케 하기에 그런

까닭으로 요익이라 이름하는 것이다.

혹은 뒤의 행으로써 앞의 행[61]을 섭수하나니[62]

『본업경』에 말하기를 항상 일체중생을 교화하는 법을 얻어서 중생을 다 이익케 하는 까닭이다 하였으니,

이것은 오직 이타만을 의거한 것이다.

疏

三은 忍順物理일새 名無違逆이라 彼云호대 得實法忍하야 無我我所가 名無瞋恨이라하니 此約以後攝初요 晋云호대 無恚恨이라하니 亦是以初攝後어니와 而實二忍은 順物하고 法忍은 順理니 以後導前이 皆順事理니라

세 번째는 법인으로 만물과 진리를 따르기에 어기거나 거역함이 없다 이름하는 것이다.

저 『본업경』에 말하기를 진실한 법인을 얻어서 아我와 아소我所가 없는 것이 이름이 성내거나 한탄함이 없다(無瞋恨) 하였으니,

이것은 뒤의 행으로써 처음의 행[63]을 섭수하는 것이요[64]

---

61 뒤의 행은 二에 요익행饒益行이고, 앞의 행은 一에 환희행歡喜行이니 뜻은 이루게 하는 것으로써 기쁨을 삼는다는 것이다.

62 혹은 뒤의 행으로써 앞의 행을 섭수한다고 한 것은 제 세 번째는 이 요익유정계인 까닭이다. 역시 『잡화기』의 말이다.

63 뒤의 행은 제삼행第三行이고, 앞의 행은 제일第一 환희행歡喜行이다.

64 뒤의 행으로써 처음의 행을 섭수한다고 한 것은 저 『본업경』 가운데 이미

진역경에는 말하기를 다만 성내거나 한탄함이 없다(無恚恨)[65] 하였
으니,

역시 처음의 행으로써 뒤의 행[66]을 섭수하거니와[67] 그러나 진실로[68]
앞에 두 가지 법인[69]은 만물을 따르고 제 세 번째 법인은 진리를
따르나니,

뒤의 행으로써 앞의 행을 인도하는 것이 다 사리를 따르는 것이다.

彼云者는 經具云호대 於實法得法忍하야 心無我我所라하니라

저 『본업경』에 말하였다고 한 것은 『본업경』에 갖추어 말하기를

성내거나 한탄함이 없는 것으로써 이름을 삼은즉 응당 이것은 첫 번째 내원해
인耐冤害忍이지만 그러나 다만 진실한 법인을 얻어 아와 아소가 없다고만
해석하였으니, 곧 이것은 제 세 번째 제찰법인諦察法忍을 잡아 설한 까닭으로
그렇게 말한 것이다. 역시 『잡화기』의 말이다.

65 원문에 무애한無恚恨이란, 삼인三忍 가운데 처음에 내원해인耐冤害忍이다.

66 처음의 행은 初行이고, 뒤의 행은 第三行이다.

67 역시 처음의 행으로써 뒤의 행을 섭수한다고 한 것은 성내거나 한탄함이
없다는 것이 이것이 내원해인耐冤害忍이 없다는 것이지만 그러나 저 『본업경』
가운데는 따로 그 뜻을 해석한 것이 없는 까닭이다. 역시 『잡화기』의 말이다.

68 그러나 진실로 운운한 것은 대개 이 경의 무위역행無違逆行이 저 삼인三忍에
통하는 까닭이다. 역시 『잡화기』의 말이다.

69 원문에 이인二忍은 삼인三忍 가운데 앞에 두 가지(前二)이니, 삼인三忍은 1.
내원해인耐冤害忍, 2. 안수고인安受苦忍, 3. 체찰법인諦察法忍이다.

진실한 법에 법인을 얻어서 마음에 아와 아소가 없다 하였다.

疏

四는 勤無怠退일새 名無屈撓니 亦通三勤이라 彼云호대 常住功德하야 現化衆生일새 故名無盡이라하니 謂若有怠退인댄 斯則有盡이라 而攝論의 三精進中에 三은 名無弱無退無喜足이라하니 則是以後攝初니라

네 번째는 부지런하여 게으르거나 물러남이 없기에 굴복하거나 흔들림이 없다 이름하는 것이니
또한 세 가지 정근[70]에 통하는 것이다.[71]
저 『본업경』에 말하기를 항상 공덕에 머물러[72] 현재 중생을 교화하기

---

70 원문에 삼근三勤은 영인본 화엄 6책, p.584, 4행에 唯識에는 被甲, 攝善, 利樂이라 하고 『무성석론無性釋論』에는 被甲, 加行, 無怯弱, 無退轉, 無喜足이라 하며 『본업경本業經』에는 起大誓願心, 方便進修, 勤化衆生이라 하였다.

71 굴복하거나 흔들림이 없다 이름하는 것이니 또한 세 가지 정근에 통한다고 한 것은 세 가지 정근이 다 게으르거나 물러남이 없음에 통하는 까닭이니, 이것은 『본업경』으로 더불어 같다 하겠다. 역시 『잡화기』의 말이다.

72 항상 공덕에 머문다고 한 것은 곧 一에 큰 서원과 二에 나아가 닦는 것이고, 현재 중생을 교화한다고 한 것은 이것은 제 세 번째 부지런히 중생을 교화하는 것(근화중생勤化衆生)이다. 만약 바로 뒤에 『섭론』을 잡아 말한다면 이미 제 세 번째가 이름이 겁약함이 없고 물러남이 없고 기뻐하거나 만족함이 없다고 하였다면 곧 이 가운데 부지런하여 게으르거나 물러남이 없는 것이 저 『본업경』에 제 세 번째 나아가 닦는 것(방편진수方便進修)에 해당하는 까닭으로

에 그런 까닭으로 끝이 없다 이름한다 하였으니

말하자면 만약 게으르거나 물러남이 있다면 이것은 곧 끝이 있는
것이다.

그러나 『섭론』의 세 가지 정진[73] 가운데 제 세 번째는 이름이 겁약함이
없고[74] 물러남이 없고 기뻐하거나 만족함이 없다(無弱無退無喜足)
하였으니,

곧 이것은 뒤의 행으로써 처음의 행을 섭수한 것이다.[75]

疏

五는 以慧資定하야 離沈掉故로 名無癡亂이라 彼云호대 命終之時
에 無明之鬼가 不亂不濁하야 住正念故로 名離癡亂이라하니 此但
從一義니라 故下經云호대 於死此生彼에 心無癡亂이라하니라

다섯 번째는 지혜로써 선정을 도와 혼침과 도거를 떠난 까닭으로
어리석거나 산란함이 없다 이름한 것이다.

저 『본업경』에 말하기를 목숨이 마칠 때에 무명의 귀신이 산란하게

뒤의 행으로써 처음에 행을 섭수한다고 말한 것이다 하겠다. 역시 『잡화기』의
말이다.

73 세 가지 정진이란, 『본업경本業經』의 삼정진三精進은 영인본 화엄 6책, p.586에
나온다.

74 원문에 삼명무약무퇴三名無弱無退 운운은 영인본 화엄 6책, p.584, 5행에
一은 被甲, 二는 加行, 三은 無弱無退無喜足이라 하였다.

75 원문에 이후섭초以後攝初는 後란 제사행第四行이고, 初란 환희행歡喜行이다.

못하고 혼탁하게[76] 못하여 정념에 머무는 까닭으로 어리석거나 산란
함을 떠났다 이름한다 하였으니,
이것은 다만 한 가지 뜻만 좇은 것이다.[77]
그런 까닭으로 아래 경[78]에 말하기를 여기에서 죽고 저기에서 태어남
에 마음이 어리석거나 산란함이 없다 하였다.

疏

六은 慧能顯發三諦之理에 般若現前일새 故名善現이라 彼云호대
生生常在佛國中生이라하니 此但據得報니 謂卽空照有하야 而能
現生이라

여섯 번째는 지혜로 능히 삼제의 진리를 현발함에 반야가 앞에
나타나기에 그런 까닭으로 잘 나타난다 이름한 것이다.
저『본업경』에 말하기를 태어나고 태어남에 항상 부처님의 국토

76 濁 자 아래에 住 자가 빠졌다.
77 원문에 단종일의但從一義는 下經에 無癡亂行이 수많은 뜻이 있음을 밝혔지만,
여기에 인용한 死此生彼에 心無癡亂은 그 가운데 단 하나의 뜻이라는 것이다.
『잡화기』에는 만약 이 경인즉 무치란이 스스로 열 구절의 뜻이 있지만 그러나
저『본업경』은 다만 응당히 사차생피死此生彼라는 한 가지 뜻만 좇는 까닭이니,
세 가지 선정 가운데 다만 한 가지 뜻만 좇은 것을 말한 것이 아니다 하였다.
무치란에 열 구절의 뜻은 영인본 화엄 6책, p.601, 6행에 능지색법비색법能持色
法非色法 등 열 구절이다. 세 가지 선정(三定)이라고 한 것은 선정(定)에 삼품三
品을 말하는 것이다.
78 원문에 하경下經이란, 無癡亂行中이니 영인본 화엄 6책, p.601, 8행에 있다.

가운데 태어나 있다 하였으니,
이것은 다만 과보를 얻는 것만 의거하였을 뿐이니 말하자면 공에
즉하여 유를 비추어 능히 생生을 나타내는 것이다.

疏

七은 不滯事理일새 故名無著이라 彼云호대 於我無我라하며 乃至
一切法空故라하니 此卽涉有나 不迷於空이니 謂於我에 而無有我
也니라 若於我無我에 皆不著者인댄 則雙不滯也니 以有不捨不
受의 方便智故니라

일곱 번째는 사실과 진리에 막히지 않기에 그런 까닭으로 집착이
없다 이름한 것이다.
저『본업경』에 말하기를 아我에 아가 없다 하며 내지 일체법이
공한 까닭이다 하였으니,
이것은 곧 유를 간섭하지만 공에 미혹하지 않는 것이니 말하자면
아가 있는데 아가 없다 하는 것이다.
만약 아와 무아에 다 집착하지 않는다면 곧 함께 막히지 않는 것이니
버리지도 않고 받지도 않는[79] 방편의 지혜가 있는 까닭이다.

---

[79] 버리지도 않는다고 한 것은 저 진리에 막히지 않는다는 것이니 중생을 버리지
않는 까닭이요, 받지도 않는다고 한 것은 저 사실에 막히지 않는다는 것이니
능히 또한 다 공한 까닭이다.『대명법수』에 나와 있다. 역시『잡화기』의
말이다.

疏

八은 大願可尊故며 又成大行願하야사 乃能得故니 故名難得이라
彼云호대 三世佛法中에 常敬順故로 名尊重行이라하니 彼約修心
이요 此約難勝이라

여덟 번째는 큰 서원이 가히 존중할 만한 까닭이며 또 큰 행원을
성취하여야 이에 능히 얻는 까닭이니,
그런 까닭으로 얻기 어렵다 이름한 것이다.
저 『본업경』에 말하기를 삼세의 불법 가운데 항상 공경하고 따르는
까닭으로 존중하는 행이라 이름한다 하였으니,
저 『본업경』은 수행하는 마음을 잡은 것이요
여기는 얻기 어렵고 수승함[80]을 잡은 것이다.

疏

九는 善巧說法일새 名善法行이라 彼經云호대 說法授人호대 動成
物則故라하니 同於九地의 法師位故니라

아홉 번째는 잘 교묘하게 법을 설하기에 잘 법을 설하는 행이라
이름한 것이다.

---

80 원문에 난승難勝이란, 難은 난득선근難得善根이고, 勝은 최승선근最勝善根이니
영인본 화엄 3책, p.690, 8행을 참고하라. 사기私記(『잡화기』)에는 難 자를
歎 자라 하여 수승함을 찬탄한 것이라 하지만, 難勝 그대로도 허물이 없다.

저『본업경』에 말하기를 법을 설하여 사람에게 주되 거동[81]하는
것이 중생에게 법칙을 이루는 까닭이다 하였으니,
구지九地의 법사위法師位와 같은 까닭이다.

疏

十은 言行不虛일새 故名眞實이며 又稱二諦故라 故彼經云호대 二
諦는 非如非相非非相일새 故名眞實이라하니라 然이나 上約十度
釋名에 度各有三하니 並見初會하니라

열 번째는 말과 행동이 허망하지 않기에 그런 까닭으로 진실이라
이름하며 또 이제二諦라 이름하는 까닭이다.
그런 까닭으로 저『본업경』에 말하기를 이제는 진여도 아니고 모습
도 아니고 모습도 아니라고 하는 것도 아니기에 그런 까닭으로
진실이라 이름한다 하였다.
그러나 이 위에서 십바라밀을 잡아 십행의 이름을 해석함에 십바라
밀이 각각 세 가지가 있나니[82]
모두 초회에 나타나 있다.

---

81 원문에 동動이란, 보살菩薩의 一擧一動이다.
82 십바라밀이 각각 세 가지가 있다고 한 것은『대명법수』42권, 17장에 있다.

經

佛子야 何等이 爲菩薩摩訶薩의 歡喜行고

불자여, 어떤 등이 보살마하살의 환희케 하는 행이 되는가.

疏

第五에 佛子야 何等爲下는 說分이니 十行이 則爲十段이라 一一各三이니 謂一은 徵名이요 二는 釋相이요 三은 結名이라 今初에 歡喜行은 卽是檀度니 初徵名中에 已如前釋하니라

제 다섯 번째 불자여, 어떤 등이라고 한 아래는 설하는 분分이니
십행이 곧 십단이 되는 것이다.
낱낱이[83] 각각 세 가지가 있나니,
말하자면 첫 번째는 행의 이름을 물은 것이요
두 번째는 행의 모습을 해석한 것이요
세 번째는 행의 이름을 맺는 것이다.

지금은 처음으로 환희케 하는 행은 곧 보시바라밀이니,
처음 이름을 물은 가운데 이미 앞에서 해석한[84] 것과 같다.

---

83 원문 一各의 一 자 아래에 一 자가 더 있어야 한다.
84 원문에 전석前釋이란, 영인본 화엄 6책, p.502, 7행을 참고할 것이다.

經

佛子야 此菩薩이 爲大施主하야 凡所有物을 悉能惠施호대

불자여, 이 보살이 큰 시주가 되어서 무릇 있는 바 물건을 다 능히 보시[85]하되

疏

第二에 佛子야 此菩薩下는 釋相이라 分二리니 先은 略辨體相이요 後에 修此行時下는 廣顯名相이라 今初니 瑜伽菩薩地에 菩薩六度가 各有九門하니 一者는 自性이니 謂出行體요 二者는 一切니 謂能具行이요 三者는 難行이니 謂就中別顯이요 四者는 一切門이니 謂行差別이요 五者는 善士니 謂作饒益이요 六者는 一切種이니 謂徧攝聖敎요 七者는 遂求니 謂隨所須요 八者는 與二世樂이니 謂於現在에 作大饒益하야 令得未來의 廣大安樂이요 九者는 淸淨이니 謂勝離相하야 成波羅蜜이라 今文分三하야 以攝於九하니 一은 總標施主요 二에 其心下는 離所不應이요 三에 但爲下는 彰其意樂이라

제 두 번째 불자여, 이 보살이라고 한 아래는 행의 모습을 해석한

것이다.

그 가운데 두 가지로 나누리니

먼저는 자체의 모습을 간략하게 분별한 것이요

뒤에 이 행을 닦을 때라고 한 아래는 이름의 모습을 폭넓게 나타낸 것이다.

지금은 처음으로『유가론』보살지에 보살의 육바라밀이 각각 아홉 문이 있나니[86]

첫 번째는 자성이니 말하자면 행의 자체를 설출한 것이요

두 번째는 일체이니 말하자면 능히 행을 구족한 것이요

세 번째는 행하기 어려운 것이니 보시하는 가운데 나아가 따로 나타낸[87] 것이요

네 번째는 일체문이니 말하자면 행이 차별한 것이요

다섯 번째는 선사善士[88]이니 말하자면 넉넉한 이익을 짓는 것이요

여섯 번째는 일체종이니 말하자면 성인의 가르침을 두루 섭수하는 것이요[89]

---

86 원문에 육도각유구문六度各有九門은 영인본 화엄 5책, p.311에 설출하였고, 또 영인본 화엄 6책, p.292 명법품明法品에 설출하였다.

87 원문에 별현別顯이란, 보시하기 어려운 것만 따로 나타내었다는 것이다.

88 선사善士는 자전에 선량한 인사人士라 하였다.

89 성인의 가르침을 두루 섭수한다고 한 것은 각각 모든 교 가운데 일체 바라밀의 이름을 두루 섭수하는 까닭이다. 그런 까닭으로 아래(영인본 화엄 6책, p.509, 3행 초문) 육바라밀 가운데 일체종一切種이 각각 열세 가지가 있다 하였다. 역시『잡화기』의 말이다.

일곱 번째는 구함을 따르는 것이니 말하자면 수구하는 바를 따르는
것이요

여덟 번째는 두 세상에 즐거움을 주는 것이니 말하자면 현재 크게
넉넉한 이익을 지어 하여금 미래의 광대한 안락을 얻게 하는 것이요

아홉 번째는 청정한 것이니 말하자면 최승으로 모습을 떠나 바라밀
을 이루는 것이다.

지금 경문에는 세 가지로 나누어 아홉 가지를 섭수하였으니

첫 번째는 시주를 한꺼번에 표한 것이요

두 번째 그 마음이라고 한 아래는 응하지 아니할 바를 떠나는 것이요

세 번째 다만 일체중생을 구호하기 위한 것이라고 한 아래는 그
중생으로 마음의 즐거움을 얻게 함을 밝힌 것이다.

鈔

瑜伽等者는 卽三十九로 爲首니 明法品에 已略引之어니와 今更具引
하리라 疏但通釋六度九門之相하니 其列名은 卽論이요 謂字已下는
卽是疏釋이라 今先具出布施九門하리니 論嗢柁南曰호대 自性一切
難과 一切門善士와 一切種遂求와 二世樂淸淨이라하니 一에 自性者
는 謂諸菩薩이 乃至身財라도 無所顧惜하고 能施一切의 所應施物호
대 無貪俱生思하며 及因此所發인 能施一切無罪施物하는 身語二業
이 安住律儀와 阿笈摩見과 定有果見하야 隨所希求하야 卽以此物로
而行惠施하나니 當知하라 是名菩薩의 自性施라 二에 一切施는 略有
二法하니 謂內物外物이며 又一切施物은 謂財法無畏라 三에 難行施

는 有三하니 一은 財物尠少하야 而自貧苦施요 二는 可愛惜物과 甚深
愛著物施요 三은 艱辛所獲의 財物施라 四에 一切門은 有四하니 一은
自財物이요 二는 勸他得物이요 三은 施父母妻子와 奴婢作使等이요
四는 施與諸來求者라 五에 善士施는 有五하니 一은 淨信施요 二는
恭敬施요 三은 自手施요 四는 應時施요 五는 不惱亂他施라

『유가론』이라고 한 등은 곧 『유가론』 삼십구권[90]으로 처음이 되었으
니, 명법품에 이미 간략하게 인용하였거니와[91] 지금에 다시 구체적으
로 인용하겠다.
소문에서는 다만 육바라밀에 아홉 문(九門)의 모습만 통석하였으니
그 이름을 열거한 것은 곧 『유가론』이요
말하자면이라고 한 글자(謂字) 이하는 곧 소가가 해석한 것이다.

지금에 먼저 보시의 아홉 문을 구체적으로 설하리니,
『유가론』의 올타남에 말하기를 자성 보시와 일체 보시와 행하기
어려운 보시와 일체문 보시와 선사 보시와 일체종 보시와 구함을
따르는 보시와 두 세상에 즐거운 보시와 청정한 보시다 하였으니
첫 번째 자성 보시라고 한 것은 말하자면 모든 보살이 내지[92] 몸과

---

90 삼십구권三十九卷이란, 육도六度의 설명說明으로부터 시작된 『유가론』의 冊卷
   數이다.
91 원문에 명법품이약인明法品已略引이라고 한 것은 前明法品(영인본 화엄 6책,
   p.292, 5행)에 『유가론瑜伽論』 삼십삼권三十三卷이라고 한 것은 먼저 사섭법四
   攝法을 밝힌 것으로부터 시작된 『유가론』의 冊卷數이다.

재물이라도 돌아보거나 아끼는 바가 없고 능히 일체의 응당 보시할
바 물건을 보시하되 탐심과 함께 생기하는 생각이 없으며[93] 그리고
이것을 인하여[94] 일어난 바[95]인 일체 죄보가 없는 곳에 보시할 물건을
능히 보시하는 몸과 말의 두 가지 업이 율의律依와 아급마阿笈摩[96]의
소견과 결정코 과보가 있다는 소견[97]에 안주하여 희구하는 바를
따라서 곧 이 물건으로써 보시를 행하나니, 마땅히 알아라. 이것이
이름이 보살의 자성보시(自性施)이다.

두 번째 일체 보시라고 한 것은 간략하게 두 가지 법이 있나니

---

92 내지乃至라고 한 글자는 저 『유가론』 어자於自라는 글자를 지어 여기에 의지할
지라도 또한 통하는 것이다. 바로 아래 돌아보거나 아끼는 바가 없다고
한 아래는 대개 무탐無貪의 의업意業과 그리고 소발所發의 신身과 어語의
이업二業이 이견二見에 머무는 것으로써 보살의 자성시自性施를 삼는 것이니,
그 토吐를 말하면 석惜"한" 물物"하는" 사思"와" 물物"하는" 업業"이" 견見"과"
견見"하야" 토吐이다. 이상은 『잡화기』의 말이나, 나는 토吐를 석惜"하고"
물物"호대" 사思"하며" 물物"하는" 업業"이" 견見"과" 견見"하야" 토吐를 달았다.

93 원문에 무탐구생사無貪俱生思는 의업意業이다.

94 원문에 인차因此의 此란, 의업意業이다.

95 원문에 소발所發이란, 신身·구口 이업二業이니 일체무죄인一切無罪人의 처소
에 보시할 물건을 능히 보시하는 몸과 입이다.

96 아급마阿笈摩라고 한 것은 아함阿含의 다른 이름이니, 여기에서 말하면 정교正
校라는 뜻이다. 즉 經의 뜻이다. 대개 능히 이 보시를 행하는 사람이 능히
부처님의 바른 가르침을 따르는 까닭이며 또한 인과를 믿는 까닭이다. 역시
『잡화기』의 말이다.

97 원문에 정유과견定有果見은 論의 뜻이다.

말하자면 내물內物과 외물外物이며,

또 일체 시물이라고 한 것은 말하자면 재시와 법시와 무외시이다.

세 번째 행하기 어려운 보시라고 한 것은 세 가지가 있나니

첫 번째는 재물이 매우 적어 스스로 가난하여 괴롭지만 보시하는

것이요[98]

두 번째는 가히 좋아하고 아끼는 물건과 깊이 애착하는 물건을

보시하는 것이요

세 번째는 간신히 얻은 바 재물을 보시하는 것이다.

네 번째 일체문 보시라고 한 것은 네 가지가 있나니

첫 번째는 자기의 재물이요

두 번째는 다른 사람에게 권하여 재물을 얻게 하는 것이요

세 번째는 부모와 처자와 노비와 부리는 사람 등을 보시하는 것이요[99]

네 번째는 와서 구하는 모든 사람에게 시여하는 것이다.

---

98 스스로 가난하여 괴롭지만 보시하는 것이라고 한 것은 『유가론』에 갖추어
   말하기를 스스로 가난의 괴로움을 참고 은혜롭게 다른 사람에게 보시하는
   것이다 하였다. 역시 『잡화기』의 말이다.

99 부모와 처자와 노비와 부리는 사람 등을 보시한다고 한 것은 『유가론』에
   갖추어 말하기를 혹은 부모와 처자와 노비와 부리는 사람과 선우善友와
   대신大臣과 친척과 권속 등에게 보시하는 것이다 하였다. 역시 『잡화기』의
   말이다.

다섯 번째 선사 보시라고 한 것은 다섯 가지가 있나니

첫 번째는 청정한 믿음으로 보시하는 것이요

두 번째는 공경으로 보시하는 것이요

세 번째는 자기 손으로 보시하는 것이요

네 번째는 때에 응하여 보시하는 것이요

다섯 번째는 다른 사람을 뇌란하지 않고 보시하는 것이다.

六에 一切種은 有六有七일새 故有十三하니 言六者는 一은 無依施요
二는 廣大施요 三은 歡喜施요 四는 數數施요 五는 因器施요 六은
非因器施라 言有七者는 一은 一切物施요 二는 一切處施요 三은 一切
時施요 四는 無罪施요 五는 有情物施요 六은 方土物施요 七은 財穀物
施라 七에 遂求施는 有八하니 一은 匱乏飮食에 施以飮食이요 二는
匱乏車乘이요 三은 衣服이요 四는 嚴具요 五는 資生什物이요 六은
種種塗飾香鬘이요 七은 舍宅이요 八은 光明이니 皆如初一句하니라
八에 此世他世樂施는 有九하니 謂財無畏法이 各有三故라 財有三者
는 一은 淸淨如法物이요 二는 調伏慳悋垢요 三은 調伏藏積垢라 (二는
卽捨財物執著이요 三은 卽捨受用執著이라) 無畏三者는 一은 濟拔師
子와 虎狼鬼魅等畏요 二는 王賊等畏요 三은 水火等畏라 法施三者는
一은 無倒說法이요 二는 稱理說法이요 三은 勸修學處라 九에 淸淨施
는 有十하니 一은 不留滯施요 二는 不執取施요 三은 不積聚施요 四는
不高擧施요 五는 無所依施요 六은 不退轉施요 七은 不下劣施요 八은
無向背施요 九는 不望報施요 十은 不希異熟施라 餘廣如彼論하니라
然이나 九門에 自性은 皆一이요 一切는 皆二皆三이요 難行은 皆三이요

一切門은 皆四요 善士는 皆五요 一切種은 皆或六或七이니 共有十三이요 遂求는 皆八이요 二世樂은 皆九요 淸淨은 皆十이니 而相隨度異니라 然下文中에 九門之內엔 或多或少하야 不必具全하니라 若一一配인댄 乃成繁碎일새 隨顯配之나 知法包含이라

여섯 번째 일체종 보시라고 한 것은 여섯 가지도 있고 일곱 가지도 있기에 그런 까닭으로 열세 가지가 있나니

여섯 가지라고 말한 것은 첫 번째는 의지함이 없이 보시하는 것[100]이요

두 번째는 광대하게 보시하는 것이요

세 번째는 기쁜 마음으로 보시하는 것이요

네 번째는 자주자주 보시하는 것이요

다섯 번째는 인연이 있는 사람[101]에게 보시하는 것이요[102]

여섯 번째는 인연이 없는 사람에게 보시하는 것이다.

일곱 가지가 있다고 말한 것은 첫 번째는 일체 재물을 보시하는

---

100 원문에 무의시無依施는 무주상보시無住相布施이다.

101 원문에 기器는 근기, 즉 사람. 인기因器는, 본 논에는 인기因器라 하고 『잡집론雜集論』엔 빈고인貧苦因, 공덕인功德因이라 하였다.

102 인연 있는 사람에게 보시하고, 바로 아래 인연 없는 사람에게 보시한다고 한 것은 저 『유가론』에는 인因 자가 다 전田 자로 되어 있나니, 저 『유가론』 문에 말하기를 빈고전貧苦田 공덕전功德田이라 하였다. 혹은 가난으로 고통받는 중생에게 보시하며 혹은 공덕 갖춘 모든 부처님께 보시하는 것은 이것은 인연 있는 사람에게 보시하는 것이고, 나머지 보시는 다 인연이 없는 사람에게 보시하는 것이다. 역시 『잡화기』의 말이다.

것이요

두 번째는 일체 처소를 보시하는 것이요

세 번째는 일체 시간을 보시하는 것이요

네 번째는 죄보가 없는 물건을 보시하는 것이요

다섯 번째는 유정물을 보시하는 것이요

여섯 번째는 방토물方土物을 보시하는 것이요

일곱 번째는 재물과 곡물을 보시하는 것이다.

일곱 번째 구함을 따라 보시하는 것이라고 한 것은 여덟 가지가 있나니

첫 번째는 음식이 궁핍함에 음식으로써 보시하는 것이요

두 번째는 거승車乘이 궁핍한 것이요

세 번째는 의복이요

네 번째는 장엄기구요

다섯 번째는 삶을 도우는 열 가지 물건이요

여섯 번째는 가지가지 향만香鬘으로 바르고 꾸미는 것이요

일곱 번째는 사택이요

여덟 번째는 광명이니, 다 제일구와 같다.[103]

여덟 번째[104] 이 세상과 다른 세상에 즐거움을 보시하는 것이라고

---

103 원문에 개여일구皆如一句는 첫 번째 음식이 궁핍함에 음식으로 보시하듯이, 두 번째 車乘이 궁핍함에 車乘으로 보시하는 등등이다.

104 여덟 번째 운운은, 소문에는 두 세상에 즐거움을 주는 것이라고만 하였다.

한 것은 아홉 가지가 있나니,

말하자면 재시와 무외시와 법시가 각각 세 가지가 있는 까닭이다.

재시에 세 가지가 있다고 한 것은 첫 번째는 청정하여 여법한 물건이요

두 번째는 인색한 때(垢)를 조복하는 것이요

세 번째는 창고에 쌓인 때를 조복하는 것이다.

(두 번째는 곧 재물에 집착을 버리게 하는 것이요, 세 번째는 곧 수용하는 집착을 버리게 하는 것이다.)

무외시에 세 가지가 있다고 한 것은 첫 번째는 사자와 호랑이와 귀매鬼魅 등의 두려움에서 건져주는 것이요

두 번째는 왕과 도적 등의 두려움에서 건져주는 것이요

세 번째는 물과 불 등의 두려움에서 건져주는 것이다.

법시에 세 가지가 있다고 한 것은 첫 번째는 꺼꾸러짐이 없이 법을 설하는 것이요

두 번째는 진리에 칭합하여 법을 설하는 것이요

세 번째는 수학할 곳을[105] 권하는 것이다.

---

105 수학할 곳이라고 한 아래에 저 『유가론』에 총결하는 문장을 두어 말하기를 이 가운데 재시와 무외시와 여기에 차별시는 능히 중생으로 하여금 이 생에 안락케 하는 것이고, 법시와 그리고 차별시는 능히 중생으로 하여금 후세後世에 안락케 하는 것이다 하였다. 수학할 곳이라고 한 것은 『섭론』에 말하기를 계·정·혜 등 삼학三學을 증상하는 것이다 하였으니, 그 뜻에 말하기를 이것은 보살이 머무는 바 처소인 까닭이라 하였다. 역시 『잡화기』의 말이다.

아홉 번째 청정한 보시라고 한 것은 열 가지가 있나니

첫 번째는 체류하지 않고 보시하는 것이요[106]

두 번째는 집착하여 취하지 아니한 것으로 보시하는 것이요[107]

세 번째는 쌓아 모아두지 아니한 것으로 보시하는 것이요[108]

네 번째는 고거高擧하지 않는 자세로 보시하는 것이요[109]

다섯 번째는 의지하는 바 없이 보시하는 것이요[110]

여섯 번째는 퇴전하지 않고 보시하는 것이요[111]

일곱 번째는 하열하지 아니한 물건으로 보시하는 것이요[112]

---

106 체류하지 않고 보시하는 것이라고 한 등은 지금에 응당 『유가론』에 해석한
바를 인용하건대, 『유가론』 문에 말하기를 체류하지 않고 보시한다고 한
것은 와서 구하는 사람을 보면 빨리 은혜롭게 보시하는 까닭이다.

107 집착하여 취하지 아니한 것으로 보시한다고 한 것은 허망한 소견으로 집착하
여 취하여 보시하지 않는 까닭이다.

108 쌓아 모아두지 아니한 것으로 보시한다고 한 것은 보살이 장시간 수많은
재물을 점점 쌓아 모은 연후에 한꺼번에 재고품 처리하듯 보시하지 않는다는
것이라고 하였다. 역시 『잡화기』의 말이다.

109 고거高擧하지 않는 자세로 보시하는 것이라고 한 것은 보살이 와서 구하는
사람에게 겸손하고 하심으로 보시하고 또한 보시한 이후에도 교만을 내어
내가 능히 보시했다고 말하지 않는 것이니, 나는 이 시주자施主者이고, 나머지
는 곧 그렇지 않다 하였다. 역시 『잡화기』의 말이다.

110 의지하는 바 없이 보시하는 것이라고 한 것은 보살이 칭찬하는 말소리에
의지하여 보시하지 않는 것이다. 역시 『잡화기』의 말이다.

111 퇴전하지 않고 보시하는 것이라고 한 것은 곧 보살이 보시하기에 앞서
마음이 기쁘고 보시하는 때에 마음이 맑고 보시한 이후에 후회가 없는
것이다. 역시 『잡화기』의 말이다.

112 하열하지 아니한 물건으로 보시하는 것이라고 한 것은 보살이 하열한 수레나

여덟 번째는 향배向背[113]가 없이 보시하는 것이요[114]

아홉 번째는 과보를 바라지 않고 보시하는 것이요[115]

열 번째는 이숙과를 바라지 않고 보시하는 것이다.[116]

나머지는 널리 저 『유가론』에서 설한 것과 같다.

그러나 아홉 문에 자성은 단 한 가지이요

일체는 다 두 가지며 다 세 가지요.

난행은 다 세 가지요

일체문은 다 네 가지요.

선사는 다 다섯 가지요

일체종은 다 혹은 여섯 가지며 혹은 일곱 가지니, 함께 열세 가지가 있고

구함을 따르는 것은 다 여덟 가지요

두 세상에 즐거움은 다 아홉 가지요

의복 등으로써 보시하지 않는다는 것이다. 역시 『잡화기』의 말이다.

113 향배向背는 좇아가거나 등진다는 뜻이다. 즉 앞뒤라는 의미를 안고 있다.

114 향배向背가 없이 보시하는 것이라고 한 것은 보살이 그 마음이 평등하여 원친寃親 가운데 붕당朋黨하여 평등하지 않게 보시하지 않는 것이다. 역시 『잡화기』의 말이다.

115 과보를 바라지 않고 보시하는 것이라고 한 것은 보시함에 반대의 과보를 희망하지 않는 것이다. 역시 『잡화기』의 말이다.

116 이숙과를 바라지 않고 보시하는 것이라고 한 것은 보살이 보시를 수행하되 끝내 당래에 얻을 바 재물이 원만하고 몸이 원만하고 보시의 과보가 이숙과 이기를 희망하지 않는 것이다. 역시 『잡화기』의 말이다.

청정清淨[117]은 다 열 가지이니

그 모습이 육바라밀을 따라 다른[118] 것이다.

그러나 아래 경문 가운데 아홉 문 안에는 혹은 많기도 하고 혹
적기도 하여 반드시 온전하게 갖추지는 아니하였다.

만약 낱낱이 배속한다면 이에 번거롭고 쇄쇄함을 이루기에 나타난
것만을 따라 배속하였지만 법도 포함한 줄 알아야 할 것이다.[119]

疏

今初는 含攝前四와 及與六七이니 謂一者는 施主니 惠施는 顯施
自性이라 惠有二義하니 一은 惠卽是施요 二는 謂巧惠로 籌量可不
라 凡所有物을 悉能施者가 攝餘五門이니 謂一은 若內若外요 二는
若難若易요 三은 財法無畏요 四는 一切種門이요 五는 隨求與故라

지금은 처음으로[120] 앞에 사문四門과 그리고 제육문과 제칠문을 함섭
하였으니,

---

117 청정清淨은 구문九門 가운데 제구문第九門이다.

118 원문에 상수도이相隨度異는 소문疏文에 보살菩薩의 육도六度가 각각 구문九門
이 있다 하였으니, 그 구문九門의 모습이 유고油庫를 따라 다 다르다는
것이다. 따라서 상수도이相隨度異는 단 제구문第九門의 청정清淨에만 해당하
는 것이 아니라 全九門에 해당하는 것이다.

119 원문에 지법포함知法包含은 下文中에 비록 다만 나타난 모습만을 따라 배속하
였지만 반드시 법도 곧 포함하고 있는 줄 알아야 한다는 것이다.

120 원문에 금초今初는 총표시주總標施主이다.

말하자면 첫 번째는 시주施主니 보시(惠施)한다고 한 것은 보시의
자성을 나타낸 것이다.
혜惠에 두 가지 뜻이 있나니
첫 번째는 혜惠가 곧 시施의 뜻이요
두 번째는 말하자면 교묘한 지혜[121]로 옳고 그름을 헤아리는 것이다.
무릇 있는 바 물건을 다 능히 보시하는 것이 나머지 오문五門을
함섭하였으니,
말하자면 첫 번째는 혹 내시內施와 혹 외시外施요
두 번째는 혹 보시하기 어려운 것과 혹 보시하기 쉬운 것이요
세 번째는 재시와 법시와 무외시요
네 번째는 일체종과 일체문 보시요
다섯 번째는 구함을 따라 주는 까닭이다.

鈔

含攝前者는 即示此經의 包含之相이니 下別配之하리라 一者施主는
即九門中에 初一也라 雜集第八云호대 云何施圓滿고 謂數數施故며
無偏黨施故며 隨其所願하야 圓滿施故니 依此義故로 經作是說호대
爲大施主者는 此顯數數施와 及由慣習하야 成性數數能故라하니라
謂一에 若內若外는 即九門의 一切施中에 前二義也요 二에 若難若
易는 即難行이요 三에 財法無畏는 即一切施中에 後義요 四는 攝第四
一切門과 第六一切種이요 五는 即遂求니 故攝五門이라하니라

---

121 원문에 교혜巧惠의 惠 자는 곧 慧의 뜻이다.

앞에 사문과 제육문과 제칠문을 함섭하였다고 한 것은 곧 이 경에 포함한 모습을 시현한 것이니

아래에 따로 배석하겠다.

첫 번째 시주라고 한 것은 곧 아홉 문 가운데 첫 번째 한 문門이다.

『잡집론』제팔권에 말하기를 어떻게 보시하는 것이 원만하게 보시하는 것인가.

말하자면 자주자주 보시하는 까닭이며

편당이 없이 보시하는 까닭이며

그들이 원하는 바를 따라서 원만하게 보시하는 까닭이니,

이 뜻을 의지한[122] 까닭으로 경에 이런 말을 하되[123] 큰 시주가 되었다고 한 것은 이것은 자주자주 보시하는 것과[124] 그리고 관습을 인유하여 보시의 자성을 이루어 자주자주 능란하게[125] 보시함을 나타내는 까닭이다 하였다.

---

[122] 이 뜻을 의지한다 운운한 것은 이것은 잡집론주가 저 경 가운데(이 경이니 영인본 6책, p.506, 9행) 대시주大施主라는 말을 인용하여 자주자주 보시한다 (數數施)는 뜻으로 해석하였으니, 그 편당이 없이 보시하는 것과 그들이 원하는 바를 따라 보시한다는 두 단락의 해석은 여기에 요망하는 바가 아닌 까닭으로 인용하지 않는다. 역시 『잡화기』의 말이다.

[123] 원문에 경작시설經作是說 운운은 此『잡집론雜集論』에서 此經의 차보살此菩薩 이 위대시주爲大施主라 한 것을 인용한 것이다.

[124] 원문에 시급施及의 及 자는 본 논엔 義 자이다.

[125] 원문에 능고能故라 한 能 자 아래에 본론엔 시施 자가 있다. 역시 『잡화기』의 말이다.

말하자면 첫 번째 혹 내시와 혹 외시라고 한 것은 곧 아홉 문 가운데
제 두 번째 일체 보시문 가운데 앞에 두 가지 뜻[126]이요

두 번째 혹 보시하기 어려운 것과 혹 보시하기 쉬운 것이라고 한
것은 곧 제 세 번째 행하기 어려운 보시문이요

세 번째 재시·법시·무외시라고 한 것은 곧 일체 보시문 가운데
뒤에 뜻[127]이요

네 번째는 제 네 번째 일체 문과 제 여섯 번째 일체 종을 함섭한
것이요

다섯 번째는 곧 제 일곱 번째 구함을 따르는 문이니,

그런 까닭으로 나머지 오문五門을 함섭했다 하였다.

---

126 원문에 전이의前二義는 前 영인본 화엄 6책, p.508, 7행에 말한 內物과
  外物이다.

127 원문에 후의後義는 前 영인본 화엄 6책, p.508, 7행에 일체시물一切施物은
  위재법무외謂財法無畏라 한 것이다.

經

其心平等하야 無有悔吝하며 不望果報하며 不求名稱하며 不貪
利養하고

그 마음이 평등하여 후회도 아낌도 없으며
과보도 바라지 아니하며
이름도 구하지 아니하며
이양도 탐하지 아니하고

疏

二는 離所不應이니 卽淸淨施라 文有五句나 以攝十義라 心平等
者는 略有四義하니 一은 無執取니 離妄見故요 二는 不積聚施니
觀漸與頓이 皆平等故요 三은 不高擧니 但行謙下하고 不與他競하
야 離憍慢故요 四는 無向背니 不朋黨故니라 言無有悔恪者는 此
有三義하니 一은 不退弱施니 已無悔故요 二不下劣이니 勝物無恪
故요 三은 不留滯니 速與無恪故라 言不望果報者는 不求異熟果
故요 不求名稱者는 無所依故요 不貪利養者는 不望報恩故니라

두 번째는 응하지 아니할 바를 떠나는 것이니
곧 청정한 보시이다.
경문에는 다섯 구절이 있지만 열 가지 뜻을 함섭하였다.

마음이 평등하다고 한 것은 간략하게 네 가지 뜻이 있나니

첫 번째는 집착하여 취하지 아니한 것으로 보시하는 것이니 허망한 소견을 떠나는 까닭이요

두 번째는 쌓아 모아두지 아니한 것으로 보시하는 것이니 점점 보시하는 것과 더불어 한꺼번에 보시하는 것이 다 평등한 줄 관찰[128] 하는 까닭이요

세 번째는 고거하지 않는 자세로 보시하는 것이니 다만 겸손하심으로 행하고 다른 사람으로 더불어 다투지 아니하여 교만을 떠나는 까닭이요

네 번째는 향배가 없이 보시하는 것이니 붕당朋黨을 짓지 않고[129] 보시하는 까닭이다.

후회도 아낌도 없다고 말한 것은 여기에 세 가지 뜻이 있나니

첫 번째는 물러나 겁약함이 없이 보시하는 것이니 이미 후회가

---

128 원문에 관점여돈觀漸與頓이 개평등고皆平等故라고 한 것은 論에 말하기를 漸施者는 財物을 보시하는 것을 다 平等하게 하는 까닭이다 하였다. 점시漸施란 있는 바를 따라 단 한 물건이라도 보시하는 것이고, 돈시頓施란 수많은 물건을 쌓아두고 한꺼번에 보시하는 것이다. 지금에는 작은 것 하나라도 있는 바를 따라 보시하고 쌓아두고 한꺼번에 보시하지 않기에 평등平等이라 한 것이다.
『잡화기』에는 점점 보시하는 것과 더불어 한꺼번에 보시하는 것이 다 평등하다고 한 것은 재물을 보시함에 다 평등하게 하는 것이다 하였다.

129 원문에 불붕당不朋黨은 곧 무편당無偏黨과 같다. 즉 아는 사람, 측근, 자기 당파에 우선 보시하는 것이 없고 평등하게 보시한다는 것이다.

없는 까닭이요[130]

두 번째는 하열한 물건은 보시하지 않는 것이니 수승한 물건을 아낌없이 보시하는 까닭이요

세 번째는 체류하지 않고 보시하는 것이니 빨리 아낌없이 주는 까닭이다.

과보를 바라지 않는다고 말한 것은 이숙과를 구하지 않는 까닭이요

이름을 구하지 않는다고 한 것은 의지할 바가 없는 까닭이요

이양을 탐하지 않는다고 한 것은 보은을 바라지 않는 까닭이다.

文有五句者는 但觀前列인댄 具知次第니라

경문에 다섯 구절이 있다고 한 것은 다만 앞에 열거한 것만 관찰한다면 차례를 갖추어 알 수가 있을 것이다.

---

130 원문에 불퇴약시不退弱施니 이무회고已無悔故라고 한 것은 만약 보시한 것을 이미 후회하였다면 곧 이는 물러나 겁약怯弱한 것이다. 그러나 후회한 적이 없다면 물러나 겁약한 것이 아니다. 즉 보시는 겁 없이 해야 한다는 것이다.

經

但爲救護一切衆生하며 攝受 一切衆生하며 饒益一切衆生하며
爲學習諸佛의 本所修行하며 憶念諸佛의 本所修行하며 愛樂諸
佛의 本所修行하며 淸淨諸佛의 本所修行하며 增長諸佛의 本所
修行하며 住持諸佛의 本所修行하며 顯現諸佛의 本所修行하며
演說諸佛의 本所修行하며 令諸衆生으로 離苦得樂케하니라

다만 일체중생을 구호하기 위하며

일체중생을 섭수하기 위하며

일체중생을 요익하기 위하며

모든 부처님이 본래 수행하신 바를 배워 익히기 위하며

모든 부처님이 본래 수행하신 바를 기억하여 생각하기 위하며

모든 부처님이 본래 수행하신 바를 사랑하고 좋아하기 위하며

모든 부처님이 본래 수행하신 바를 청정케 하기 위하며

모든 부처님이 본래 수행하신 바를 증장하기 위하며

모든 부처님이 본래 수행하신 바를 주지하기 위하며

모든 부처님이 본래 수행하신 바를 나타내기 위하며

모든 부처님이 본래 수행하신 바를 연설하기 위하며

모든 중생으로 하여금 괴로움을 떠나 즐거움을 얻게 하기 위한
것입니다.

疏

三은 彰其意樂中에 有十二句하야 攝上二門이니 謂前十一句는
明善士施니 此有五相이라 一에 但爲救護者는 不損惱故요 二에
攝受者는 自手授與故요 三에 饒益者는 應其時故니 上三은 下益
이라 次有八句는 明其上攀이니 不出二意라 一은 淨信故요 二는
恭敬故라 八中一은 創起習學이요 二는 憶持不忘이요 三은 愛樂不
捨요 四는 淨治其障이요 五는 更修增廣이요 六은 住持不斷이요
七은 令不隱沒이요 八은 演以示人이라 後에 令諸衆生으로 離苦得
樂은 結歸慈悲니 卽二世樂이라 上에 但爲之言은 流下諸句라 又
上救護는 是無畏施요 攝受는 是財요 饒益은 是法이라

세 번째는 그 중생으로 마음에 즐거움을 얻게 함을 밝힌 가운데
열두 구절이 있어서 위에 두 문門[131]을 섭수한 것이니
말하자면 앞에 열한 구절은 선사의 보시(善士施)를 밝힌 것이니 여기
에 오상五相이 있다.
첫 번째 다만 구호하기 위한다고 한 것은 손해나거나 뇌란하지
않게 하는 까닭이요
두 번째 섭수하기 위한다고 한 것은 자기 손으로 주는 까닭이요
세 번째 유익하기 위한다고 한 것은 그 때를 응하여 보시하는 까닭이
니, 위에 세 가지는 아래로 중생을 이익케 하기 위한 것이다.

---

[131] 원문에 상이문上二門이란, 선사문善士門과 이세락문二世樂門이다.

다음에 여덟 구절이 있는 것은 그 부처님을 위로 반연함을 밝힌
것이니 두 가지 뜻을 벗어나지 않는다.
첫 번째는 청정하게 믿는 까닭이요
두 번째는 공경하는 까닭이다.
여덟 구절 가운데 첫 번째는 처음 익히고 배울 마음을 일으키기
위한 것이요
두 번째는 기억하고 가져 잊지 않기 위한 것이요
세 번째는 사랑하고 좋아함을 버리지 않기 위한 것이요
네 번째는 그 업장을 청정하게 다스리기 위한 것이요
다섯 번째는 다시 닦아 증광增廣하기 위한 것이요
여섯 번째는 주지住持하여 끊어지지 않게 하기 위한 것이요
일곱 번째는 하여금 숨어서 빠지지 않게 하기 위한 것이요
여덟 번째는 연설하여 사람에게 보이기 위한 것이다.
뒤에 모든 중생으로 하여금 괴로움을 떠나 즐거움을 얻게 한다고
한 것은 자비에 귀결한 것이니,
곧 두 세상에 즐거운 보시(二世樂)이다.
이 위에 다만 위한다고 말한 것은 아래 모든 구절에까지 유입되는
것이다.
또 이 위에 구호한다고 한 것은 이것은 무외시요
섭수한다고 한 것은 이것은 재시요
요익한다고 한 것은 이것은 법시이다.

經

佛子야 菩薩摩訶薩이 修此行時에 令一切衆生으로 歡喜愛樂케
호려하야 隨諸方土의 有貧乏處하야 以願力故로 往生於彼豪貴
大富의 財寶無盡호대 假使於念念中에 有無量無數衆生하야 詣
菩薩所하야 白言仁者야 我等貧乏하야 靡所資贍하고 飢羸困苦
하야 命將不全하리니 唯願慈哀로 施我身肉하야 令我得食하야
以活其命케하소서하면 爾時菩薩은 卽便施之하야 令其歡喜하야
心得滿足케하며 如是無量百千衆生이 而來乞求라도 菩薩於彼
에 曾無退怯하고 但更增長慈悲之心이니라 以是衆生이 咸來乞
求에 菩薩見之하고 倍復歡喜하야 作如是念호대 我得善利라 此
等衆生은 是我福田이며 是我善友니라 不求不請이나 而來敎我
로 入佛法中하니 我今應當如是修學하야 不違一切衆生之心이
라하니라

불자여, 보살마하살이 이 행을 닦을 때에 일체중생으로 하여금
환희하고 사랑하고 즐겁게 하려 하여 모든 시방 국토에 가난하고
궁핍한 사람이 있는 곳을 따라서 원력을 쓴 까닭으로 저 호귀豪貴한
대부大富의 재물과 보배가 다함이 없는 집에 가서 태어나되 가사
생각생각 가운데 한량없고 수없는 중생이 있어서 보살의 처소에
나아가 여쭈어 말하기를 어진 이여, 우리 등이 가난하고 궁핍하여
자생함에 넉넉한 바가 없고 주리고 파리하고 피곤하고 괴로워
목숨이 장차 온전치 못할 듯하오니 오직 원컨대 자애한 마음으로

저에게 육신을 보시하여 저로 하여금 먹게 하여 이 목숨을 살게
하소서 한다면, 그때에 보살은 곧 문득 그 육신을 보시하여 그로
하여금 환희하여 마음에 만족을 얻게 하며

이와 같이 한량없는 백천 중생이 와서 구걸할지라도 보살은 저
중생에게 일찍이 물러나거나 겁내는 모습이 없고 다만 다시 자비한
마음만 증장할 뿐입니다.

이런 까닭으로 중생이 다 와서 구걸함에 보살이 보고 배로 다시
환희하여 이와 같이 생각을 하되 나는 좋은 이익을 얻었다.

이런 등의 중생은 이 나의 복전이며 이 나의 선지식이다.

구하지 않고 청하지 않았지만 와서 나로 하여금 불법 가운데 들어가
게 하나니,

내가 지금 응당히 이와 같이 수확하여 일체중생의 마음을 어기지
아니할 것이다 하였습니다.

疏

第二는 廣顯名相中에 廣前一切施也라 亦具諸施나 恐繁不配니
라 文中二니 先은 現行財施요 後는 願行法施라 財中復二니 一은
隨相이요 二는 離相이라 前中亦二니 一은 明施行이요 二는 迴向行
이라 前中亦二니 初는 願受勝生行施요 二는 示異類身行施라 前
中에 依無著論인댄 有六意樂하니 一은 方便이요 二는 歡喜요 三은
恩德이요 四는 廣大요 五는 善好요 六은 淸淨이니 下並具之리라

제 두 번째는 이름의 모습을 폭넓게 나타낸 가운데 앞[132]의 일체 보시를 폭넓게 나타낸 것이다.

또한 모든 보시를 구족하였지만 번거로울까 염려하여 배속하지 않는다.

경문 가운데 두 가지가 있나니

먼저는 현재 재시를 행하는 것이요

뒤[133]에는 법시 행하기를 서원하는 것이다.

재시 가운데 다시 두 가지가 있나니

첫 번째는 모습을 따르는 보시요

두 번째는 모습을 떠나는 보시이다.

앞의 모습을 따르는 가운데 또한 두 가지가 있나니

첫 번째는 보시행을 밝히는 것이요

두 번째는 회향행을 밝히는 것이다.

앞의 보시행을 밝히는 가운데 또한 두 가지가 있나니

처음에는 좋은 집에 태어남을 받아 보시 행하기를 서원하는 것이요

두 번째는 다른 유형의 몸으로 보시 행함을 보이는 것이다.

앞의 가운데 『무착론』을 의지한다면 여섯 가지 의락意樂이 있나니

첫 번째는 방편이요

두 번째는 환희요

세 번째는 은덕이요

---

132 앞이란, 앞에서 육도六度에 각유구문各有九門이라 한 것이다.

133 원문에 후원행법시後願行法施는 영인본 화엄 6책, p.534, 7행에 있다.

네 번째는 광대요
다섯 번째는 선호善好요
여섯 번째는 청정이니,
아래에 모두 갖추어[134] 설하겠다.

鈔

先現行財施等者는 卽九門中에 一切施中之三相也니 前六度章에
雖皆略示나 今更依攝論釋之리라 本論云호대 施三品者는 一은 法施
요 二는 財施요 三은 無畏施라하얏거늘 無性釋云호대 言法施者는 謂無
染心으로 如實宣說契經等法이요 言財施者는 謂無染心으로 施資生
具요 無畏施者는 謂心無損害하고 濟拔驚怖라하니 釋曰此第一番에
自施行相이라 論云호대 又法施者는 爲欲資益他諸善根이요 財施者
는 爲欲資益他身이요 無畏施者는 爲欲資益他心이라하니 釋曰此第
二番에 明施所爲니 天親同此니라 論又云호대 以是因緣일새 故說三
施라하며 梁攝論云호대 法施는 利益他心이요 財施는 資益他身이요
無畏施는 通益他身心이라 復次由財施故로 有向惡者면 悉令歸善케
하며 由無畏施하야 攝彼令成眷屬케하며 由法施故로 生彼善根하고
及成熟解脫케하나니 由具此義일새 故說三施라하니라 依無著論者는
一은 方便意樂이니 謂先作意요 二는 歡喜意樂이니 謂見求者면 深生
歡喜하고 遇於乞者면 稱意歡喜요 三者는 恩德意樂이니 謂遇乞者면

---

134 원문에 하병구지下並具之는 영인본 화엄 6책, p.518, 5행과 같은 책 p.520,
2행과 9행에 비교하여 말하고 있다.

深心荷恩이 由彼令我로 勝行成故요 四者는 廣大意樂이니 謂廣行施
하야 唯期大果故요 五는 善好意樂이니 謂令乞者로 現在豊樂하며 未
來得道故요 六은 淸淨意樂이니 謂離障離相하야 成波羅蜜故라 疏中
先列名은 後에 隨文釋中에 方釋其相일새 故倂擧之니라

먼저는 현재 재시를 행하는 등이라고 한 것은 곧 아홉 문 가운데
일체 보시 가운데 세 가지 모습[135]이니,
앞의 육바라밀 문장[136] 가운데 비록 다 간략하게 현시하였지만 지금에
다시 『섭론』을 의지하여 해석하겠다.
본론[137]에 말하기를 보시의 삼품은 첫 번째는 법시요, 두 번째는
재시요, 세 번째는 무외시라 하였거늘, 무성이 해석하여 말하기를[138]
법시라고 말한 것은 말하자면 오염됨이 없는 마음으로 여실하게
계경契經 등의 법을 선설하는 것이요
재시라고 말한 것은 말하자면 오염됨이 없는 마음으로 삶을 도우는
기구를 보시하는 것이요

---

135 원문에 삼상三相이란, 재시財施·법시法施·무외시無畏施이다.

136 원문에 전육도장前六度章이란, 곧 영인본 화엄 6책, p.507, 1행에 六度各有九
   門이라 한 것이다. 또 십도장十度章은 앞의 진자권辰字卷에 있다 참고할
   것이다.

137 본론本論이란, 무착이 지은 『섭대승론』을 말한다.

138 무성이 해석하였다고 한 것은 『무성석론無性釋論』은 제칠권에 해당하고,
   아래 14장 상, 3행(영인본 화엄 6책, p.517, 3행)에 『천친론』도 또한 저 『무성석
   론』 제칠권에 해당한다. 『양섭론』은 곧 제구권에 해당한다. 역시 『잡화기』의
   말이다.

무외시라고 말한 것은 말하자면 마음에 손해가 없게 하고 놀라움과 두려움에서 건져주는 것이다 하였으니,

해석하여 말하면 이것은 제일번에 스스로 보시하는 행상이다.

『무성론』에 말하기를 또 법시라고 한 것은 다른 사람의 모든 선근을 도와 이익케 하고자 하는 것이요

재시라고 한 것은 다른 사람의 몸을 도와 이익케 하고자 하는 것이요 무외시라고 한 것은 다른 사람의 마음을 도와 이익케 하고자 하는 것이다 하였으니,

해석하여 말하면 이것은 제이번에 보시하는 까닭을 밝힌 것이니 천친의 해석도 이와 같다.

『무성론』에 또 말하기를 이 인연이기에 그런 까닭으로 삼시를 설한 다 하였으며

『양섭론』[139]에 말하기를 법시는 다른 사람의 마음을 이익케 하는 것이요[140]

재시는 다른 사람의 몸을 도와 이익케 하는 것이요

무외시는 다른 사람의 몸과 마음을 이익케 함에 통하는 것이다. 다시 재시를 인유[141]한 까닭으로 악으로 향하는 사람이 있으면 다

---

139 『양섭론梁攝論』은 양梁나라 진제가 번역한 것으로 제구권이다. 논論 자 아래 운云 자가 있는 것이 좋다.

140 법시는 다른 사람의 마음을 이익케 하는 것이라고 한 것은 『양섭론』에 말하기를 법시를 인유한 까닭으로 다른 사람의 문혜聞慧 등의 선근이 생기함을 얻는다 하였다. 역시 『잡화기』의 말이다.

141 出 자는 由 자의 잘못이다.

하여금 선에 돌아가게 하며,

무외시를 인유하여 저 사람을 섭수하여 하여금 권속을 이루게 하며,

법시를 인유한 까닭으로 저 사람에게 선근을 생기하게 하고 그리고
성숙하여 해탈케 하나니,

이 뜻을 구족함을 인유하기에 그런 까닭으로 삼시三施를 설한다
하였다.

『무착론』을 의지한다고 한 것은 첫 번째는 방편의락이니,

말하자면 먼저는 보시할 마음을 짓는 것이요

두 번째는 환희의락이니,

말하자면 구걸하는 사람을 보면 깊이 환희심을 내고 구걸하는 사람
을 만나면 마음에 칭합하여 환희하는 것이요

세 번째는 은덕의락이니,

말하자면 구걸하는 사람을 만나면 깊이 마음에 은혜를 지는 것이
저를 인유하여 나로 하여금 수승한 행을 이루게 하는 까닭이요

네 번째는 광대의락廣大意樂[142]이니,

말하자면 널리 보시를 행하여 오직 큰 과보를 기약하는 까닭이요

다섯 번째는 선호의락善好意樂[143]이니,

말하자면 구걸하는 사람으로 하여금 현재에 풍족하고 즐겁게 하며
미래에 도를 얻게 하는 까닭이요

---

142 광대의락廣大意樂에 二니 一은 광행시廣行施이고, 二는 기대과期大果이다.
143 선호의락善好意樂에 二니 一은 令乞者等이고, 二는 未來得道이다.

여섯 번째는 청정의락이니,

말하자면 장애를 떠나고 모습을 떠나 바라밀을 이루는 까닭이다.
소문 가운데 먼저 보시의 이름만을 열거한 것은 뒤[144]에 경문을
따라 해석하는 가운데서 바야흐로 그 모습을 해석할 것이기에 그런
까닭으로 모두 보시의 이름만 거론하였다.

疏

於中文四니 一은 願具施緣이니 卽方便意樂으로 先作意故며 亦卽
廣前의 爲大施主라 二에 假使下는 難求能求라 三에 爾時菩薩下
는 明難捨能捨니 擧難況易라 卽便施者는 無留滯也라 四에 如是
下는 明一切無違니 有三意樂이라 初는 卽廣大意樂이니 能廣行故
요 二에 但更下는 卽歡喜意樂也요 三에 作如是念下는 恩德意樂
也라 我今應下는 是隨順心이라

저[145] 가운데 경문이 네 가지가 있나니

첫 번째는 보시할 인연을 갖추기를 서원하는 것이니, 곧 방편의락으
로 먼저 보시할 마음을 짓는 까닭이며 또한 곧 앞에 큰 시주가
된다고 한 것을 폭넓게 설한 것이다.
두 번째 가사 생각생각 가운데라고 한 아래는 구원하기 어려운

---

144 뒤란, 영인본 화엄 6책, p.519, 1행 이하이다.
145 於 자의 뜻은 영인본 화엄 6책, p.515, 말행末行에 광현명상廣顯名相을 말하는
   것이다.

것을 능히 구원하는 것이다.

세 번째 그때에 보살이라고 한 아래는 버리기 어려운 것을 능히 버리는 것을 밝힌 것이니 어려운 것을 들어 쉬운 것에 비유한 것이다. 곧 문득 보시한다고 한 것은 체류하지 않고 보시하는 것이다.

네 번째 이와 같이라고 한 아래는 일체 어김이 없음을 밝힌 것이니 세 가지 의락이 있다.

처음에는 곧 광대의락이니 능히 널리 행하는 까닭이요

두 번째 다만 다시 자비한 마음만 증장할 뿐이라고 한 아래는 곧 환희의락이요

세 번째 이와 같은 생각을 하였다고 한 아래는 은덕의락이다. 내가 지금 응당히 이와 같이라고 한 아래는 이것은 중생의 마음을 수순하는 것이다.

經

又作是念호대 願我已作現作當作의 所有善根으로 令我未來에
於一切世界의 一切衆生中에 受廣大身하야 以是身肉으로 充足
一切飢苦衆生케하며 乃至若有一小衆生이라도 未得飽足인댄
願不捨命하며 所割身肉도 亦無有盡하리라하니라

또 이와 같은 생각을 하기를 원컨대 내가 이미 지었고 현재에
짓고 당래에 지을 있는 바 선근으로 나로 하여금 미래에 일체
세계의 일체중생 가운데 광대한 몸을 받아 이 육신으로써 일체
굶주려 괴로워하는 중생을 충족케 하며
내지 만약 한 작은 중생이라도 배부름에 만족을 얻지 못한 자가
있다고 한다면 원컨대 목숨도 버리지 않을 것이며 할절할 바 육신도
또한 끝이 없이 할 것이다 하였습니다.

疏

第二에 又作下는 明示異類身하야 而行布施니 迴現施善하야 未來
受身은 以悲深故며 亦廣大心也니라

제 두 번째 또 이와 같은 생각을 한다고 한 아래는 다른 유형의
몸을 보여 보시 행함을 밝힌 것이니,
현재 보시하는 선행을 돌이켜 미래의 몸을 받는 것은 대비가 깊은
까닭이며 또한 광대한 마음인 것이다.

經

以此善根으로 願得阿耨多羅三藐三菩提하야 證大涅槃하며 願
諸衆生이 食我肉者라도 亦得阿耨多羅三藐三菩提하야 獲平等
智하고 具諸佛法하야 廣作佛事하며 乃至入於無餘涅槃호대 若
一衆生이라도 心不滿足인댄 我終不證阿耨多羅三藐三菩提라
하야

이 선근으로써 원컨대 내가 아뇩다라삼먁삼보리를 얻어 대열반을
증득하며,
원컨대 모든 중생이 나의 육신을 먹을지라도 또한 아뇩다라삼먁삼
보리를 얻어 평등한 지혜를 얻고 모든 불법을 갖추어 널리 불사를
지으며,
내지 무여열반에 들어가되 만약 한 중생이라도 마음에 만족을
얻지 못한 자가 있다고 한다면 나는 마침내 아뇩다라삼먁삼보리를
증득하지 않을 것이다 하여

疏

第二에 以此下는 迴向行이라 初는 自期大果니 亦廣大意樂也요
後에 願施田도 亦得二果니 是善好意樂이라

제 두 번째 이 선근이라고 한 아래는 회향행이다.
처음에는 스스로 큰 과보를 기약하는 것이니 또한 광대의락이요

뒤[146]에 발을 보시하기를 서원하는 것도 또한 두 가지 과보를[147] 얻나니 이것은 선호의락이다.

鈔

初自期大果者는 上總釋廣大에 有二義호대 一은 謂廣行施요 二는 唯期大果故라하니 前에 一切無違는 卽是初意요 今엔 是期大果也라 亦是善好意樂者는 前亦二義로대 一은 令乞者로 現在豐樂이요 二는 未來得道라하니 今是後意라

처음에는 스스로 큰 과보를 기약한다고 한 것은 위[148]에 광대의락을 해석함에 두 가지 뜻이 있으되 첫 번째는 말하자면 널리 보시를 행하는 것이요, 두 번째는 오직 큰 과보를 기약하는 까닭이다 하였으니

앞[149]에 일체중생의 마음을 어기지 않는다고 한 것은 곧 처음에 뜻[150]이요

지금[151]에는 제 두 번째 큰 과보를 기약한다고 한 뜻이다.

---

146 원문에 後자는 次 자가 아닌가 의심한다.

147 果 자 아래에 後要卽決定亦 여섯 글자(六字)가 있어야 한다. 즉 次는 願施田이니 亦得二果요, 後는 要卽決定이니 亦是善好意樂이라 해야 한다는 것이다.

148 위란, 영인본 화엄 6책, p.518, 1행이다.

149 앞이란, 영인본 화엄 6책, p.515, 8행 아래에 불위일체중생지심不違一切衆生之心이다.

150 처음에 뜻(初意)이란, 광대시廣行施이다.

또한 이것은 선호의락이라고 한 것은 앞[152]에 또한 두 가지 뜻이
있으되 첫 번째는 구걸하는 사람으로 하여금 현재에 풍족하고 즐겁
게 하는 것이요
두 번째는 미래에 도를 얻게 하는 까닭이다 하였으니,
지금에는 뒤의 뜻이다.

經

菩薩이 如是利益衆生호대 而無我想과 衆生想과 有想과 命想과
種種想과 補特伽羅想과 人想과 摩納婆想과 作者想과 受者想
하고

보살이 이와 같이 중생을 이익케 하지만 나라는 생각과 중생이라는
생각과 있다는 생각과 목숨이라는 생각과 가지가지라는 생각과
보특가라[153]라는 생각과 사람이라는 생각과 마납파라는 생각과
짓는 자라는 생각과 받는 자라는 생각이 없고

疏

第二에 菩薩如是下는 明離相施니 卽淸淨意樂也라 隨相離相이
行必同時나 言不並彰일새 故分前後니 應將離相하야 別別貫前이
如大般若나 不欲繁文일새 故倂居一處니 前後體勢를 類此可知
니라

제 두 번째 보살이 이와 같이라고 한 아래는 모습을 떠난 보시를
밝힌 것이니 곧 청정의락이다.
모습을 따르는 보시와 모습을 떠난 보시가 행은 반드시 동시이지만

---

153 此下 영인본 화엄 6책, p.526 소문疏文엔 特 자가 없나니, 特 자가 있고
 없는 이유는 下 소문에 잘 설명하고 있다.

말은 함께 밝힐 수 없기에 그런 까닭으로 앞뒤를 나눈 것이니, 응당 모습을 떠난 보시를 가져 따로따로 앞에 모습을 따르는 보시를 꿰는 것이 마치 대반야와 같지만 문장을 번잡하게 하고자 않기에 그런 까닭으로 병합하여 한 곳에 있는 것이니,

앞뒤의 문세를 여기에 비류하면 가히 알 수가 있을 것이다.

鈔

隨相等者는 卽總示儀式이라 如大般若者는 如般若淸淨이 遍歷八十餘科하야 遞爲其首하야 成百餘卷하니 如淸淨旣爾하야 若以無生爲首라도 亦遍歷諸法하며 無性無得無相等도 一一皆然하니라 故賢首云호대 若歷事備陳인댄 言過二十萬頌이라하니라 今倂隨相하야 居于一處하고 倂諸離相하야 居于一處가 猶般若目故로 束乃數紙나 展則成多니라

모습을 따르는 보시 등이라고 한 것은 곧 의식을 한꺼번에 보인 것이다.

대반야와 같다고 한 것은 마치 반야의 청정한 것이 두루 팔십여과八十餘科를 지나면서 번갈아 그 으뜸을 삼아 백여 권을 이룬 것과 같나니, 청정한 것이 이미 그러한 것과 같아서 만약 무생으로써 으뜸을 삼을지라도 또한 모든 법을 두루 지나며,

무성과 무득과 무상 등도 낱낱이 다 그러한 것이다

그런 까닭으로 현수법사가 말하기를[154] 만약 사실을 역람한 것을

갖추어 진술한다면 말이 이십만송을 지날 것이다 하였다.

지금에는 모습을 따르는 보시를 병합하여 한 곳에 있고 모든 모습을 떠난 보시를 병합하여 한 곳에 있는 것이 마치 대반야의 명목과 같은[155] 까닭으로 묶음에, 이에 지면이 얼마 되지 않지만 폄에 곧 많음을 이루는 것이다.

疏

文分爲三하리니 初는 人空觀이요 次는 法空觀이요 後는 二觀之益이니 卽成彼岸智라 今初也니 如是利益衆生者는 牒前事行이니 欲顯正利益時에 卽無我想等故라 所無之法이 略有十句하니 一에 我는 謂主宰니 諸蘊假者也라 故智論三十五云호대 於五蘊中에 我我所心起故라하며 瑜伽論中에도 大同此說하니라 此句爲總이

---

154 원문에 현수운賢首云이라고 한 것은 현수賢首스님이 지은 『심경心經』의 서문序文이니, 十四行을 벗어나지 않는다. 지금에 인용한 後句로 그 요점을 살핀다면 十四行經의 이치를 다할 것이다.

155 대반야의 명목과 같다고 한 것은 말하자면 여기에 모습을 떠난 보시를 비록 병합하여 한 곳에 두었지만 그 뜻은 다 앞에 말을 관통하는 것이 또한 저 반야 가운데 반야의 한 명목이 팔십여 과목을 관통하는 것과 같다. 혹은 말하기를 육바라밀의 반야 지혜라는 명목이 비록 제일 뒤에 있지만 능히 앞에 오바라밀을 관통하기에 그런 까닭으로 여기서도 또한 그와 같이 말한 것이다 하니 또한 통하는 말이라 하겠다. 역시 『잡화기』의 말이다. 원문에 유반야목猶般若目이란, 또 今經에 無我想等 十句가 저 『반야경般若經』의 十七相의 명목名目과 같다는 것이다.

니 但是一我나 隨事立下別名이라 然由迷緣生實性하야 計有卽
蘊異蘊之我하나니 旣了性空하야 迷想斯寂일새 故云無也라하니
라 若別別觀無之所以인댄 如十定品의 第二定辨하나라

경문을 나누어 세 가지로 하리니
처음에는 사람이 공함을 관찰하는 것이요
다음에는 법이 공함을 관찰하는 것이요
뒤에는 두 가지를 관찰하는 이익이니 곧 피안의 지혜를 이루는
것이다.
지금은 처음으로 이와 같이 중생을 이익케 한다고 한 것은 앞[156]에
사실로 보시 행한 것을 첩석한 것이니,
바로 이익을 나타내고자 할 때에 곧 나라는 생각 등이 없는 까닭이다.
없는 바 법이 간략하게 열 구절이 있나니
첫 번째 아我라고 한 것은 말하자면 주재主宰이니 오온으로 가화합假
和合한 자者이다.
그런 까닭으로 『지도론』 삼십오권에 말하기를 오온 가운데 아我와
아소我所의 마음이 일어나는 까닭이다 하였으며
『유가론』[157] 가운데도 여기에서 말한 것과 크게는 같다.
이 아我라는 구절이 총구가 되나니 다만 이 한 아我지만 사실을
따라 아래에 다른 이름[158]을 세운 것이다.

---

156 앞이란, 영인본 화엄 6책, p.519, 1행이다.
157 유가瑜伽 아래에 초문鈔文엔 論中 두 글자(二字)가 있다.
158 원문에 하별명下別名이란, 중생상衆生想과 유상有想 등이다.

그러나 미혹한 인연으로 생기한 실성을 인유하여 곧 오온의 아와 다른 오온의 아가 있다고 계교하나니,

이미 자성이 공한 줄 요달하여 미혹한 생각이 이에 고요하기에 그런 까닭으로 말하기를 없다 하였다.

만약 따로따로 없는 까닭을 관찰한다면 십정품 제 두 번째 정定에 분별한 것과 같다.

鈔

我謂主宰等者는 卽唯識文이니 論云호대 我謂主宰라하얏거늘 彼疏釋云호대 主如君主하니 有自在故요 宰如宰輔하니 能割斷故라하니라 諸蘊假者者는 於諸蘊中에 假建立故로 稱之爲我니 唯識論云호대 世間聖敎에 說有我法이나 但由假立이언정 非實有性이라하니라 解曰 假有二義하니 一은 無體隨情假니 隨自執情하야 名我法故니 卽外道 等計요 二는 有體强施設假니 隨位隨緣하야 假施設故니 卽聖敎所說 이라 今於二義를 準下智論과 及瑜伽文인댄 當初義也니라 故智論三 十五者는 問曰호대 如我乃至見者가 爲是一事아 爲各各異아 答曰호 대 皆是一我나 但以隨事爲異하야 於五陰中에 我我所心起일새 故名 爲我라하니라 釋曰次云호대 但是一我下는 卽上論文이라 瑜伽論中 者는 論云호대 於五蘊我我所가 現前行故라하니 卽八十三論이라 然 由迷緣生實性下는 釋其無義라 若別別觀無之所以者는 卽四十經 에 菩薩이 知一切法이 皆無我故로 是名入無命法과 無作法者요 菩 薩이 於一切世間에 勤修行無諍法故로 是名住無我法者요 菩薩이

如實見一切身이 皆從緣起故로 是名住無衆生法者요 菩薩이 知一
切法生滅이 皆從緣生故로 是名住無補特伽羅法者요 菩薩이 知諸
法本性平等故로 是名住無意生法과 無摩納婆法者라하니라 釋曰此
卽別觀無之所以라

아라고 한 것은 말하자면 주재라고 한 등은 곧『유식론』문이니
『유식론』에 말하기를 아라고 한 것은 말하자면 주재라 하였거늘,
저『유식론』소문에 해석하여 말하기를 주主는 군주君主와 같나니
자재로 하는 것이 있는 까닭이요,
재는 재보宰輔[159]와 같나니 능히 베고 끊는 까닭이다 하였다.

오온으로 가화합한 자라고 한 것은 저 오온 가운데 거짓으로 건립한
까닭으로 이름을 아라고 한 것이니,
『유식론』에 말하기를 세간의 외도[160]와 성인의 가르침에 아와 법이
있다고 설하지만 다만 거짓을 인유하여 세웠을지언정 진실로 자성이
있는 것이 아니다 하였다.
해석하여 말하면 거짓으로 세운 것에 두 가지 뜻이 있나니
첫 번째는 자체가 없어서 망정을 따르는 거짓이니,
스스로 집착한 망정을 따라 아다 법이다 이름하는 까닭이니 곧
외도 등이 계교하는 것이요

---

159 재보宰輔란, 재상으로 군주君主를 보좌한다는 뜻이다.
160 원문에 世間은 세간世間의 외도外道이다.

두 번째는 자체가 있어서[161] 억지로 시설하는 거짓이니,
지위를 따르고 인연을 따라 거짓으로 시설하는 까닭이니 곧 성인의
가르침에 설한 바이다.
지금에 저 두 가지 뜻을 아래 『지도론』과 그리고 『유가론』의 문장을
기준한다면 처음 뜻[162]에 해당하는 것이다.

그런 까닭으로 『지도론』 삼십오권이라고 한 것은 물어 말하기를
아와 내지[163] 소견이 이 한 일(一事)이 되는가, 각각 다른 일이 되는가.
답하여 말하기를 다 한 아我이지만, 다만 사실을 따라 다름을 삼아서
오음 가운데 아와 아소의 마음이 일어날 뿐이기에 그런 까닭으로
이름을 아라 한다 하였다.
해석하여 말하면 다음에 말하기를 다만 한 아라고 한 아래는 곧

---

161 자체가 있다고 운운한 것은 이 위에는 이 유루의 오온인 까닭으로 자체가
　　없다고 말하였고, 여기는 이 무루의 오온인 까닭으로 자체가 있다고 말하나니
　　거짓이라는 글자(假字)가 그 따르는 뜻이 다른 것이다. 혹은 이 위에는
　　이 변계소집성인 까닭이요, 여기는 이 의타기로 있는 까닭이다 하였다.
　　역시 『잡화기』의 말이다.
　　원문에 유체有體란, 오온五蘊의 분상分上에 아我를 말하고 법法을 말하고
　　인연을 따르고 지위를 따라 설하는 까닭으로 자체自體가 있다고 말하거니와
　　외도外道는 그 허망한 집착執着을 따라 아我가 있다고 하는 까닭으로 자체自體
　　가 없다고 말하는 것이다.
162 원문에 초의初義란, 무체수정가無體隨情假이다.
163 乃至란, 월명자越命者와 생자生者와 작자作者 등이다. 『잡화기』는 내지라고
　　한 것은 십칠상 가운데 다만 처음에 아와 뒤에 소견만 거론한 까닭이다
　　하였다.

위¹⁶⁴에 『지도론』의 문장이다.

『유가론』 가운데라고 한 것은 『유가론』에 말하기를 오온에 아와 아소가 앞에 나타나 행하는 까닭이다 하였으니
곧 『유가론』 팔십삼권이다.

그러나 미혹한¹⁶⁵ 인연으로 생기한 실성을 인유하였다고 한 아래는 그 아가 없다는 뜻을 해석한 것이다.

만약 따로따로 없는 까닭을 관찰한다면이라고 한 것은 곧 이 『화엄경』 사십권¹⁶⁶에 보살이 일체법이 다 아가 없는 줄 아는 까닭으로 이 이름을 목숨이 없는 법과 지을 것이 없는 법에 들어간 사람이라 하는 것이요

보살이 일체 세간에 다툼이 없는 법을 부지런히 수행하는 까닭으로 이 이름을 아가 없는 법에 머문 사람이라 하는 것이요

보살이 일체 몸이 다 인연으로 좇아 생기하는 줄 여실하게 보는 까닭으로 이 이름을 중생이 없는 법에 머문 사람이라 하는 것이요

보살이 일체법의 생멸이 다 인연으로 좇아 생기하는 줄 아는 까닭으로 이 이름을 보특가라가 없는 법에 머문 사람이라 하는 것이요

보살이 모든 법의 본성이 평등한 줄 아는 까닭으로 이 이름을 의생이 없는 법과 마납바¹⁶⁷가 없는 법에 머문 사람이라 하는 것이다 한

---

164 위란, 영인본 화엄 6책, p.522, 1행, 『지도론智度論』 삼십오권이다.
165 원문에 유생由生의 生 자는 소문疏文엔 迷(미) 자이다.
166 원문에 사십경四十經은 곧 십정품十定品 제이정第二定이다.
167 마납바는 마납박가 마나바라고도 한다. 번역하면 유동儒童, 선혜善慧, 연소정

것이다.

해석하여 말하면 이것은 곧 없는 까닭을 따로 관찰한 것이다.

疏

二에 衆生者는 智論云호대 五蘊和合中生故라하니라 瑜伽엔 名爲
有情이니 謂諸賢聖이 如實了知唯有此法하고 更無餘故라하니라

두 번째 중생이라고 한 것은 『지도론』[168]에 말하기를 오온으로 화합한
가운데서 생기는 까닭이다 하였다.
『유가론』에는 이름을 유정이라 하나니,
말하자면 모든 현성이 오직 이 법만 있고 다시 나머지 법이 없는
줄 여실하게 요달하여 아신 까닭이다 하였다.

鈔

智度論云호대 五陰和合中生故는 名爲衆生이라 瑜伽等者는 論有二
解하니 今是其一이라 言唯有此法者는 有此有情法이니 有情卽識이
라 言無餘者는 無彼識外에 餘我體也라 二는 云又復於彼有愛著故라
하얏거늘 彼疏釋云호대 言於彼者는 彼卽所愛中八識也니 卽是有能
愛情일새 名爲有情이라하니라 有情은 梵言薩埵어든 舊云衆生이라하
니라

행年少淨行이니 석존이 연등불 당시 보살이던 때의 이름이다.
168 『지론智論』은 삼십오권이고, 아래 『유가론瑜伽論』은 팔십삼권인 듯하다.

『지도론』에 말하기를 오온으로 화합한 가운데서 생기하는 까닭이라고 한 것은 이름이 중생이 되는 것이다.

『유가론』이라고 한 등은 『유가론』에 두 가지 뜻이 있나니[169] 지금에 이것은 그 하나의 뜻이다.

오직 이 법만 있다고 말한 것은 이 유정의 법만 있다는 것이니 유정이라고 한 것은 곧 식識이다.

나머지 법이라고 말한 것은 저 식 밖에 나머지 어떤 법도 나의 몸이 없다는 것이다.

두 번째는 말하기를[170] 또다시 저 식에 애착이 있는 까닭이다 하였거늘, 저 『유가론』 소문에 해석하여 말하기를 저(於彼)라고 말한 것은 저는 곧 소애所愛 가운데 팔식이니[171] 곧 이 능애能愛의 정情이 있기에 이름을 유정이라 한다 하였다.

유정은 범어에 살타라 하였거든, 구역에 말하기를 중생이라 하였다.

疏

三에 有者는 智論瑜伽에 俱名生者니 謂計有我人하야 能起衆事가

---

169 원문에 논유이해論有二解란, 一은 식정識情이고, 二는 애정愛情이다. 『잡화기』는 처음에는 성현의 所知에 나아간 것이고, 뒤에는 범부의 所着에 나아간 것이다 하였다.

170 원문에 운우云又의 云 자는 『유가론』의 말이다.

171 소애所愛 가운데 팔식이라고 한 것은 이것은 이숙과이고, 능애能愛라고 한 것은 곧 제칠식이다. 그렇다면 곧 정情 자가 앞에서는 팔식에 속하고, 지금에는 제칠식에 속하는 것이다. 역시 『잡화기』의 말이다.

如父生子故라 有는 卽所起諸趣生也니라

세 번째 있다고¹⁷² 한 것은 『지도론』과 『유가론』에 함께 생生이라고
이름하였으니,

말하자면 아我와 인人이 있다고 계교하여¹⁷³ 능히 수많은 일을 생기하
는 것이 마치 아버지가 자식을 생기하는 것과 같은¹⁷⁴ 까닭이다.
유有라고 한 것은 곧 육취에¹⁷⁵ 중생을 생기하는 바인 것이다.

疏

四에 命者는 謂命根成就故니 瑜伽云호대 壽命和合하야 現存活故
라하니라

---

172 想 자는 없는 것이 좋을 듯하다. 앞뒤에 다른 구절에도 없기에 말이다.

173 말하자면 아我와 인人이 있다고 계교한다 운운한 것은 『유가론』에 말하기를
생生이라고 한 것은 말하자면 구생俱生 등을 소유한 바 법인 까닭이라 하니,
소유한 바 법이라고 한 것은 곧 아와 인이다. 말하자면 아와 인으로 더불어
함께하는 것이 이것이 생生이니 수많은 일을 말하는 것이다. 역시 『잡화기』의
말이다.
원문에 계유아인計有我人은 『유가론瑜伽論』의 문장이다.

174 마치 아버지가 자식을 생기하는 것과 같다고 한 것은 곧 『지도론』의 문장이다.
대개 『유가론』은 대반야를 해석하고 『지도론』은 대품반야를 해석한 것이다.
역시 『잡화기』의 말이다.
원문에 여부생자如父生子는 『지도론智度論』의 문장이다.

175 육취에 운운은 또 생기할 바 육취의 중생이라고도 해석할 수 있다.

네 번째 목숨이라고 한 것은 말하자면 명근命根을 성취한 까닭이니, 『유가론』에 말하기를 수壽[176]와 명命[177]이 화합하여 현재 살아있는 까닭이다 하였다.

鈔

謂命根者는 智論具云호대 命根成就일새 故名壽者命者라하니라 釋曰此論은 雙釋經中에 壽命二種이니 以命根體가 即壽故니 已見問明하니라 世親釋云호대 一報命根이 不斷故라하니 論偈云호대 不斷至命住라하얏거늘 大雲解云호대 此是根命이라하니라 瑜伽도 亦是二法合釋하니라

말하자면 명근이라고 한 것은 『지도론』에 갖추어 말하기를 명근을 성취하였기에 그런 까닭으로 이름을 수라고 하고 명이라고 한다 하였다.
해석하여 말하면 이 『지도론』은 이 경전 가운데 수와 명의 두 가지를 함께 해석한 것이니,
명근의 자체가 곧 수명인 까닭이니 이미 문명품에 나타내었다.
세친이 해석하여 말하기를 하나의 보명근報命根이 끊어지지 않는다 하였으니,

---

176 수壽는 사는 것으로 나무가 살아가는 것과 같다. 즉 생명生命의 지속성持續性이라 할 것이다.
177 명命은 명근命根으로 비유하자면 나무와 같다.

그런 까닭으로 논의 게송에 말하기를 끊어지지 않고 목숨이 머물러 있음에 이른다 하였거늘, 대운법사[178]가 해석하여 말하기를 이것은 명근이다 하였다.

『유가론』에도 역시 두 가지 법[179]을 합하여 해석하였다.

疏

五에 種種者는 智論에 名爲衆數라하니 謂陰界入等諸因緣이 是衆 數法故요 新譯엔 名異生이라하니 能受異趣生故니라

다섯 번째 가지가지라고 한 것은 『지도론』에 이름을 중수衆數[180]라 하였으니,

말하자면 오음과 십팔계와 육입 등 모든 인연이 이 중수법衆數法인 까닭이요

신역에는 이름을 이생異生이라 하였으니

능히 이취異趣에 생을 받는 까닭이다.

鈔

新譯等者는 卽大般若第十三이라 前引智論은 其文小略하니 具卽大

品에 名爲衆數라하얏거늘 智論云호대 從我人으로 有陰界等의 衆數之
法이라하며 又取我人하야 爲陰界入의 諸法之數라하니 故로 衆多之法
이 是種種義니라

신역이라고 한 등은 곧『대품반야경』제십삼권이다.
앞[181]에 인용한『지도론』은 그 문장이 조금 생략되었나니,
갖추어 말하면『대품반야경』에 이름을 중수라 하였거늘『지도론』에
말하기를 아와 인을 좇아서 오음과 십팔계 등 중수의 법이 있다
하였으며[182]
또 아와 인을 취하여 오음과 십팔계와 육입 등 모든 법의 수數를
삼는다 하였으니,
그런 까닭으로 수많은 법이 이 가지가지의 뜻이다.

疏

六에 補特伽羅者는 此云數取趣니 瑜伽云호대 計有我人하야 數數
往取諸趣호대 無厭故라하니라 此名은 依一聲中하야 呼一人이어니
와 若依多聲中하야 呼多人인댄 卽云補特伽羅라하리라

---

181 앞이란, 여기서는 新譯 전에 衆數를 말한다. 즉『지도론』에 중수라 한 것이다.
182 오음과 십팔계 등 중수의 법이 있다고 한 것은『지도론』에 갖추어 말하기를
　　오중五衆(오음)과 십이입十二入(십이처)과 십팔계 등 모든 법의 인연이 이것이
　　니, 수많은 법이 수가 있는 까닭으로 중수衆數라 이름하는 것이다 하였다.
　　역시『잡화기』의 말이다.

여섯 번째 보특가라補特伽羅라고 한 것은[183] 여기에서 말하면 삭취취
數取趣[184]니,

『유가론』에 말하기를 아와 인이 있다고 계교하여 자주자주 육취에
왕취往取하는 것을 싫어함이 없이 하는 까닭이다 하였다.

이 보가라라고 한 이름은 한 소리 가운데를 의지하여 한 사람을
부르는 것이어니와, 만약 수많은 소리 가운데를 의지하여 수많은
사람을 부른다면 곧 말하기를 보특가라라라고 해야 할 것이다.

鈔

補特等者는 卽瑜伽中名이라

보특가라라고 한 등은 곧 『유가론』 가운데 이름이다.

---

[183] 보특가라補特伽羅라고 한 것이란 이 소문에 첩석한 것과 그리고 아래 초문에
분별한 바를 안찰하여 보면 곧 경문 가운데 特特 자는 응당 연자衍字이고,
소본과 『화엄음의』에도 또한 다 이 特特 자는 없다. 『잡화기』의 말이다.
보가라補伽羅는 일인칭一人稱이고, 보특가라補特伽羅는 다인칭多人稱이다.
사람과 사람, 수많은 사람의 뜻이다.

[184] 삭취취數取趣라고 한 것은 『화엄음의』에 또한 말하기를 업을 짓는 것이
쉬지 아니하여 자주자주 고통의 과보를 취하는 까닭이다 하였으니, 이것은
곧 다만 한 사람이 자주자주 여취餘取(인취人趣 밖에 오취)에 왕취往取하는
뜻만 취한 것이요, 보특가라는 여기서 말하면 삭삭취數數趣이니 이것은
수많은 사람이 자주자주 여취에 왕취하는 뜻을 잡은 것이다. 역시 『잡화
기』의 말이나 보가라는 삭취취이고 보특가라는 삭삭취라는 것이다.

疏

七에 人者는 有靈於土木之稱이라 智論云호대 行人法故라하며 大
般若엔 名士夫라하얏거늘 瑜伽釋云호대 能作一切士夫用故라하
니라

일곱 번째 사람이라고 한 것은 토목보다 신령함이 있는 것을 부르는
것이다.
『지도론』[185]에 말하기를 사람의 법을 행하는 까닭이다 하였으며
『대반야경』에는 이름을 선비의 아버지라 하였거늘, 『유가론』에
해석하여 말하기를 능히 일체 선비 아버지의 작용을 짓는 까닭이다
하였다.

鈔

有靈於土木之稱은 卽關中生公語니 卽智論意라 般若名士夫는 卽
十七相中에 第六이니 論云호대 言養育者는 謂增長後有業故며 能作
一切士夫用故라하얏거늘 彼疏釋云호대 言養育者는 令滋茂不斷絶
義니 業令致果요 果有士夫用이니 未來莫窮일새 故名養育이라하니라
釋曰彼雙釋士夫와 養育거늘 文便故引之하니라

토목보다 신령함이 있는[186] 것을 부르는 것이라고 한 것은 곧 관중關

---

185 『지도론智度論』 삼십오권이다.
186 원문에 유영자有靈者 세 글자(三字)는 연자衍字이다. 그러나 『잡화기』는 靈

中[187]에 도생의 말이니 곧 『지도론』의 뜻이다.

『대반야경』[188]에 이름을 선비의 아버지라고 한 것은 곧 십칠상十七相 가운데 제육상이니,[189]

『유가론』에 말하기를 양육한다고 말한 것은 말하자면 후유업後有業[190]을 증장하는 까닭이며

능히 일체 선비 아버지의 작용을 짓는 까닭이다 하였거늘, 저 『유가론』 소문에 말하기를 양육한다고 말한 것은 하여금 무성하여 끊어지지 않게 한다는 뜻이니

업은 하여금 과보를 이루게 하는 것이요 과보는 선비 아버지(士夫)의 작용이니 미래가 다할 수 없기에 그런 까닭으로 이름을 양육한다 하였다.

해석하여 말하면 저 『유가론』에는 선비의 아버지와 양육을 함께 해석하였거늘 문장이 편리한 까닭으로 인용하였다.

자와 者 자 사이에 等 자가 빠진 것이 아닌가 염려한다 하였다.

187 관중關中은 지금의 섬서 지방이니, 옛날에 진晉나라 땅이다.

188 유가瑜伽는 반야般若의 잘못이니 영인본 화엄 6책, p.529, 5행에 대반야大般若 십칠상十七相이라 하였다.

189 위에 第六이라고 한 아래에 瑜伽釋者라는 네 글자가 빠졌다고 보기도 한다. 그렇다면 第六"이요" 瑜伽釋者"는"이라 현토懸吐할 것이다.

190 후유업後有業이란, 미래업未來業이다.

疏

八에 摩納婆는 此云儒童이니 謂計有我人하야 爲少年有學之者라
此名은 依一聲中하야 但呼一人이어니와 若依多人이 多聲中呼인
댄 應云摩納婆嚩迦也라하리라

여덟 번째 마납바라고 한 것은 여기에서 말하면 선비의 아이(儒童)이
니[191]

말하자면 아와 인이 있다고 계교하여 소년 시절부터 배움이 있는
사람이다.
이 마납바라고 한 이름은 한 소리 가운데를 의지하여 다만 한 사람만
부르는 것이어니와
만약 수많은 사람이 수많은 소리 가운데를 의지하여 부른다면[192]
응당히 말하기를 마납바박가[193]라고 해야 할 것이다.

鈔

摩納婆는 此云儒童은 卽出智論이라 若瑜伽云인댄 謂依止於意하야

---

191 원문에 마납바유동摩納婆儒童이란, 소년少年인 까닭으로 童이요, 유학有學인
   까닭으로 儒라 하나니, 이것이 마납바의 뜻이다.
192 원문에 약호若呼의 呼 자는 依 자의 잘못이다.
193 마납바박가라고 한 것은 『현담』 제7권 홍자권洪字卷 58장에 여기서 말하면
   선비의 아이(유동儒童)라 하였거니와 여기서는 곧 한 가지 말(마납바박가)을
   같이 인용하였지만 그러나 반드시 취하는 뜻이 점점 다른 것이다. 역시
   『잡화기』의 말이다.

或高或下故라하얏거늘 彼疏云호대 意高下者는 約行以釋이라 然行
高下가 皆由於意이나 稚年之者는 高下不定일새 故以高下로 而以顯
之라하니라 釋曰稚年高下者는 卽少年有學者也라

마납바라고 한 것은 여기에서 말하면 선비의 아이라고 한 것은
곧 『지도론』에서 설출한 것이다.
만약 『유가론』에서 말한 것이라면 말하자면 뜻에 의지하여 혹 높기
도 하고 혹 낮기도 한 까닭이다 하였거늘, 저 『유가론』 소문에
말하기를 뜻이 높기도 하고 낮기도 하다고 한 것은 행을 잡아서
해석한 것이다.
그러나 행이 높기도 하고 낮기도 한 것이[194] 다 뜻에 인유한 것이지만
어린 사람은 높고 낮은 것이 일정하지 않기에[195] 그런 까닭으로
높고 낮은 것으로써 나타내었다 하였다.
해석하여 말하면 어린 사람의 높고 낮은 것은 곧 소년 시절부터
배움이 있는 사람이다.

---

194 그러나 행이 높기도 하고 낮기도 하다 운운한 것은 그 뜻에 말하기를 이미
뜻이 높기도 하고 낮기도 하다고 말하였거늘, 또 행이 높기도 하고 낮기도
하다고 말한 것은 저 『유가론』에 이미 뜻(意)에 의지하여 높고 낮은 행이
있는 까닭이다 하였다. 역시 『잡화기』의 말이다.
195 원문에 치년지자稚年之者는 고하부정고高下不定故라고 한 것은 소년少年인
까닭으로 그 뜻이 일정할 수 없지만, 노인老人은 그 뜻과 행이 일정한 것이다.

疏

九에 作者者는 作諸業故니 智論云호대 手足이 能有所作故라하니라

아홉 번째 짓는 자라고 한 것은 모든 업을 짓는 까닭이니,
『지도론』에 말하기를 손과 발이 능히 짓는 바가 있는 까닭이다
하였다.

疏

十에 受者者는 智論云호대 計後世에 受罪福의 果報故라하니라
大般若第三四와 大品第二와 及金剛般若中說은 數有增減하며
名或小異나 大意不殊하니 迴向十定에 準斯會釋하리라

열 번째 받는 자라고 한 것은 『지도론』에 말하기를 후세에 죄와
복의 과보를 받는다고 계교하는 까닭이다 하였다.
『대품반야경』 제삼권[196]과 제사권과 『대품반야경』 제이권과 그리고
『금강반야바라밀경』 가운데 설한 것은 그 수가 증감이 있으며 이름
도 혹 조금 다르지만 대의는 다르지 않나니,
십회향품과 십정품에서 이것을 기준하여 해석하겠다.

---

196 제삼권이라고 한 것은 초문(영인본 화엄 6책, p.529, 9행)에 말하기를 제십삼권
이라 하니 초가의 말이 옳다. 역시 『잡화기』의 말이다. 그렇다면 세 줄
뒤에 제삼도 고쳐야 할 것이다.

鈔

大般若第三下는 結示本源이라 古有章門호대 七門分別하니 一은 列
名이요 二는 釋名이요 三은 體性이요 四는 二執이요 五는 伏害요 六은
成觀이요 七은 問答이라 初는 諸說互望에 差別이 略有三種하니 一은
數增減이요 二는 互有無요 三은 變名字라 初增減者는 第六迴向엔
但有其八하고 略無總我와 及種種耳라 十定有七하니 已如上辨하니
一은 作者요 二는 命이요 三은 我요 四는 衆生이요 五는 補特伽羅요
六은 意生이요 七은 摩納婆니 略無受者와 人者와 及種種하고 而加總
我니라 大般若第四엔 說十七相하니 一은 我요 二는 有情이요 三은
命者요 四는 生者요 五는 養者요 六은 士夫요 七은 補特伽羅요 八은
意生이요 九는 儒童이요 十은 作者요 十一은 使作者요 十二는 起者요
十三은 使起者요 十四는 受者요 十五는 使受者요 十六은 知者요 十七
은 見者라 第三中엔 但說十四하고 闕使作者와 起者와 使起者와 使受
者니 闕四하고 加異生이라 異生은 義當起故요 三使는 大同故니라
其第二에 有無는 已含在前增減之中이라 三에 變名字는 此云衆生을
大般若中엔 是有情이라하며 此云補伽羅를 彼云補特伽羅라하며 此
云人을 彼云士夫라하며 此云摩納婆를 大般若云儒童이라하고 迴向
云童子라하며 此云有想을 大般若云生者等이니 疏中에 已對大般若
辨竟하니라 餘門은 可略言也니라

『대품반야경』제삼권이라고 한 아래[197]는 본원本源을 맺어 시현한

것이다.

옛날에 장문章門이 있으되 칠문으로 분별[198]하였으니

첫 번째는 이름을 열거한 것이요

두 번째는 이름을 해석한 것이요

세 번째는 자체성이요

네 번째는 두 가지 집착이요

다섯 번째는 해치는 사람을 절복하는 것이요

여섯 번째는 관觀을 이루는 것이요

일곱 번째는 묻고 답하는 것이다.

처음에는 모든 구절의 말을 서로 바라봄에 차별한 것이 간략하게
세 가지가 있나니

첫 번째는 수가 증감이 있는 것이요

두 번째는 서로 있기도 하고 없기도 한 것이요

세 번째는 이름을 변화한[199] 것이다.

처음에 증감이 있다고 한 것은 제육회향에는 다만 여덟 구절만
있고 총구인 아我와 그리고 가지가지라는 구절은 생략되어 없다.

십정품에는 일곱 구절만 있나니, 이미 위에서 분별한 것과 같나니

첫 번째는 짓는 것이요

---

198 원문에 칠문분별七門分別이란, 고인古人이 수受에 대對하여 칠문七門으로
분별分別한 것이다.

199 원문에 변명자變名字란, 즉 중생衆生을 유정有情이라 하고, 보가라補伽羅를
보특가라補特伽羅라고 한 등이다.

두 번째는 목숨이요

세 번째는 아我요

네 번째는 중생이요

다섯 번째는 보특가라요

여섯 번째는 의생意生이요

일곱 번째는 마납바이니,

받는다는 것과[200] 사람이라는 것과 그리고 가지가지[201]라는 구절은
생략되어 없고 총구인 아我[202]를 더하였다.

『대품반야경』의 제사권에는 십칠상[203]을 설하였으니

첫 번째는 아요

두 번째는 유정이요

세 번째는 목숨이요

네 번째는 태어나는 것이요

다섯 번째는 양육하는 것이요

여섯 번째는 선비의 아버지요

---

200 원문 受 자 아래에 人者라는 말이 빠졌다.

201 원문에 종종種種이라는 말은 유상有想(경문 참고)이라는 말의 잘못이 아닌가
  염려한다. 그 이유는 가지가지라는 구절은 생략되어 없다고 한 아래는
  앞에 이미 분별한 까닭이다. 역시 『잡화기』의 말이다. 그러나 깊이 생각할
  것이다.

202 원문에 총아總我는 第三에 我이다.

203 십칠상十七相은 수受에 대하여 십칠상十七相으로 설설한 것이다.

일곱 번째는 보특가라요

여덟 번째는 의생이요

아홉 번째는 선비의 아이요

열 번째는 짓는 것이요

열한 번째는 하여금 짓게 하는[204] 것이요

열두 번째는 생기하는 것이요

열세 번째는 하여금 생기하게 하는 것이요

열네 번째는 받는 것이요

열다섯 번째는 하여금 받게 하는[205] 것이요

열여섯 번째는 아는 것이요

열일곱 번째는 보는 것이다.

『대품반야경』 제삼권[206] 가운데는 다만 열네 구절만 설하고 하여금
짓게 한다는 것과 생기한다는 것과 하여금 생기하게 한다는 것과
하여금 받게 한다는 것이 빠졌으니,

---

204 하여금 짓게 한다고 한 것은 『지도론』에는 힘이 능히 다른 사람을 격동케
　　하는 까닭이다 하였다. 역시 『잡화기』의 말이다.

205 하여금 받게 한다고 한 것은 『지도론』에 말하기를 다른 사람으로 하여금
　　괴로움과 즐거움을 받게 하는 까닭이다 하였다. 그리고 바로 아래 아는
　　것(十六)과 보는 것(十七)이라고 한 것은 눈으로 색을 보는 것이 이름이
　　보는 것이고, 오식五識이 이름이 아는 것이다 하였다. 역시 『잡화기』의
　　말이다.

206 원문에 第十의 十 자는 연자衍字이다. 소문疏文처럼 대반야大般若 제삼권第三
　　卷이다. 그러나 『잡화기』는 초문의 말이 옳다 하니 심찰할 것이다.

네 구절은 빠졌고 이생異生을 더하였다.

이생은 뜻이 생기함에 해당하는 까닭이요

삼사三使는 크게는 같은[207] 까닭이다.

제 두 번째 서로 있기도 하고 없기도 하다고 한 것은 이미 앞에 수의 증감을 밝힌 가운데 포함되어 있다.

제 세 번째 이름을 변화한 것이라고 한 것은 여기에서 중생이라고 말한 것을 『대품반야경』 가운데는 유정이라 하였으며

여기에서 보가라고 말한 것을 저 『대품반야경』에서는 보특가라라고 말하였으며

여기에서 사람이라고 말한 것을 저 『대품반야경』에서는 선비의 아버지라 말하였으며

여기에서 마납바라고 말한 것을 『대품반야경』에서는 선비의 아이라 하고 십회향품에서는 동자라 말하였으며

여기에서 유상이라고 말한 것을 『대품반야경』에서는 생자라고 말하였다는 등이니,

소문 가운데 이미 『대품반야경』을 상대하여 분별하여 마쳤다.

나머지 문門[208]은 말을 생략하는 것이 좋을 듯하다.

---

207 원문에 삼사대동三使大同이라고 한 것은, 삼사三使는 사작使作, 사기使起, 사수使受이다. 크게 같은(大同) 것은 大般若 第四卷과 같다는 것이니, 즉 사기使起는 저 사권의 十二에 起者와 같고, 사작使作은 저 사권의 十에 作者와 같고, 사수使受는 저 사권의 十四에 受者와 같다. 大同의 大 자를 本 자라고 의심하기도 한다.

208 나머지 문門이란, 二에 석명釋名과 三에 체성體性 등등이다.

經

但觀法界와 衆生界의 無邊際法과 空法과 無所有法과 無相法과
無體法과 無處法과 無依法과 無作法하나니

다만 법계와 중생계의 끝도 경계도 없는 법과
공한 법과
있는 바가 없는 법과
모습이 없는 법과
자체가 없는 법과
처소가 없는 법과
의지할 것이 없는 법과
조작할 것이 없는 법만을 관찰하나니

疏

二에 但觀下는 明法空觀이라 菩薩旣了法空인댄 安有我耶아 故上
云人空은 非如二乘의 人空法有니 故此直云호대 但觀法界空等
이라하니라 法界衆生界는 總擧所觀法體가 不出此二니 菩薩이 了
知究竟無差니라 橫則無邊이니 等虛空故요 竪則無際니 離始終
故라 空法者는 此二皆空也니 空亦總句니라 何以知空고 但有名
字하고 無實所有故니라 無何所有고 一은 外無自共之相狀이요 二
는 內無有爲無爲之體性이요 三은 無所住之處니 所謂不在內外

中間의 有中住故요 四는 無二法之相依니 有去不留空故요 五는
無造作之功用일새 故無所有니 無所有故空이요 空故衆生界가
卽法界也니라

두 번째 다만 관찰한다고 한 아래는 법이 공함을 관찰하는 것을
밝힌 것이다.
보살이 이미 법이 공한 줄 요달하였다면 어찌 아我가 있겠는가.
그런 까닭으로 위[209]에서 사람이 공하다고 말한 것은 이승에서 사람은
공하고 법은 있다고 한 것과는 같지 않는 것이니,
그런 까닭으로 여기에서 바로 말하기를[210] 다만 법계가 공한 줄
관찰하는 등이라[211] 하였다.
법계와 중생계라고 한 것은 관찰할 바 법의 자체가 이 두 세계를
벗어나지 아니함을 한꺼번에 거론한 것이니,
보살이 구경에 차별이 없음을 요달하여 안 것이다.

---

209 위란, 영인본 화엄 6책, p.521, 8행이다.
210 그런 까닭으로 여기에서 바로 말하였다고 한 것은 그 뜻에 말하기를 문장이
   비록 먼저 아공을 밝히고 지금에 법공을 밝히지만, 보살이 관법을 닦는
   것이라면 곧 차례를 가자하지 않고 다만 법공만 관찰한즉 아我도 또한
   법을 따르는 까닭으로 바로 다만(직운단直云但)이라는 말을 이루는 것이다.
   그렇다면 곧 앞에 밝힌 바 아가 공한 줄 관찰하는 것이 곧 여기에 법이
   공한 줄 관찰하는 분상에서 성립한 바일 뿐, 앞에 아를 관찰하고 지금의
   법을 관찰하는 것은 아니다. 역시 『잡화기』의 말이다.
211 원문에 단관법계공但觀法界空이란, 보살菩薩이 보시를 행할 때 이미 아상我想,
   중생상衆生想이 없기에 다만 법계法界가 공空한 줄 관찰하는 것이다.

횡橫으로는[212] 곧 끝이 없는 것이니 허공과 같은 까닭이요
수竪로는 곧 경계가 없는 것이니 시작과 끝을 떠난 까닭이다.
공한 법이라고 한 것은 이 두 가지[213]가 다 공하다는 것이니,
공하다는 것은 또한 총구總句이다.
무슨 까닭으로 공한 줄 아는가.
다만 이름만 있고 진실로 있는 바가 없는 까닭이다.
어찌하여 있는 바가 없는가.
첫 번째는 밖으로 자상自相과 공상共相의 모습이 없는 것이요[214]
두 번째는 안으로 유위와 무위의 체성이 없는 것이요[215]
세 번째는 머물 바 처소가 없는 것이니, 말하자면 안과 밖과 중간이
있는 가운데 머물러 있지[216] 않는 까닭이요
네 번째는 두 가지 법[217]이 서로 의지할 것이 없는 것이니, 있는
것도 보내고 공한 것에도 머물지 않는 까닭이요
다섯 번째는 조작할 공용이 없기에 그런 까닭으로 있는 바가 없는
것이니
있는 바가 없는 까닭으로 공이요,
공인 까닭으로 중생계가 곧 법계인 것이다.

---

212 원문에 횡즉橫則이라 한 아래는 경문經文에 무변제구無邊際句이다.
213 이 두 가지란, 무변無邊과 무제無際이다.
214 원문에 一에 외무자공상外無自共相은 경經에 무상법無相法이다.
215 원문에 二에 내무유무위체성內無有無爲體性은 경經에 무체법無體法이다.
216 가운데 머물러 있다고 한 것은 안과 밖과 중간이 다 있는 까닭이다. 역시
   『잡화기』의 말이다.
217 원문에 이법二法은 유有와 공空이다.

鈔

一에 外無自共之相狀者는 自相者는 謂色礙相과 受領納相等이 各
別所屬이요 共相者는 謂五蘊等이 同無常苦空無我하니 此二는 皆外
相也라 二에 爲無爲는 諸法之體니 諸法이 不出此二니라 有去不留空
者는 明空有無二故로 有卽是空이니 若去於有인댄 卽見去空이어니
와 若有去存空인댄 則空有爲二故니라

첫 번째 밖으로 자상과 공상의 모습이 없다고 한 것은 자상이라고
한 것은 말하자면 색의 장애하는 모습과 수受의 영수하여 받아들이는
모습 등이 각각 소속이 다른 것이요
공상이라고 한 것은 말하자면 오온 등이 무상과 고와 공과 무아와
같나니, 이 두 가지는 다 밖의 모습(外相)이다.
두 번째 유위와 무위라고 한 것은[218] 모든 법의 자체이니,
모든 법이 이 두 가지[219]를 벗어나지 않는 것이다.
있는 것도 보내고 공한 것에도 머물지 않는다고 한 것은 공한 것과
있는 것이 둘이 없는 까닭으로 있는 것이 곧 공한 것임을 밝힌
것이니,
만약 있는 것을 보내면 곧 공한 것도 떠나감을 보거니와 만약 있는
것을 보내고 공한 것을 둔다면 곧 공한 것과 있는 것이 둘이 되는
까닭이다.

---

218 원문에 二에 위무위爲無爲라고 한 아래는 내상內相이다.
219 이 두 가지란, 유위有爲와 무위無爲이다.

經

作是觀時에 不見自身하며 不見施物하며 不見受者하며 不見福
田하며 不見業하며 不見報하며 不見果하며 不見小果하며 不見大
果니라

이와 같이 관찰함을 지을 때에 자신도 보지 아니하며
보시하는 물건도 보지 아니하며
받는 자도 보지 아니하며
복밭도 보지 아니하며
업도 보지 아니하며
보報[220]도 보지 아니하며
과果[221]도 보지 아니하며
작은 과도 보지 아니하며
큰 과도 보지 아니합니다.

疏

第三에 作是下는 觀益이라 九句皆云호대 不見者는 窮於法性하야
到彼岸故라 初三은 卽是三輪이요 福田者는 施所生也요 業은 約
成因하야 而招果요 剋獲爲果요 酬因曰報니 習因은 習續於前이요

---

220 보報는 이류인異類因으로 생기는 결과이다.
221 과果는 동류인同類因으로 생기는 결과이다.

習果는 剋獲於後니라 習因習果가 通名爲因하야 能牽後報어든 此
報酬因이니 此則果通現得이라 又報謂有漏요 果謂無漏니 同是
當果나 漏無漏殊니라 小施小果요 大施大果라

제 세 번째 이와 같이 관찰함을 지을 때라고 한 아래는 관찰하는
이익이다.
아홉 구절에 다 말하기를 보지 않는다고 한 것은 법성을 궁구하여
피안에 이르는 까닭이다.
처음에 세 구절은 곧 삼륜三輪이요
복밭이라고 한 것은 보시하는 물건이 생기하는 곳이요
업이라고 한 것은 원인을 이루어 결과를 초래하는 것을 잡은 것이요
반드시 얻는 것은 과果가 되는 것이요
원인을 갚는 것은 보報라 말하는 것이니,
원인을 익히는 것은 현전에 익혀서 상속하는 것이요
결과를 익히는 것은 뒤에 반드시 얻는 것이다.
원인을 익히고 결과를 익히는 것이 모두 이름이 원인이 되어 능히
뒤에 보報를 이끌어내거든 이 보報가 원인을 갚는 것이니,
이것은 곧 과果가 현재에 얻음에도 통하는 것이다.

또 보報는 유루를 말하는 것이요
과果는 무루를 말하는 것이니,
다 당과當果이지만 유루와 무루가 다를 뿐이다.

작게 보시하는 것은 작은 과가 되는 것이요
크게 보시하는 것은 큰 과[222]가 되는 것이다.

鈔

剋獲爲果者는 此釋果報가 有二義하니 一은 果通現在요 報唯未來니
如修初禪은 爲習因이요 證得初禪은 爲習果니라 故云習因은 習續於
前이요 習果는 剋獲於後라하니라 上은 一重因果니 望其當報인댄 總
名爲因이요 生於初禪의 梵衆等天인댄 方名感報라 故上云酬因爲報
라하니라 此則下는 結示라 二에 又報謂有漏下는 則果之與報가 俱在
未來라 大施大果者는 此有三하니 一은 以一物施는 爲小요 多物施는
爲大라 二는 小心施는 爲小요 大心施는 爲大니 自利無常等은 爲小요
利他空觀等은 爲大라 三은 近果는 爲小요 究竟果는 爲大니라

반드시 얻는 것은 과가 된다고 한 것은 여기에 과보果報를 해석한
것이 두 가지 뜻이 있나니
첫 번째는 과는 현재에도 통하고, 보는 오직 미래에만 통하는 것이니
마치 초선初禪을 닦는 것은 원인을 익히는 것이 되고, 초선을 증득하
는 것은 결과를 익히는 것이 되는 것과 같다.
그런 까닭으로 말하기를 원인을 익히는 것은 현전에 익혀서 상속하
는 것이요
결과를 익히는 것은 반드시 뒤에 얻는다 하였다.

---

222 果 자 아래에 초문鈔文에는 等 자가 있다. 그러나 연자衍字라 하였다.

이상은 일중인과一重因果이니, 그 당보當報를 바라보면 모두 이름이 원인이 되는 것이요

초선의 범중천 등²²³의 하늘에 태어나면 바야흐로 이름이 보報를 감득함이 되는 것이다.

그런 까닭으로 위에서 말하기를 원인을 갚는 것은 보가 된다고 하였다.

이것은 곧이라고 한 아래는 맺어서 보인 것이다.

두 번째 또 보는 유루를 말하는 것이라고 한 아래는 곧 과와 더불어 보가 함께 미래에 있다는 것이다.

크게 보시하는 것은 큰 과²²⁴가 된다고 한 것은 여기에 세 가지 뜻이 있나니

첫 번째는 한 물건으로써 보시하는²²⁵ 것은 작은 과가 되는 것이요 많은 물건으로써 보시하는 것은 큰 과가 되는 것이다.

두 번째는 작은 마음으로 보시하는 것은 작은 과가 되는 것이요 큰마음으로 보시하는 것은 큰 과가 되는 것이니

자리와 무상 등은²²⁶ 작은 마음이 되는 것이요

---

223 초선初禪의 범중梵衆 등이라고 한 것은 초선初禪에 삼천三天이 있나니 범중천梵衆天, 범보천梵補天, 대범천大梵天이다.

224 원문에 果等이란 等 자와 此等이란 等 자는 다 연자衍字이다.

225 원문에 施等의 等 자는 연자衍字이다.

이타와 공관空觀 등은 큰 과가 되는 것이다.
세 번째는 가까운 과는[227] 작은 과가 되는 것이요
구경의 과는 큰 과가 되는 것이다.

---

[226] 자리와 무상 등이라고 한 것은 여기에 이리二利와 이관二觀의 양중兩重
대소大小가 있는 것이다. 역시 『잡화기』의 말이다.

[227] 가까운 과라 운운한 것은 이것은 곧 응당 말하기를 가까운 과보를 얻는
보시는 작은 과가 되고, 먼 과보를 얻는 보시는 큰 과가 된다고 해야 할
것이다.

經

爾時菩薩이 觀去來今에 一切衆生의 所受之身을 尋卽壞滅하고 便作是念호대 奇哉衆生이여 愚癡無智하야 於生死內에 受無數身하야도 危脆不停하고 速歸壞滅호대 若已壞滅하고 若今壞滅하고 若當壞滅이어늘 而不能以不堅固身으로 求堅固身하나니 我當盡學諸佛所學하야 證一切智하고 知一切法하야 爲諸衆生하야 說三世平等하야 隨順寂靜하는 不壞法性하야 令其永得安隱快樂케하리라하니 佛子야 是名菩薩摩訶薩의 第一歡喜行이니라

그때에 보살이 과거 미래 지금에 일체중생의 받은 바 몸을 찾아봄에 곧 괴멸함을 관찰하고 문득 이와 같은 생각을 하기를 기이하다, 중생이여. 어리석어 지혜가 없어서 나고 죽는 안에 수없는 몸을 받고도 위태롭고 취약[228]하여 오래 머물지 못하고 속히 괴멸함에 돌아가되 혹은 이미 괴멸하였고 혹은 지금 괴멸하고 혹은 당래에 괴멸할 것이었거늘 견고하지 못한 몸으로써 견고한 몸을 구하지 않나니

내가 마땅히 모든 부처님께서 배우신 바를 다 배워서 일체 지혜를 증득하고 일체법을 알아 모든 중생을 위하여 삼세가 평등하여 적정을 수순하는 괴멸하지 않는 법성을 설하여 그 중생으로 하여금 영원히 안은하고 쾌락함을 얻게 하리라 하였나니

불자여, 이것이 이름이 보살마하살의 제일 첫 번째 환희케 하는

---

[228] 脆는 무를 취, 즉 취약脆弱하다는 뜻이다.

행입니다.

疏

第二는 願行法施라 文分爲二리니 初는 觀悲境이니 爲起願由요
二에 我當盡學下는 起願利益이니 不壞法性은 是堅固因이요 安隱
快樂은 是堅固果라

제 두 번째는 법시 행하기를 서원하는 것이다.
경문을 나누어 두 가지로 하리니
처음에는 대비의 경계를 관찰하는 것이니,
서원을 일으키는 이유가 되는 것이요
두 번째 내가 마땅히 부처님께서 배우신 바를 다 배운다고 한 아래는
서원을 일으켜 이익케 하려는 것이니
괴멸하지 않는 법성이라고 한 것은 이것은 견고한 원인이요
안은하고 쾌락케 한다고 한 것은 이것은 견고한 과보이다.

經

佛子야 何等이 爲菩薩摩訶薩饒益行고

불자여, 어떤 등이 보살마하살의 요익케 하는 행이 되는가.

疏

第二는 饒益行이라

제 두 번째는 요익케 하는 행이다

經

此菩薩이 護持淨戒하야 於色聲香味觸에 心無所著하고 亦爲衆
生하야 如是宣說호대

이 보살이 청정한 계를 호지하여 색상과 소리와 향기와 맛과 촉감
에 마음이 염착하는 바가 없고 또한 중생을 위하여 이와 같이
선설하기를

疏

二는 釋相之中에 先略後廣이라 皆顯三聚가 含於九戒라 今初略
中에 文三이니 初는 明持相이요 次는 彰離過요 後는 顯持意라 今初
에 初句爲總하야 總該三聚니 卽戒自性이요 於色聲下는 別釋淨義
니 意地無著은 是眞律義요 亦爲生說은 卽饒益有情戒也라

두 번째는 모습을 해석하는 가운데 먼저는 간략하게 설하고 뒤에는
폭넓게 설하는 것이니,
다 삼취정계가 아홉 가지 계[229]를 포함하고 있음을 나타낸 것이다.
지금은 처음으로 간략하게 설하는 가운데 경문이 세 가지가 있나니
처음에는 계를 가지는 모습을 밝힌 것이요

---

[229] 원문에 九戒란, 六度에 各有九門하니 一은 自性이요 二는 一切 등이니
영인본 화엄 6책, p.507, 1행에 이미 설출說出하였다.

다음에는 허물을 떠나는 것을 밝힌 것이요
뒤에는 계를 가지는 뜻을 나타낸 것이다.

지금은 처음으로 처음 구절이 총구가 되어 삼취정계를 모두 갖춘
것이니 곧 계의 자성이요
색상과 소리라고 한 아래는 청정하다는 뜻을 따로 해석한 것이니,
의지意地가 염착하는 바가 없다[230]고 한 것은 이것은 진실한 율의계요
또한 중생을 위하여 선설한다고 한 것은 곧 요익유정계이다.

鈔

皆顯三聚等者는 廣略皆顯이라 初句爲總하야 總該三聚는 是略中具
也라 卽戒自性者는 是九戒之一也라 意地無染은 是眞律儀者는 出
三聚相이니 起心하면 卽破菩薩戒故라 亦爲生下는 攝衆生戒요 下顯
持戒意에 含於攝善하니라

다 삼취정계가 아홉 가지 계를 포함하고 있음을 나타낸다고 한
등은 폭넓게 설하고 간략하게 설하는 것을 다 나타낸 것이다.

처음 구절이 총구가 되어 삼취정계를 모두 갖추었다고 한 것은
이것은 간략하게 설한 가운데 갖추어 설한 것이다.
곧 계의 자성이라고 한 것은 이것은 아홉 가지 계의 하나이다.

---

230 원문에 의지무착意地無着은, 경문經文에는 심무소착心無所着이라 하였다.

의지가 염착하는 바가 없다고 한 것은 이것은 진실한 율의계라고
한 것은 삼취정계의 모습을 설출한 것이니,
한 마음이 일어나면 곧 보살계를 파하는 까닭이다.

또한 중생을 위하여 선설한다고 한 아래는 섭중생계요
아래[231] 계를 가지는 뜻을 나타내는 데에 섭선법계는 포함되어 있다.

---

231 아래란, 영인본 화엄 6책, p.536, 9행이니 곧 여섯 줄 뒤에 있다.

經

不求威勢하며 **不求種族**하며 **不求富饒**하며 **不求色相**하며 **不求王位**하야 **如是一切**에 **皆無所著**하고

위세를 구하지도 아니하며 종족을 구하지도 아니하며 부요함을 구하지도 아니하며 색상을 구하지도 아니하며 왕위를 구하지도 아니하여 이와 같이 일체에 다 염착하는 바가 없고

疏

二에 **不求下**는 **彰其離過**며 **亦是於果無依**니 **顯清淨義**라

두 번째 위세를 구하지도 않는다고 한 아래는 그 허물을 떠나는 것을 밝힌 것이며,
역시 과보에 의지할 것이 없는 것이니
청정의 뜻을 나타낸 것이다.

鈔

亦是於果無依는 **卽第九清淨戒之一也**라

역시 과보에 의지할 것이 없는 것이라고 한 것은 곧 제 아홉 번째 청정계의 하나이다.

經

但堅持淨戒하야 作如是念호대 我持淨戒하야 必當捨離一切纏
縛과 貪求熱惱와 諸難逼迫과 毁謗亂濁하고 得佛所讚平等正法
하리라하니라

다만 청정한 계를 굳게 가져 이와 같은 생각을 하기를 내가 청정
한 계를 가져 반드시 마땅히 일체 번뇌의 전박纏縛[232]과 탐욕을
구하는 것과 열뇌와 모든 고난의 핍박과 훼방과 난탁亂濁을 버리
고 부처님께서 찬탄하신 바 평등한 정법을 얻으리라 하였습니다.

疏

三에 但堅持下는 顯持戒意라 初句爲總이니 盡壽堅持요 作如是
下는 以誓自要하야 成上堅相이니 謂一切利養과 恭敬他論과 本隨
煩惱가 不能伏故로 一切惡止하고 得佛正法이 是眞善行이라

세 번째 다만 청정한 계를 굳게 가진다고 한 아래는 계를 가지는
뜻을 나타낸 것이다.
처음 구절은 총구가 되나니,
목숨이 다하도록 굳게 가지는 것이요
이와 같은 생각을 한다고 한 아래는 스스로 요망하여 위에 굳게

---

232 전纏은 팔전八纏이고, 박縛은 사박四縛이다.

가지는 모습을 이루려고 서원하는 것이니,

말하자면 일체 이양利養과[233] 공경과 다른 논리[234]와 근본번뇌와 수번뇌가 능히 조복하지 못하는[235] 까닭으로 일체 악법을 그치고 부처님의 정법을 얻는 것이 이것이 진실한 선행이다.

鈔

謂一切利養等者는 出堅相也라 四分戒云호대 明人能護戒하면 能得三種樂하나니 名譽及利養과 死得生天上이라하니 若希此三인댄 非眞堅持니라 本隨煩惱者는 下經自出하고 彼又具明하니 纏卽隨惑이요 縛卽根本이라 言一切惡止者는 卽是律儀요 善行은 卽是攝善이라

---

233 말하자면 일체 이양利養 운운한 것은 이 말을 안찰한즉 경문 가운데 일체一切라는 글자가 다만 그 아래 전박이라는 말만 관통하는 것이 아니고, 그 뜻은 또한 이양이라는 등의 뜻도 포함하고 있는 것이다. 역시 『잡화기』의 말이다.

234 원문에 타론他論이라고 한 것은 다른 언론言論이니, 곧 초문 가운데 인용한 바 명예이다. 역시 『잡화기』의 말이다. 다른 언론이란 다른 논리, 다른 논란이다.

타론他論은 죽어서 천상에 태어난다는(死得生天上) 것이다.

235 능히 조복하지 못한다고 한 것은 저 근본번뇌 등 모든 번뇌가 능히 이 보살의 계를 구속하여 절복하지 못하는 것이니 곧 견고한 모습이다. 역시 『잡화기』의 말이다. 다시 말하면 모든 번뇌 등이 능히 보살의 청정한 계를 절복하지 못하는 까닭으로 이 보살이 일체 악법을 그친다는 것이다.

그 원문은 이렇다. 不能伏故는 諸煩惱等이 不能伏菩薩淨戒故로 此菩薩이 一切惡止也라.

말하자면 일체 이양이라고 한 등은 견고한 모습을 설출한 것이다.
『사분율』비구계[236]에 말하기를 슬기로운 사람이 능히 계를 가지면
능히 세 가지 즐거움을 얻나니 명예와 그리고 이양과 죽어서 천상에
태어남을 얻는다 하였으니,
만약 이 세 가지를 희망한다면 진실로 견고하게 가지는 것이 아니다.
근본번뇌와 수번뇌라고 한 것은 아래 경에 자연스레 설출하였고
저[237] 소문에도 또한 갖추어 밝혔으니
전纏이라고 한 것은 곧 수번뇌요.
박縛이라고 한 것은 곧 근본번뇌이다.

일체 악법을 그치게 한다고 말한 것은 곧 섭율의계요
선행이라고 한 것은 곧 섭선법계이다.

疏

纏謂八纏이니 卽無慚無愧와 掉擧惡作과 惛睡慳嫉이라 初二는
障戒니 正障律儀요 次二는 障止요 次二는 障觀이요 後二는 障捨니
卽障善法饒益이라 於相修中에 纏繞身心일새 所以偏說이라 或說
十纏이니 謂加忿覆니 於被擧時에 爲重障故라 此卽隨惑이라

전이라고 한 것은 말하자면 팔전八纏이니,

곧 무참과 무괴와 도거와 악작惡作[238]과 혼침과 수면과 간탐과 질투
이다.

처음에 두 가지[239]는 계를 장애하는 것이니

바로 율의계를 장애하는 것이요

다음에 두 가지는 그치(止)는 것을 장해하는 것이요

다음에 두 가지는 관찰(觀)하는 것을 장애하는 것이요

뒤에 두 가지는 버리(捨)는 것을 장애하는 것이니

곧 선법계와 요익유정계를 장애하는 것이다.

계의 모습을 수행하는[240] 가운데 몸과 마음을 얽어매기에 그런 까닭으
로 전纏에 대하여 치우쳐 설하였다.

혹은 십전十纏을 설하기도 하였으니,

말하자면 분忿과 부覆를 더한 것이니 죄를 거론함을 입었을 때에[241]

---

238 악작惡作은, 다른 곳에서는 悔라고 하였다.

239 처음에 두 가지는 무참無慚과 무괴無愧이다.

240 계의 모습을 수행한다고 한 것은 이 삼취정계가 다 이 계의 모습을 수행하는
   까닭이니, 만약 계의 자성(체성)을 수행하는 것을 잡는다면 범한 적도 없고
   가진 적도 없거니 어찌 능히 장애(능장能障)하고 장애할 바(소장所障) 등이
   있겠는가. 역시 『잡화기』의 말이다.

241 원문에 피거시被擧時라고 한 것은 자자시自恣時에 그 죄罪를 거론함에 입어
   혹 분노하거나 그 죄罪를 덮으려 하면 중장重障이 되는 것이다. 즉 분忿과
   부覆는 자자시自恣時에 중장重障이 된다는 것이다. 『잡화기』는 저 대중 가운
   데 다른 사람이 자기로 하여금 그 범한 바를 거론케 함을 입었을 때라
   하였다.

무거운 장애가 되는 까닭이다.
이것²⁴²은 곧 수번뇌이다.

鈔

纏謂八纏下는 釋此纏字라 疏文有五하니 一은 釋八名이요 二는 辯障
業이요 三은 釋總名이요 四는 明十纏이요 五者는 結示라 然初八纏은
廣如論釋하며 無慚無愧는 十藏廣明하며 餘之六事는 前後頻有니라
初二障戒下는 辯障業이니 雜集第七云호대 修尸羅時에 無慚無愧로
爲障이니 由具此二하야 犯諸學處나 無羞恥故라하니라 次二障止者
는 論云호대 謂修止時에 惛沈睡眠의 二法爲障이니 於內引沈沒故요
修智慧時에 掉擧惡作의 二法爲障이니 於外引散亂故라하니라 釋曰
此論은 約二順障이어니와 今疏反此者는 以約違障이니 掉擧惡作은
正違止故요 惛沈睡眠은 正違慧故라 後二障捨者는 論云호대 於修捨
時에 慳嫉爲障이니 由成就此하야 於自他利悋妬門中에 數數搖動心
故라하니라 卽障善法饒益者는 止觀은 是善法이요 捨卽饒益이라 於
相修中者는 釋總名이며 亦出偏說所以也라 本論云호대 數數增盛하
야 纏繞於心일새 故名爲纏이라하얏거늘 釋論中云호대 由此諸纏이 數
數增盛하야 纏繞一切觀行者心하야 於修善品에 爲障礙故라하니라
或說十纏者는 卽第四에 明十纏이니 俱舍頌第五隨眠品云호대 纏八
無慚愧와 嫉慳幷悔眠과 掉擧與惛沈이요 或十加忿覆라하니 論云八
纏者는 品類足論이요 或十者는 毘婆沙師라하니라 言於被擧時에 爲

---

242 이것이란, 분념과 부복뿐만이 아니라 십전十纏이 다 수혹隨惑이라는 것이다.

重障者는 忿은 以令心으로 忿發爲性이요 覆는 以覆藏自罪로 爲性故
라 此卽隨惑者는 結示라

전이라고 한 것은 말하자면 팔전이라고 한 아래는 이 전纏이라는
글자를 해석한 것이다.
소문에 다섯 가지가 있나니
첫 번째는 팔전의 이름을 해석한 것이요
두 번째는 장애하는 업을 분별한 것이요
세 번째는 모든 이름을 해석한 것이요
네 번째는 십전을 밝힌 것이요
다섯 번째는 맺어서 보인 것이다.
그러나 처음에 팔전은 널리 『잡집론』에서 해석한 것과 같으며,[243]
무참과 무괴는 십무진장품에서 널리 밝혔으며,
나머지 육사六事[244]는 전후에 자주 설하고 있다.

처음에 두 가지는 계를 장애하는 것이라고 한 아래는 장애하는
업을 분별한 것이니,
『잡집론』 제칠권에 말하기를[245] 시라바라밀을 닦을 때에 무참과
무괴로써 장애를 삼나니, 이 두 가지를 구족함을 인유하여 모든

243 원문에 여론석如論釋이라고 한 것은 『잡집론雜集論』 제구권第七卷이다. 『잡화
　　기』는 곧 아래 『잡집론』이 이것이다 하였다.
244 육사六事는 육전六纏이다.
245 七 자 아래에 云 자가 있는 것이 좋다.

배우는 곳²⁴⁶을 범하지만 부끄러움이 없는 까닭이다 하였다.

다음에 두 가지는 그치는 것을 장애하는 것이라고 한 것은 『잡집
론』에 말하기를, 말하자면 그치(止)는 것을 닦을 때에 혼침과 수면의
두 가지 법이 장애가 되나니 안으로 침몰에로 인도하는 까닭이요
지혜를 닦을 때에 도거와 악작의 두 가지 법이 장애가 되나니 밖으로
산란에로 인도하는 까닭이다 하였다.
해석하여 말하면 이 『잡집론』은 두 가지 따르는 장애를 잡아 설하였
거니와, 지금 소문에서 이와 반대로²⁴⁷ 설한 것은 어기는 장애를
잡은 것이니
도거와 악작은 바로 그치는 것을 어기는 까닭이요
혼침과 수면은 바로 지혜를 어기는 까닭이다.
뒤에 두 가지는 버리는 것을 장애하는 것이라고 한 것은 『잡집론』에
말하기를 버리는 것을 닦을 때에 간탐과 질투로 장애가 되나니,
이 두 가지를 성취함을 인유하여 자타의 이익으로 아끼고 질투하는
문門 가운데 자주자주 마음이 요동치는 까닭이다 하였다.
곧 선법계와 요익유정계를 장애하는 것이라고 한 것은 그치고 관찰
(止觀)하는 것은 이 선법계요
버리는(捨) 것은 곧 요익유정계다

---

246 원문에 제악처諸惡處는 『잡집론雜集論』 제칠권第七卷엔 學處라 하였다.
247 원문에 반차反此란, 『잡집론』은 장애가 되는 쪽으로 설하였고, 今疏는 장애를
　　 그치는 쪽으로 설하였으니 반대이다.

계의 모습을 수행하는 가운데라고 한 것은 모든 이름[248]을 해석한 것이며 또한 치우쳐 전纏을 설하는 까닭을 설출한 것이다.

본론[249]에 말하기를 자주자주 더 치성하여 마음을 얽어매기에 그런 까닭으로 이름을 전이라 한다 하였거늘, 논을 해석한 가운데 말하기를 이 모든 전纏이 자주자주 더 치성하여 일체 관행하는 사람의 마음을 얽어매어 선품善品을 닦음에 장애가 되는 까닭이다 하였다.

혹은 십전을 설하기도 하였다고 한 것은 곧 제 네 번째 십전을 밝힌 것이니,

『구사론』게송 제 다섯 번째 수면품隨眠品에 말하기를

전이 여덟 가지이니 무참과 무괴와

질투와 간탐과 아울러 회悔와 수면과

도거와 더불어 혼침이요,

혹은 열 가지이니 분忿과 부覆를 더한다 하였으니,

논에 말하기를[250] 팔전이라고 한 것은 『품류족론』[251]의 말이요

---

248 원문에 총명總名이란, 팔전八纏의 모든 이름을 말한다.

249 본론本論은 『잡집본론雜集本論』이니 무착無着이 지었다. 사자각獅子覺이 본론을 해석한 석론釋論을 짓고 이름을 『대법론對法論』이라 하였다. 그 뒤에 안혜安惠가 이것을 합성合成하여 『잡집론雜集論』이라 하였으니, 본론과 석론釋論이 합성된 것을 잡집雜集이라 말하는 것이다. 『잡화기』의 뜻도 이와 같다. 단 『잡화기』에는 『회현기』 15권 11장, 하, 9행과 그리고 『현담』 현자권玄字卷 3권, 35장, 상, 9행을 보라고 하는 말이 더 있다.

250 논에 말하였다고 한 등은 『품류족론』과 비바사가 다 논의 이름이니 저 『석론』 가운데 이것을 인용하여 가리킨 것뿐이다. 역시 『잡화기』의 말이다.

혹은 열 가지라고 한 것은 비바사毗婆沙 스님[252]의 말이다 하였다.

죄를 거론함을 입었을 때에 무거운 장애가 된다고 말한 것은 분忿은
마음으로 하여금 분발케 하는 것으로 자성을 삼는 것이요
부覆는 자기의 죄를 덮어 감추는 것으로 자성을 삼는 까닭이다.
이것은 곧 수번뇌라고 한 것[253]은 맺어서 보인 것이다.

疏

縛謂四縛이니 卽貪欲瞋恚와 戒取我見이라 貪利不遂하면 熱惱生
瞋하고 梵行命難하면 則生毁謗하니 謗則戒取요 我則濁亂이니 不
毁不持하야사 方爲平等이라

박縛이라고 한 것은 말하자면 사박四縛이니
곧 탐욕과 진애와 계금취와 아견이다.
이익을 탐함에 이루어지지 아니하면 열뇌하여 진심을 내고 범행梵行
을 행함에 고난을 가르치면[254] 곧 훼방을 내나니
훼방은 계금취요 아견은 곧 탁란[255]이니,

---

251 『품류족론品類足論』이란, 『아비달마품류족론阿毗達摩品類足論』의 준말이다.
252 원문에 비바사사毗婆沙師란, 『비바사론』을 의지하여 수행하는 사람을 말한다.
253 下 자는 者 자의 오자誤字이다.
254 범행梵行을 행함에 고난을 가르친다고 한 것은 범행을 닦는 사람이 만약
   응당 고난을 가르친다면 곧 도리어 훼방을 내게 될 것이다. 역시 『잡화기』의
   말이다.

훼방하지도 않고 가지지도 아니하여야 바야흐로 평등한 법이 되는 것이다.

鈔

縛謂四縛者는 先은 標列이요 後는 會經이라 今初니 雜集等論엔 但有 三縛하니 謂貪瞋癡라 由此三縛하야 縛諸有情하야 令處三苦라하얏거 니와 今言四者는 此經第三地文에 亦云호대 此菩薩이 於一切欲縛과 色縛有縛과 無明縛이 皆轉微薄이라하니라 釋曰此卽修所斷中에 三 界煩惱와 及無明故로 於見縛之外에 說四니 幷前하면 卽五住地惑也 라 今此四縛은 卽按次文하라 貪利已下는 會經四相이니 初貪利는 卽經貪求니 爲一이요 二는 熱惱니 卽瞋이요 三은 諸難의 逼迫毀謗이 니 卽是戒取요 四는 濁亂이니 卽是我見이니 正於持戒에 而說四故니 라 然其戒取는 由癡而生하고 不了諸難하야 而生毀謗이니 亦是邪見 이니 同三業故라 故亦不出三毒及見이니 我見이 特爲諸見之主니라 不毀不持는 釋經의 得佛所讚平等正法이니 故淨名第三見阿閦佛 品云호대 不施不慳하며 不戒不犯하며 不忍不恚하며 不進不怠하며 不定不亂하며 不智不愚하며 不誠不欺하며 不來不去하며 不出不入 이라하니라 今取此勢나 但用一戒中義耳니 不犯故로 事相無違하고 不持故로 了戒空寂이라

박이라고 한 것은 말하자면 사박이라고 한 것은 먼저는 표하여

---

255 탁란은 경문經文엔 난탁이라 하였다.

열거한[256] 것이요

뒤에는 지금의 경을 회통한 것이다.[257]

지금은 처음으로, 『잡집론』 등에는 다만 삼박三縛만 있나니
말하자면 탐·진·치이다.

이 삼박을 인유하여 모든 유정을 얽어매어 하여금 삼계의 고통에
처하게 한다[258] 하였거니와, 지금에 사박이라고 말한 것은 이 『화엄
경』 제삼지 경문에 또한 말하기를 이 보살이 일체 욕박欲縛과 색박
色縛과 유박有縛과 무명박無明縛을 다 전전히 미박微薄하게 한다
하였다.

해석하여 말하면 이것은 곧 수도위에서 끊을 바[259] 가운데 삼계의
번뇌[260]와 그리고 무명[261]인 까닭으로 견박見縛[262] 밖에 사박四縛을

---

256 원문에 표열標列은 사박四縛을 열거한 것을 말함이다.

257 지금의 경을 회통한다고 한 것은 今經의 탐구貪求, 열뇌熱惱, 제난諸難,
훼방毀謗, 탁란濁亂을 회통함을 말한다.

258 하여금 삼계의 고통에 처하게 한다고 한 것은 탐박을 인유한 까닭으로
괴고壞苦에 처하고, 진박을 인유한 까닭으로 고고苦苦에 처하고, 치박을
인유한 까닭으로 행고行苦에 처하는 것이니, 본론(『잡집론』)에서 나온 것이
다. 역시 『잡화기』의 말이다. 『잡화기』는 삼고三苦를 괴고·고고·행고로
보았으나 바로 아래 청량스님은 삼계의 번뇌라 하여 삼계의 고통으로 보았다.

259 수도위에서 끊을 바라고 한 것은 수도위 가운데서 끊을 바이고, 바로 아래
견박이라고 한 것은 견도위 가운데서 끊을 바 견박이다. 역시 『잡화기』의
말이다.

260 삼계三界의 번뇌煩惱는, 욕계欲界는 욕애주지欲愛住地이고, 색계色界는 색애
주지色愛住地이고, 무색계無色界는 유애주지有愛住地이다.

261 무명無明은 무명주지無明住地이다.

설한 것이니,

앞의 견박을 합하면[263] 곧 오주지혹五住地惑[264]이 되는 것이다.

지금 여기에 사박이라고 한 것은 곧 다음 문장[265]을 안찰할 것이다.

이익을 탐한다고 한 이하는 지금 경문에 사상四相을 회석한 것이니

처음에 이익을 탐한다고 한 것은 곧 경에 탐욕을 구한다고 한 것이니

첫 번째가 되는 것이요

두 번째는 열뇌이니 곧 진애가 되는 것이요

세 번째는 모든 고난의 핍박과 훼방이니 곧 계금취가 되는 것이요

네 번째는 탁란이니 곧 아견이 되는 것이니

바로 계를 가짐에 네 가지를 설한 까닭이다.

그러나 그 계금취는 어리석음(痴)을 인유하여 생기고 모든 고난을

---

262 견박見縛은 견도혹見道惑이니 오주지五住地 가운데 견일처주지見一處住地에
   해당한다.

263 원문에 병전幷前이란, 오주지五住地 가운데 앞에 제일第一의 견일처주지見一
   處住地이다. 오주지五住地 가운데 견일처주지見一處住地는 견도위見道位의
   소단所斷이고, 욕애欲愛·색애色愛·유애주지有愛住地는 수도위修道位의 소단
   所斷이다. 위에 사주지四住地는 분별分別과 구생俱生이요, 제오주지第五住地
   는 소지장所知障이다.

264 오주지혹五住地惑은 견일처주지見一處住地, 욕애주지欲愛住地, 색애주지色愛
   住地, 유애주지有愛住地, 무명주지無明住地이다.

265 다음 문장이란, 소문疏文으로는 탐리貪利 이하 문장이다. 경문經文으로는
   탐구貪求 이하 사상四相이다. 『잡화기』는 다음 문장이란, 곧 경문 가운데
   탐구열뇌貪求熱惱라 한 등이 이것이다 하였다.

알지 못하여 훼방을 생기하나니, 역시 사견으로[266] 삼업과 같은 까닭
이다.[267]

그런 까닭으로 또한 삼독과[268] 그리고 아견[269]을 벗어나지 않나니,
아견이 특히 모든 소견의 주인이 되는 것이다.

훼방하지도 않고 가지지도 않는다고 한 것은 경에 부처님께서 찬탄
하신 바 평등한 정법을 얻을 것이라고 한 것을 해석한 것이니,
그런 까닭으로 『정명경』 제삼권 견아촉불품에 말하기를
보시하지도 아니하고 아끼지도 아니하며,
계를 가지지도 아니하고 범하지도 아니하며,
인욕하지도 아니하고 성내지도 아니하며,
정진하지도 아니하고 게으르지도 아니하며,

---

266 역시 사견이라고 한 것은 만약 모든 고난을 알지 못한 것을 잡는다면 곧
이것은 어리석음(癡)이 되거니와, 만약 훼방을 생기하는 것을 잡는다면
곧 이것은 사견이 되는 까닭이다.

267 삼업과 같은 까닭이라고 한 것은 그 까닭을 설출한 것이니, 그 뜻에 말하기를
훼방이 이미 구업口業에 속한다면 곧 지금에 이것으로써 사견을 삼는 것이
다 삼업三業과 같은 까닭이니, 그런 까닭으로 구업이 사견이 됨을 얻는
것이다 하였다. 삼업과 같다고 한 것은 『잡집론』에서 나온 말이니, 저『잡집
론』 제칠권에 말하기를 신·구·의 삼업 가운데 십불선업十不善業이 다 사견이
다 하였다. 역시 『잡화기』의 말이다.

268 그런 까닭으로 또한 삼독이라 운운한 것은 모두 맺는 것이다. 역시 『잡화기』의
말이다.

269 삼독三毒과 아견我見은 즉 사박四縛이다.

삼매에 들지도 아니하고 산란하지도 아니하며,

지혜롭지도 아니하고 어리석지도 아니하며,

성실하지도 아니하고 속이지도 아니하며,

오지도 아니하고 가지도 아니하며,

나오지도 아니하고 들어가지도 아니한다 하였다.

지금에는 이 『정명경』의 문세를 취하였지만 다만 한 지계 가운데 뜻[270]만을 인용하였을 뿐이니,

범하지 않는 까닭으로 사상事相에 어김이 없고 가지지 않는 까닭으로 계가 공적한 줄 아는 것이다.

---

270 원문에 일계중의一戒中義란, 즉 불훼부지不毁不持이다.

經

佛子야 菩薩如是持淨戒時에 於一日中에 假使無數百千億那
由他의 諸大惡魔가 詣菩薩所호대 一一各將無量無數百千億那
由他의 天女하야 皆於五欲에 善行方便하며 端正姝麗하야 傾惑
人心하며 執持種種珍玩之具하야 欲來惑亂菩薩道意라도

불자여, 보살이 이와 같이 청정한 계를 가질 때에 하루 가운데
가사 수없는 백천억 나유타 모든 큰 악마가 보살의 처소에 나아가되
낱낱이 각각 한량없고 수없는 백천억 나유타 천녀를 거느리고
나아가 다 오욕에 방편을 잘 행하며, 단정하고 예쁘고²⁷¹ 곱게
하여 사람의 마음을 기울게 하고 현혹하며, 가지가지 진귀한 완구
를 잡아 가지고 와서 보살도의 뜻을 현혹하고 산란하게 하고자
할지라도

疏

第二에 佛子야 菩薩如是下는 廣顯三聚라 卽分爲三하리니 初는
攝律儀요 二는 攝衆生이요 三은 攝善法이라

제 두 번째 불자여, 보살이 이와 같이라고 한 아래는 삼취정계를
폭넓게 나타낸 것이다.

---

271 姝는 '예쁠 주' 자이다.

곧 경문을 나누어 세 가지로 하리니

처음에는 섭율의계요

두 번째는 섭중생계요[272]

세 번째는 섭선법계이다.[273]

鈔

初에 攝律儀等者는 唯識十度엔 但有三名하고 而無解釋거니와 若梁
攝論의 三學之中인댄 具有解釋이라 本論中云호대 一은 攝律儀戒니
謂正遠離所應離法이요 二는 攝善法戒니 謂正修證應修證法이요 三
은 饒益有情戒니 謂正利樂一切有情이라하얏거늘 無性釋云호대 律
儀戒者는 謂於不善하야 能遠離法에 防護受持니 由能防護諸惡不
善한 身語等業일새 故云律儀요 攝善法戒는 能令證得力無畏等의
一切佛法이요 饒益有情戒는 能助有情하야 如法所作으로 平等分布
하며 無罪作業으로 成熟有情이라하니라 有說호대 後二는 依初建立이
라하니 釋曰此下는 釋立三所以라 無性云호대 此能建立後二尸羅니
由自防護하야 能修供養佛等善根하며 及益諸有情故라하니라 故世
親云호대 住律儀者는 便能建立攝善法戒하고 由此修集一切佛法하
야 證大菩提하며 復能建立益有情戒하고 由此故로 能成熟有情이라
하니라 準梁攝論과 及釋論云인댄 若不離惡法하면 攝善利他가 則不
得成이라하니라 有說호대 前二는 爲成後一이라하니 梁論云호대 若人

---

272 二에 攝衆生은 영인본 화엄 6책, p.546, 1행이다.
273 三에 攝善法은 영인본 화엄 6책, p.549, 8행이다.

이 住前二種淨戒인댄 則能引攝利衆生戒하야 爲成熟他라하니라 梁
論三戒는 大意同前하니라 故彼論云호대 此三品戒가 卽四無畏因이
니 何以故요 初戒는 是斷德이요 第二戒는 是智德이요 第三戒는 是恩
德이니 四無所畏가 不出三德故라 由此故說호대 戒有三品이라하니라
本業經云호대 戒有三緣하니 一은 自性戒요 二는 善法戒요 三은 利益
衆生戒라하니 義皆同也니라

처음에는 섭율의계라고 한 등은 『유식론』의 십바라밀에는 다만
삼취정계의 이름만 있고 해석은 없거니와, 만약 『양섭론』의 삼학三
學 가운데를 기준한다면 해석도 갖추어져 있다.
본론[274] 가운데 말하기를 첫 번째는 섭율의계이니,
말하자면 바로 응당 떠나야 할 법을 멀리 떠나는 것이요
두 번째는 섭선법계이니,
말하자면 바로 응당 닦아 증득할 법을 닦아 증득하는 것이요
세 번째는 요익유정계이니,
말하자면 바로 일체 유정을 이락케 하는 것이다 하였거늘
무성이 해석하여 말하기를 율의계라고 한 것은 말하자면 착하지
못하여 능히 멀리[275] 떠나야 할 법에서 막아 보호하려 받아 가지는

---

274 본론本論은 『섭대승론攝大乘論』이다.
275 착하지 못하여 능히 멀리라고 운운한 그 착하지 못한 것이라고 한 것은
이것은 멀리 떠나야 할 법이니 그런 까닭으로 하여금 막아 보호하게 하는
것이요, 능히 멀리 떠나게 하는 것은 이것은 착한 법이니 그런 까닭으로
하여금 받아 가지게 하는 것이다. 역시 『잡화기』의 말이다.

것이니,

능히 모두 악하여 착하지 못한 몸과 말 등의 업에서 막아 보호함을 인유하기에 그런 까닭으로 말하기를 율의라 하는 것이요

섭선법계라고 한 것은 능히 하여금 십력과 사무소외 등 일체 불법을 증득케 하는 것이요

요익유정계라고 한 것은 능히 유정을 도와 여법하게 지은 바로 평등하게 분포하며 죄 없는 작업으로 유정을 성숙케 하는 것이다 하였다.

어떤 사람이[276] 말하기를 뒤에 두 가지는 처음에 율의계를 의지하여 건립한 것이다 하였으니

해석하여 말하면 이 아래는 삼취정계를 건립한 까닭을 해석한 것이다.

무성이 말하기를 이것은 능히 뒤에 두 가지 시라尸羅[277]를 건립한

---

[276] 어떤 사람이 운운한 것은 저 『무성론』 제칠권을 기준하건대 곧 이 뒤에 두 가지 운운과 그리고 아래 이것은 능히라고 운운한 것이 다 앞에 있는 까닭으로 말하기를 율의하律儀下라 하고, 이어서 말하기를 그런 까닭으로 말하기를 율의라 하는 것이다. 뒤에 두 가지는 처음에 율의계를 의지하여 건립하나니, 이것은 능히 뒤에 두 가지 시라(二에 섭선법계와 三에 섭율의계이다)를 건립하는 것이다 운운하였거늘, 지금에 초주가 앞에서 다만 삼취정계의 모습을 해석한 문장만 모두 인용하고 유독 이와 같은 등의 말을 머물러 두어 여기에 이르러 인용한 것은 이것으로써 삼취정계를 건립한 까닭을 삼아 『양섭론』으로 더불어 상대하여 말하기를 이에 어떤 사람이 말하였다(有說)는 글자를 더하고자 한 것이니 이것은 먼저 표하여 가리킨 것이요, 무성이라고 한 아래는 바로 인용하여 해석한 것이다. 다 『잡화기』의 말이다.

것이니,

스스로 막아 보호함[278]을 인유하여 능히 부처님께 공양하는 등[279]의 선근善根을 닦으며 그리고 모든 유정을 이익케 하는[280] 까닭이다 하였다.

그런 까닭으로 세친이 말하기를[281] 율의계에 머문 사람은 문득 능히 섭선법계를 건립하고, 이것을 인유하여 일체 불법을 닦아 모아 대보리를 증득하며 다시 능히 요익유정계를 건립하고, 이것을 인유한 까닭으로 능히 유정을 성숙케 한다 하였다.

『양섭론』과 그리고 『석론』에서 말한 것을 기준한다면[282] 만약 악법을 떠나지 않는다면 섭선법과 이타利他[283]가 곧 이루어짐을 얻을 수 없다 하였다.

어떤 사람이 말하기를[284] 앞에 두 가지 계는 뒤에 한 가지 계를

---

277 원문에 후이시라後二尸羅는 곧 二에 攝善法戒와 饒益衆生戒이다.

278 원문에 자방호自防護는 攝律儀이다.

279 원문에 능수공양불등能修供養佛等은 攝善法이다.

280 원문에 급익제유정及益諸有情은 饒益有情이다.

281 원문에 세친운世親云은 『세친론世親論』 제칠권第七卷이다.

282 원문에 준양섭론準梁攝論 아래에 급석운及釋云 세 글자(三字)는 마땅히 연자(宜衍)이다. 따라서 『양섭론』에 말한 것을 기준한다면 운운이라 해석해야 한다. 혹은 及 자는 反 자의 잘못이니, 『양섭론』을 기준한다면 반대로 해석하였으니 『양섭론』에 말하기를이라고 해석해야 할 것이다. 反釋이란 즉 若不이라 한 말이 反釋의 증거이다. 그러나 나는 우선 그대로 두고 번역하였다.

283 이타利他는 곧 요익유정계이다.

284 어떤 사람이 말하기를 운운은 또한 표하여 가리킨 것이요, 『양섭론』이라고 한 아래는 바로 인용하여 해석한 것이다. 역시 『잡화기』의 말이다.

이루기 위한 것이다 하였으니,

『양섭론』에 말하기를 만약 사람이 앞에 두 가지 청정한 계에 머문다면 곧 능히 섭리중생계攝利衆生戒²⁸⁵를 인발하여 다른 사람을 성숙케 할 것이다 하였다.

『양섭론』에 삼취정계는²⁸⁶ 대의가 앞에서 말한 것과 같다.

그런 까닭으로 저 『양섭론』²⁸⁷에 말하기를 이 삼품의 청정한 계²⁸⁸가 곧 사무소외의 원인이니 무슨 까닭인가.

처음에 율의계는 이 단덕이요

제 두 번째 선법계는 이 지덕이요

제 세 번째 유정계는 이 은덕이니

사무소외가 삼덕을 벗어나지 않는²⁸⁹ 까닭이다.

이것을 인유한 까닭으로 말하기를 계에 삼품이 있다 하였다.

---

285 섭리중생계攝利衆生戒는 즉 요익유정계이다.

286 『양섭론』에 삼취정계 운운한 것은 위에 『양섭론』 가운데 이미 다만 삼취정계를 건립한 까닭만 인용하고 그 삼취정계의 모습을 해석한 것은 인용하지 아니한 까닭으로 지금에 그 까닭을 설출한 것이다. 겸하여 또 의심을 통석한 것이니, 의심하여 말하기를 이미 표하여 말하기를 만약 『양섭론』 가운데 갖추어 해석한 것이 있다고 하였다면 어떻게 인용한 가운데 도리어 『무성론』을 인용하고 『양섭론』을 인용하지 않는가 하기에 그런 까닭으로 이 해석을 한 것이다. 역시 『잡화기』의 말이다.

287 저 『양섭론梁攝論』은 제구권第九卷이다.

288 원문에 차삼품계此三品戒는 삼취정계三聚淨戒이다.

289 원문에 사무소외四無所畏가 불출삼덕不出三德이라고 한 것은, 一에 정등각무소외正等覺無所畏는 지덕智德이고, 二에 누영진무소외漏永盡無所畏는 단덕斷德이고, 三에 설장법說障法과 설출도무소외說出道無所畏는 은덕恩德이다.

『보살본업경』에 말하기를 계에 세 가지 인연이 있나니
첫 번째는 자성계요
두 번째는 선법계요
세 번째는 이익중생계라 하였으니
그 뜻은 다 같다 하겠다.

疏

今初는 卽堅持不犯이니 爲第一難持라 文中亦二니 先은 顯難持
之境이니 謂多而且麗하며 加以惑心하야 日日長時일새 故爲難也
니라

지금은 처음으로 곧 굳게 가져 범하지 않는 것이니,
제일 첫 번째 가지기 어려운 것[290]이 되는 것이다.
경문 가운데 또한 두 가지가 있나니
먼저는 가지기 어려운 경계를 나타낸 것이니,
말하자면 그 경계가 많으며 또한 예쁘고 고우며 마음을 현혹하는
것까지 더하여 날마다 장시간토록 하기에 그런 까닭으로 가지기
어려움이 되는 것이다.

---

290 원문에 난지難持는 삼종난지三種難持가 있으니 제이난지第二難持는 영인본
화엄 6책, p.546, 8행에 있고, 제삼난지第三難持는 같은 책 p.547, 2행에
있다.

鈔

今初卽堅持不犯者는 卽難行戒라 準瑜伽論第四十二인댄 有其三
種하니 一者는 菩薩이 現在具足大財大族과 自在增上거늘 棄捨如是
大財大族과 自在增上하고 具受菩薩淨戒律儀가 是名第一難行戒
니라 二者는 菩薩이 若遭急難과 乃至失命이라도 於所受戒에 尙無缺
減거든 何況全犯이리요 三者는 如是遍於一切하야 行住作意호대 恒
住正念하야 常無放逸하며 乃至命終이라도 於所受戒에 無有誤失하
야 尙不犯輕이어든 何況犯重이리요하니라 釋曰今卽第一이요 次二는
疏中具之니라

지금은 처음으로 곧 굳게 가져 범하지 않는다고 한 것은 곧 행하기
어려운 계이다.

『유가론』제사십이권을 기준한다면 그 세 가지가 있나니

첫 번째는 보살이 현재에 큰 재물과 큰 종족과 자재와 증상增上을
구족하였거늘 이와 같은 큰 재물과 큰 종족과 자재와 증상을 버리고
보살의 청정한 계의 율의를 갖추어 받는 것이 이것이 이름이 제일
첫 번째 행하기 어려운 계이다.

두 번째는 보살이 만약 위급한 곤란과 내지 목숨을 잃는 상황을
만날지라도 받은 바 계율에 오히려 이지러짐이 없게 해야 할 것이어
든 어찌 하물며 온전히 범하겠는가.

세 번째는 이와 같이 일체처에 두루하여 가고 머무르며 뜻을 짓되
항상 정념正念에 머물러 항상 방일하지 아니하며, 내지 목숨이 끝날

지라도 받은 바 계율에 과오의 허물이 없이 하여 오히려 가벼운 계도 범하지 말아야 할 것이어든 어찌 하물며 무거운 계를 범하겠는 가 하였다.

해석하여 말하면 지금에는 곧 제일 첫 번째 가지기 어려운 것이요 다음에 두 가지는 소문 가운데 갖추어 설하였다.[291]

---

291 원문에 소중구지疏中具之란, 영인본 화엄 6책, p.546, 8행에는 제이난지第二難 持가 있고, 같은 책 p.547, 2행에는 제삼난지第三難持가 있다.

經

爾時菩薩은 作如是念호대 此五欲者는 是障道法이며 乃至障礙
無上菩提라하야 是故不生一念欲想하야 心淨如佛하나니

그때에 보살은 이와 같은 생각을 하기를 이 오욕은 이 도법을
장애하며 내지 더 이상 없는 보리를 장애할 것이다 하여 이런
까닭으로 한 생각도 탐욕의 생각을 내지 아니하여 마음이 청정하기
가 부처님과 같나니

疏

後에 爾時菩薩下는 起觀對治니 卽能持於難持也라 言乃至者는
準大品云인댄 貪著五欲하면 障礙生天거든 況復菩提리요 勝事皆
障이라하니 故云乃至라하니라

뒤에 그때에 보살이라고 한 아래는 관찰함을 일으켜 상대하여 다스
리는 것이니
곧 능히 가지기 어려운 것을 가지는 것이다.
내지라고 말한 것은 대품반야에서 말한 것을 기준한다면 오욕에
탐착한다면 천상에 태어남을 장애할 것이어든 하물며 다시 보리를
장애함이겠는가.
수승한 일을 다 장애한다 하였으니
그런 까닭으로 말하기를 내지라 하였다.

經

唯除方便으로 敎化衆生이나 而不捨於一切智心하니라

오직 방편으로 중생을 교화하지만[292] 일체 지혜의 마음을 버리지
않는 것만은 제외합니다.

疏

第二에 唯除下는 攝衆生戒라 於中四니 初는 明忘犯濟物이니 如
祇陀末利가 唯酒唯戒하니라 唯除敎化는 卽行於非道요 不捨智
心은 卽通達佛道라

제 두 번째 오직 제외한다고 한 아래는 섭중생계이다.
그 가운데 네 가지가 있나니
처음에는 범함을 잊고 중생 제도하는 것을 밝힌 것이니,
마치 기타태자와 말리부인이 오직 술을 마신 것이 오직 계를 지킨
것과 같다.

오직 방편으로 중생을 교화한다고 한 것은 곧 비도非道를 행하는
것이요
지혜의 마음을 버리지 않는다고 한 것은 곧 불도佛道를 통달하는

---

292 경에 중생을 교화한다고 한 등은 중생을 교화하지만 일체 지혜를 버리지
않는 것이다. 역시 『잡화기』의 말이다.

것이다.

鈔

祇陀末利者는 末利夫人은 爲救廚子하야 飮酒塗飾等이요 祇陀太子
는 爲順國人하야 亦和飮酒나 而不忘戒니 並如別說하니라

기타태자와 말리부인이라고 한 것은[293] 말리부인은 요리사[294]를 구하

---

[293] 祇陀와 末利 운운은, 기타태자祇陀太子가 부처님께 말하기를 나라의 일을
爲하여서는 사람과 어울려 술도 고기도 먹어야 하는데, 어찌하면 좋습니까.
부처님이 말씀하시기를 태자太子께서 술을 먹고 잘못을 범한 일이 있습니까.
없습니다. 그렇다면 계戒를 범한 것이 아닙니다 한 일화이다.
말리부인末利夫人은, 말리末利는 동산의 이름이다. 말리는 이 동산을 지키는
종이었다. 그런데 한때 부처님이 이 동산을 지나자 말리末利가 부처님께
꽃 공양을 올리고 왕비가 되기를 서원하였다. 그리고는 세월이 흘러 그
당시 왕인 바사익왕이 그 동산에 사냥을 나오자 말리末利는 예쁘게 단장하고
약수를 준비하여 왕에게 올렸다. 이 인연因緣으로 말리末利는 바사익왕의
왕비가 되었다.
왕비가 된 이후 어느 날 바사익왕이 평소와 같이 사냥을 갔다가 돌아왔는데,
먹을 것도 마실 것도 아무것도 없었다. 화가 난 왕은 요리사를 죽이라고
명령하였다. 그것을 안 말리末利 왕비는 요리사를 죽이지 못하게 하고 자신이
직접 술과 고기를 내어 왕에게 가서 함께 먹었다. 술에 취한 왕은 평소에
술을 입에도 대지 않는 부인에게 웬일로 술을 다 가지고 왔소 하면서 요리사를
죽이라고 한 것은 참으로 잘못한 일 같소 하며 뉘우쳤다. 그러자 말리末利는
아직 죽이지 않았습니다 운운한 것이다.
즉 방편方便으로 한 것은 범한 것이 아니라는 것이다. 『잡화기』는 『주림전珠林

기 위하여 술을 마시고 화장을 한 등이요

기타태자는 나라 백성을 수순하기 위하여 또한 어울려서 술을 마셨
지만 계를 잊지 아니한 것이니,

모두 별설別說[295]과 같다.

傳』을 인용하고, 『유망기』는 『미증유인연경未曾有因緣經』을 인용하여 기타
태자와 말리부인의 얘기를 기술하고 있다. 나는 『잡화기』와 『유망기』를
근간하여 뜻으로 번역하였다.

294 주자廚子는 요리사이다. 廚는 '부엌 주' 자이다.

295 별설別說이란, 『불설미증유인연경佛說未曾有因緣經』 하권下卷이다. 미증유법
未曾有法은 십이부경十二部經의 하나(一)이니, 이 경(此經)에는 불가사의不可
思議한 사실만 기록되어 있다. 또 『마하지관摩訶止觀』 이권二卷 등에도 설출說
出하였다. 기타祇陀는 잘 아는 사실이어니와 말리末利도 동산의 이름이다.
말리원末利園을 지키는 종이었다가, 여기서 바사익왕을 만나 왕비가 되었다.

經

佛子야 菩薩은 不以欲因緣故로 惱一衆生이니 寧捨身命이언정
而終不作惱衆生事하니라

불자여, 보살은 탐욕의 인연인 까닭으로는 한 중생도 뇌롭게 하지
않나니
차라리 몸과 목숨을 버릴지언정 끝내 중생을 뇌롭게 하는 일을
짓지 않습니다.

疏

二에 佛子下는 輕身益物이라 爲第二難持니 乃至捨命이라도 亦無
缺故니라

두 번째[296] 불자여, 보살이라고 한 아래는 몸을 가볍게 여기고[297]
중생을 이익케 하는 것이다.
이것은 제 두 번째 가지기 어려운 것이 되는 것이니
내지 목숨을 버릴지라도 또한 계를 이지러짐이 없게 하는 까닭이다.

---

296 一은 二의 잘못이라고 『잡화기』는 말하나, 이미 二로 교정되어 있다.
297 원문에 경신輕身이란, 경문經文에는 영사신명寧捨身命이다.

經

菩薩이 自得見佛已來로 未曾心生一念欲想거든 何況從事리요
若或從事인맨 無有是處니라

보살이 스스로 부처님을 얻어 친견한 이래로 일찍이 마음에 한
생각도 탐욕에 대한 생각을 내지 않았거든 어찌 하물며 사실을
좇아 행하겠는가.
만약 혹시라도[298] 사실을 좇아 행한다면 옳을 곳이 없습니다.

疏

三에 菩薩自得下는 彰持分齊라 是第三難持니 謂恒住正念하야
無誤失故라 卽以難況易하며 以誤況故니 本性慣習故라 分齊者
는 初發心住에 了見心性하야 成正覺故며 解法無生하야 常見佛故
로 觸境皆佛거니 豈容佛所에 生欲想耶아

세 번째 보살이 스스로 부처님을 얻어 친견하였다고 한 아래는
가지는 경계를 밝힌 것이다.
이것은 제 세 번째 가지기 어려운 것이니,
말하자면 항상 정념에 머물러 과오의 허물이 없이 하는 까닭이다.

---

298 혹或이란 유有의 뜻이며, 종從이란 위爲의 뜻이니 『화엄음의』에서 설출한
말이다. 역시 『잡화기』의 말이다. 유有라고 한다면 어떤 사람이라고 해석할
것이다.

곧 어려운 것으로써 쉬운 것[299]에 비황하며
과오로써 짐짓하는[300] 것에 비황한 것[301]이니
본성의 관습[302]인 까닭이다.

분재라고 한 것은 초발심주에서 십성을 알아보아 정각을 성취한
까닭이며
법이 생기함이 없는 줄 알아 항상 부처님을 보는 까닭으로 닿이는
경계가 다 부처이거니 어찌 부처님의 처소에서[303] 탐욕의 생각을
생기하는 것을 용납하겠는가.

---

299 원문에 難者는 未生欲想이요, 易者는 不從事라. 즉 어려운 것이라고 한
　　것은 탐욕의 생각을 내지 않는 것이고, 쉬운 것이라고 한 것은 사실을
　　좇지 않는 것이다.
300 원문에 誤者는 一念欲想이요, 故者는 從事라. 즉 과오라고 한 것은 한
　　생각에 탐욕의 생각을 내는 것이고, 짐짓이라고 한 것은 사실을 좇는 것이다.
301 과오로써 짐짓하는 것에 비황한 것이라고 한 것은 경문에 한 생각도 탐욕에
　　대한 생각을 내지 않았다고 한 것은 혹 이것은 과오로 범한 것이요, 경문에
　　만약 사실을 좇아 행한다면이라고 한 것은 곧 이것은 짐짓 범한 까닭이다.
　　역시 『잡화기』의 말이다.
302 본성의 관습이라고 한 것은 무시이래로 본성이 탐욕의 관습으로 더불어
　　짐짓 혹 과오로 범하는 것이 있는 것이다. 역시 『잡화기』의 말이다.
303 어찌 부처님의 처소에서 운운한 것은 그 뜻에 말하기를 탐욕할 바 경계가
　　이미 없거니 능히 탐욕할 마음이 어찌 있겠는가 하는 것이다. 역시 『잡화
　　기』의 말이다.

經

爾時菩薩이 但作是念호대 一切衆生이 於長夜中에 想念五欲하며 趣向五欲하며 貪著五欲하며 其心決定하며 耽染沈溺하며 隨其流轉하며 不得自在하나니

그때 보살이 다만 이와 같은 생각을 하기를 일체중생이 긴 밤중에 오욕을 생각하고 생각하며
오욕에 나아가 향하며
오욕을 탐착하며
그 오욕에 마음이 결정하며
오욕을 즐기고 물들며
오욕에 빠지며
그 오욕을 따라 유전하며
오욕에 자재함을 얻지 못하나니

疏

四에 爾時菩薩下는 明深起大悲니 是善士相이라 在文分三하리니 初悲物著欲이요 二는 生勸持心이요 三은 徵釋所以라 今初十句에 初二는 爲總이니 無時不起가 是長夜中이라 想念下는 別이니 一은 想念未得이요 二는 趣向可得이요 三은 貪著已得이요 四는 決謂爲淨이요 五는 耽染無厭이요 六은 迷醉沈溺이요 七은 隨境流轉이요

八은 欲罷不能이라

네 번째 그때에 보살이라고 한 아래는 깊이 대비심을 일으키는
것을 밝힌 것이니,
이것은 선사善士304의 모습이다.
경문에 있어 세 가지로 나누리니
처음에는 중생이 오욕에 탐착하는 것을 슬퍼하는 것이요
두 번째는 권하여 가지게 하는 마음을 일으키는 것이요
세 번째는 그 까닭을 묻고 해석한 것이다.

지금은 처음으로 열 구절에 처음에 두 구절은305 총구가 되나니,
때때로 일으키지 아니함이 없는 것이 이것이 긴 밤중이다.
오욕을 생각하고 생각한다고 한 아래는 별구이니
첫 번째는 아직 얻지 못한 오욕을 생각하고 생각하는 것이요
두 번째는 가히 얻을 오욕에 나아가 향하는 것이요
세 번째는 이미 얻은 오욕에 탐착하는 것이요
네 번째는 오욕을 결정코 청정하다 말하는 것이요
다섯 번째는 오욕을 즐기고 물듦에 싫어함이 없는 것이요
여섯 번째는 오욕에 미혹하고 취하여 빠지는 것이요
일곱 번째는 경계를 따라 유전하는 것이요

---

304 선사善士는 선량한 사람을 말한다. 즉 구문九門 가운데 제오第五 선사善士이다.
　　영인본 화엄 6책, p.507, 4행에 말한 바 있다.
305 처음에 두 구절이란, 일체중생과 긴 밤중이다.

여덟 번째는 오욕을 그만두고자 하여도 능하지 못하는 것이다.

鈔

深起大悲者는 論云호대 云何菩薩善士戒고 略有五種하니 謂諸菩薩
이 自具尸羅하며(一) 勸他受戒하며(二) 讚戒功德하며(三) 見聞法者
로 深心歡喜하며(四) 設有毁犯이라도 如法悔除라하니라(五) 釋曰今
正當中三하니 疏文自配하니라 自具尸羅는 前文已有하고 已毀令悔
는 文中略無하니라

깊이 대비심을 일으킨다고 한 것은 『유가론』[306]에 말하기를 어떤
것이 보살의 선사계인가.
간략하게 다섯 가지가 있나니
말하자면 모든 보살이 스스로 시라바라밀을 구족하며(一),
다른 사람에게 권하여 지계바라밀을 받게 하며(二),
계의 공덕을 찬탄[307]하며(三),
법을 보고 듣는 사람으로 깊이 마음에 환희를 내게 하며(四),
설사 훼범함이 있다 할지라도 여법하게 뉘우치고 제멸하게 한다(五)
하였다.
해석하여 말하면 지금에는 바로 중간의 세 번째에 해당하나니[308]

---

306 論이란, 『유가론』 삼십구권三十九卷이니 영인본 화엄 6책, p.507을 참조하라.
307 원문에 찬성讚成의 成 자는 戒 자가 옳다. 본론本論도 戒 자로 되어 있다.
308 지금에는 바로 중간의 세 번째에 해당한다고 한 것은 아래 소문 가운데

소문에 스스로 배속하였다.

스스로 시라바라밀을 구족하였다고 한 것은 전문前文[309]에 이미 있었고,

이미 훼범함이 있다 할지라도 하여금 뉘우치게 한다고 한 것은 지금의 경문 가운데는 생략되어 없다.

다만 두 가지 배대(一에 지계바라밀을 받게 하는 것과 二에 계의 공덕을 찬탄하는 것)만 있고 三에 깊이 마음에 환희를 내는 것을 배대하지 아니한 것은 그 뜻이 중생이 오욕에 탐착하는 것을 슬퍼한다고 한(소문에 처음에는 중생이 오욕에 운운한 것이다) 가운데 있는 까닭이니, 이미 오욕에 탐착하는 것을 보고 대비심을 내었다면 반대로 만약 법문을 듣는 사람을 본다면 반드시 환희심을 낸다는 것을 알 수 있다는 것이다. 그러나 법문을 듣는다고 한 그 문聞 자는 본 『유가론』에는 동同 자로 되어 있다. 역시 『잡화기』의 말이다.

309 전문前文이란, 영인본 화엄 6책, p.542, 3행 이하이다. 그러나 『잡화기』는 같은 책 p.547, 2행에 제 세 번째 가지기 어려운 것이라고 한 것을 모두 가리킨 것이다 하였다.

經

我今應當令此諸魔와 及諸天女와 一切衆生으로 住無上戒하며
住淨戒已에 於一切智에 心無退轉하야 得阿耨多羅三藐三菩提
하고 乃至入於無餘涅槃케하리라

내가 지금 응당히 이 모든 마군과 그리고 모든 천녀와 모든 중생으
로 하여금 더 이상 없는 계율에 머물게 하며 청정한 계율에 머문
이후에는 일체 지혜에 마음이 물러나지 아니하여 아뇩다라삼먁삼
보리를 얻고 내지 무여열반에 들어가게 할 것입니다.

疏

二에 我今下는 生勸持心이니 初는 勸他持戒요 次에 住淨戒下는
兼讚戒功德이라

두 번째 내가 지금이라고 한 아래는 가지기를 권하는 마음을 내는
것이니
처음에는 다른 사람[310]이 계를 가지기를 권하는 것이요
다음에 청정한 계에 머문 이후라고 한 아래는 계의 공덕을 겸하여
찬탄한[311] 것이다.

---

310 여기서 他란, 제마諸魔와 천녀天女와 중생衆生이다.
311 원문에 겸찬兼讚이란, 문법환희聞法歡喜와 계戒의 공덕功德을 겸하여 찬탄(兼
讚)한 것이다. 혹 淨戒 아래에 聞法歡喜 네 글자(四字)가 빠졌다고도 한다.

經

何以故요 此是我等의 所應作業이니 應隨諸佛하야 如是修學하
니라

무슨 까닭인가.
이것은 우리 등이 응당해야 할 가업이니 응당히 모든 부처님을
따라서 이와 같이 수학해야 하기 때문입니다.

疏

三에 徵釋者는 大悲益他가 菩薩家業故라

세 번째 그 까닭을 묻고 해석한다고 한 것은 대비로 다른 사람을
이익케 하는 것이 보살의 가업인 까닭이다.

作是學已에 離諸惡行과 計我無知하고 以智로 入於一切佛法하
야 爲衆生說하야 令除顚倒케하나

이와 같이 수학한 이후에는 모든 악행과 나라고 계교하는 무지함을
떠나고 지혜로써 일체 불법에 들어가서 중생을 위하여 설법하여
하여금 전도된 생각을 제멸하게 하지만

第三에 作是學已下는 明攝善法戒라 文分爲二리니 初는 明自分
現攝이요 後는 辨勝進當攝이라 今初니 善法雖多나 不出悲智일새
故文中略擧니라 於中分三하리니 初는 雙標悲智요 二에 然知已下
는 雙釋二相이요 三에 如是解者已下는 雙明二果라 今初也니 先
智後悲라 智中先은 明離過니 謂離惡行無明이요 後에 以智下는
明其成德이요 爲衆生下는 卽是攝悲라

제 세 번째 이와 같이 수학한 이후라고 한 아래는 섭선법계를 밝힌
것이다.
경문을 나누어 두 가지로 하리니
처음에는 자분自分의 현재에 섭수하는 것을 밝힌 것이요
뒤에는 승진勝進의 당래에 섭수할 것을 분별한 것이다.[312]
지금은 처음으로 선법이 비록 많지만 자비와 지혜를 벗어나지 않기

에 그런 까닭으로 경문 가운데는 간략하게 거론하였다.[313]

그 가운데 세 가지로 나누리니
처음에는 자비와 지혜를 함께 표한 것이요
두 번째 그러나 중생을 떠나 전도된 생각이 있지 않다는 등을 안다고
한 이하는 두 가지 모습[314]을 함께 해석한 것이요
세 번째 이와 같이 아는 사람이라고 한 이하는 두 가지 결과[315]를
함께 밝힌 것이다.
지금은 처음으로 먼저는 지혜요
뒤에는 자비이다.
지혜 가운데 먼저는 허물을 떠나는 것을 밝힌 것이니
말하자면 악행과 무명을 떠나는 것이요
뒤에 지혜로써라고 한 아래는 그 공덕을 이루는 것을 밝힌 것이요
중생을 위하여 설법하였다고 한 아래는 곧 자비로 섭수하는 것이다.

---

312 원문에 후변승진당섭後辨勝進當攝이란, 영인본 화엄 6책, p.558, 9행이다.
313 원문에 약거略擧란, 자비와 지혜(悲智)만 거론하였다는 말이다.
314 원문에 이상二相이란, 비지悲智의 二相이다.
315 원문에 이과二果란, 비지悲智의 二果이다.

經

然이나 知不離衆生有顚倒요 不離顚倒有衆生이며

그러나[316] 중생을 떠나 전도된 생각이 있지 않고 전도된 생각을
떠나 중생이 있지 아니하며

疏

二는 雙釋二相中에 悲智雙運이라 文分爲二리니 先은 以智導悲하
야 自成正觀이요 二에 一切諸法下는 通明八法하야 顯彼倒因이라
今初니 文有四對하니 前三은 二互相望이요 後一은 當體以辨이라
前三對中에 前二는 不離요 後一은 不卽이니 卽顯生之與倒가 非
卽離也라 衆生은 卽能起顚倒之人이니 乃染分依他요 顚倒는 卽
所起之妄이니 是遍計所執이라 初對에 明不離者는 謂依似執實일
새 故離生無倒라하고 依執似起일새 離倒無生이라하니라

두 번째는 두 가지 모습을 함께 해석한 가운데 자비와 지혜를 함께
운행하는 것이다.
경문을 나누어 두 가지로 하리니
먼저는 지혜로써 자비를 인도하여 스스로 바로 관찰함을 이루는

것이요

두 번째 일체 모든 법이라고 한 아래는 여덟 가지 법[317]을 모두 밝혀 저 전도된 원인을 나타낸 것이다.

지금은 처음으로 경문에 네 가지 상대가 있나니

앞에 세 가지 상대는 두 가지가 서로 바라는 것이요

뒤에 한 가지 상대는 당체로써 분별한 것이다.

앞의 세 가지 상대 가운데 앞에 두 가지 상대는 떠나지 않는 것이요

뒤에 한 가지 상대는 즉하지 않는 것이니,

곧 중생과 더불어 전도된 생각이 즉하지도 떠나지도 아니함을 나타낸 것이다.

중생은 곧 능히 전도된 생각을 일으키는 사람이니 이에 염분의타染分依他요

전도된 생각은 곧 일으킬 바 망념이니 이것은 변계소집遍計所執이다.

처음 상대에 떠나지 아니함을 밝힌 것은 말하자면 유사한 것을 의지하여 진실한 것인 줄 집착하기에 그런 까닭으로 중생을 떠나 전도된 생각이 없다 하였고,

집착을 의지하여 유사한 것이 일어나기에 전도된 생각을 떠나 중생이 없다 하였다.

---

317 원문에 入法의 入 자는 八 자이다.

鈔

謂依似執實者는 衆生은 是依他似有故요 顚倒는 謂執似爲實이 如
依繩之依他하야 執爲蛇實이라 依執似起者는 卽唯識云호대 依他起
自性은 分別緣所生이라하니 謂依遍計之執하야 起依他之似니 似卽
衆生이라

말하자면 유사한 것을 의지하여 진실한 것인 줄 집착한다고 한
것은 중생은 이 의타의[318] 유사함이 있는 까닭이요
전도된 생각은 말하자면 유사한 것에 집착하여 진실한 것을 삼는
것이 마치 노끈의 의타依他를 의지하여 집착하여 뱀의 진실한 것을
삼는 것과 같다.

집착을 의지하여 유사한 것이 일어난다고 한 것은 곧 『유식론』에
말하기를 의타기의 자성은 분별인연으로 생기하는 바다 하였으니,
말하자면 변계遍計의 집착을 의지하여 의타[319]의 유사함을 일으키나
니 유사하다고 한 것은 곧 중생이다.

---

318 여기서 依他의 他란, 곧 전도顚倒로, 유식唯識에서는 분별연分別緣이라 한다.
319 依 자 아래에 他 자가 있어야 한다.

經

不於顚倒內有衆生이요 不於衆生內有顚倒며

전도된 생각 안에 중생이 있지 않고 중생 안에 전도된 생각이
있지 아니하며

疏

第二對는 明不相在하야 重釋前義라 言不離者는 明因果相待하야
方得緣成이언정 非先有體하야 二物相在니라 因中無果일새 故倒
內無生이라하니 若必有者인댄 則應遍計는 是依他起라하리며 果
中無因일새 故生內無倒라하니 若要令有者인댄 則應無有不倒衆
生이라하리라

제 두 번째 상대는 서로 있지 아니함을 밝혀 거듭 앞에 뜻[320]을
밝힌 것이다.
떠나지 않는다고 말한 것은 인과가 상대相對하여 바야흐로[321] 인연으
로 이루어짐을 얻는 것일지언정 먼저 자체가 있어서 두 물건[322]이
서로 있는 것이 아님을 밝힌 것이다.

---

320 앞에 뜻이란, 제일대第一對를 말하는 것이다.
321 상대라고 한 아래에 방득方得이라는 글자가 있어야 한다. 그래야 문장의
　　구성이 四字로 맞다. 아래 초문에는 있다.
322 여기서 二物은 곧 중생衆生과 전도顚倒이다.

원인 가운데는 결과[323]가 없기에 그런 까닭으로 전도된 생각 안에 중생이 없다 한 것이니,

만약 반드시 있게 한다면 곧 응당히 변계遍計[324]는 이 의타로 일어난다 해야 할 것이며,

결과 가운데는 원인이 없기에 그런 까닭으로 중생 안에 전도된 생각이 없다 한 것이니,

만약 반드시 하여금 있게 한다면 곧 응당히 전도된 생각이 중생이 아니라고[325] 함이 없다 해야 할 것이다.

鈔

第二對는 明不相在는 即不於顚倒內有衆生等이라 言不離者는 此句牒前이니 上言不離衆生有顚倒等이라 明因果相待方得緣成은 釋上義也니 依似執實은 待果成因也요 依執似起는 待因成果也라 上은 辯前對之是요 非先有下는 揀前對之非니 即先有先無門이라 因中無果下는 示其正義하야 以釋經文이니 二句之中에 皆先은 順說正義요 後는 反顯先有之過라 初云호대 因中無果일새 故倒內無生者는 順說正義也요 次에 若必下는 反釋揀非니 非先有故라 遍計는 是因이니 因中有果일새 故遍計中에 有依他起라 果中無因일새 故生內無倒

---

323 원인(因)은 전도顚倒이고, 결과(果)는 중생衆生이다.

324 변계遍計는 곧 전도顚倒이다.

325 원문에 부도중생不倒衆生이란, 영인본 화엄 6책, p.553, 3행 문장을 가리키고 있다.

者는 順說正義也요 若要令有下는 反釋揀非也니 若果有因인댄 有衆
生等에 卽有顚倒어늘 今有不倒衆生일새 故知果中에 無有因也리라

제 두 번째 상대는 서로 있지 아니함을 밝힌다고 한 것은 곧 전도된
생각 안에 중생이 있지 않다고 한 등이다.
떠나지 않는다고 말한 것이라고 한 것은 이 구절은 앞[326]에 말을
첩석한 것이니,
위에 중생을 떠나 전도된 생각이 있지 않다고 말한 등이다.

인과가 상대하여 바야흐로 인연으로 이루어짐을 얻는다고 밝힌
것은 위에 뜻[327]을 해석한 것이니
유사한 것을 의지하여 진실한 것인 줄 집착한다[328]고 한 것은 결과를
상대하여 원인을 이루는 것이요
집착을 의지하여 유사한 것이 일어난다고 한 것은 원인을 상대하여
결과를 이루는 것이다.
이상은 앞의 일대에 옳은 것을 분별한 것이요
먼저 자체가 있어서 두 물건이 서로 있는 것이 아니고 한 아래는
앞의 일대에 그른 것을 가린 것이니,
곧 먼저 있기도 하고 먼저 없기도 한 문(先有先無門)이다.

---

326 앞이란, 곧 제일대第一對이다.
327 위에 뜻이란, 역시 제일대第一對이다.
328 원문에 의사집실依似執實은 上에 第一對의 疏文이다.

원인 가운데 결과가 없다고 한 아래는 그 정의正義를 보여 경문을 해석한 것이니,

두 구절[329] 가운데 다 먼저[330]는 정의를 순리대로 설한 것이요 뒤[331]에는 먼저 있다는 허물을 반대로 나타낸 것이다.

처음에 말하기를 원인 가운데 결과가 없기에 그런 까닭으로 전도된 생각 가운데 중생이 없다고 한 것은 정의를 순리대로 설한 것이요 다음에 만약 반드시 있게 한다고 한 아래는 반대로 해석하여 그른 것을 가린 것이니,

먼저 자체가 있은 것이 아닌 까닭이다.

변계는 이 원인이니,

원인 가운데 결과가 있기에 그런 까닭으로 변계 가운데 의타로 일어나는 것이 있는 것이다.

결과 가운데 원인이 없기에 그런 까닭으로 중생 안에 전도된 생각이 없다고 한 것은 정의를 순리대로 설한 것이요

만약 반드시 하여금 있게 한다고 한 아래는 반대로 해석하여 그른 것을 가린 것이니,

만약 결과에 원인이 있다고 한다면 중생 등이 있음에 곧 전도된 생각이 있어야 하거늘 지금에는 전도된 생각이 중생이 아니라고 함이 있기에 그런 까닭으로 결과 가운데 원인이 없는 줄 알아야 할 것이다.

---

329 원문에 二句란, 一은 因中無果요, 二는 果中無因이다.

330 원문에 개선皆先이란, 因中無果와 果中無因이다.

331 뒤란, 원문에 약필유若必有 운운과 약요령유若要令有 운운이다.

經

亦非顚倒是衆生이요 亦非衆生是顚倒며

또한 전도된 생각이 이 중생이 아니고 또한 중생이 이 전도된
생각이 아니며

疏

第三對는 明不卽이니 不壞因果인 能所遍計之二相故라 由前二
對인댄 則知生倒가 非一非異며 非卽非離리라

제 세 번째 상대는 즉하지 아니함을 밝힌 것이니,
원인과 결과인 능소변계能所遍計의 두 가지 모습을 무너뜨리지 않는
까닭이다.
앞에 두 가지 상대를 인유한다면 곧 중생과 전도된 생각이 하나도
아니고 다르지도 아니하며 즉하지도 않고 떠나지도 않는 줄 알
것이다.

鈔

第三對者는 因卽能遍計요 果卽所遍計니 所遍計는 卽依他也라 由
前已下는 結歸中道라

제 세 번째 상대라고 한 것은 원인은 곧 능변계요
결과는 곧 소변계이니 소변계는 곧 의타이다.
앞에 이대를 인유하였다고 한 이하는 중도에 귀결하는 것이다.

經

顚倒非內法이요 顚倒非外法이며 衆生非內法이요 衆生非外法
이며

전도된 생각이 안의 법도 아니고 전도된 생각이 밖의 법도 아니며
중생이 안의 법도 아니고 중생이 밖의 법도 아니며

疏

第四對는 當體以辨이라 倒心은 託境方生일새 故非內法이니 若是
內者인댄 無境應有요 境由情計일새 故非外法이니 若是外者인댄
智者於境엔 不應不染이리라 旣非內外인댄 寧在中間이리요 則當
體自虛거니 將何對他하야 以明卽離리요 衆生亦爾하야 卽蘊求無
일새 故非內法이요 離蘊亦無일새 故非外法이니 旣非內外인댄 亦
絶中間이라 本性自空거니 何能起倒며 將何對他하야 明非卽離리
요 旣如是知인댄 則自無倒며 爲物說此인댄 倒惑自除리라

제 네 번째 상대는 당체로써 분별한 것이다.
전도된 마음은 경계를 의탁하여 바야흐로 생기하기에 그런 까닭으로
안의 법이 아니니,
만약 안의 법이라고 한다면 경계가 없이도 응당히 있어야 할 것이요
경계는 망정으로 계교함을 인유하기에[332] 그런 까닭으로 밖의 법이
아니니,

만약 밖의 법이라고 한다면 지혜로운 사람도[333] 저 경계에 응당히 물들지 아니하지 못할 것이다.

이미 안도 밖도 아니라면 어찌 중간이 있겠는가.

곧[334] 당체[335]가 스스로 비었거니 무엇을 가져 저것을 상대하여 즉하고 떠남을 밝히겠는가.

중생도 또한 그러하여 오온에 즉하여 구하여도 없기에 그런 까닭으로 안의 법도 아니요

오온을 떠나서 구하여도 또한 없기에 그런 까닭으로 밖의 법도 아니니,

이미 안도 밖도 아니라면 또한 중간도 끊어진 것이다.

본성이 스스로 공하였거니 어찌 능히 전도된 생각을 일으키며, 무엇을 가져 저것을 상대하여 즉하지도 떠나지도 않는다고 밝히겠는가.

---

332 경계는 망정으로 계교함을 인유한다고 한 것은 그 뜻에 말하기를 경계는 반드시 망정을 인유한 연후에 바야흐로 나타나는 것이니, 만약 그 식識이 없다면 곧 비록 밖의 경계가 있지만 무엇을 인유하여 칭합함이 있겠는가. 분명히 이 망정은 안의 경계요 밖의 경계가 아니다. 네 가지 상대 가운데 앞에 세 가지 상대는 상대문相待門이요, 뒤에 한 가지 상대는 무체문無體門이다. 역시 『잡화기』의 말이다.

333 지혜로운 사람 운운은 만약 경계가 밖의 법이라면 곧 진실로 있는 까닭으로 지혜로운 사람도 응당 저 더러운 경계에 물들어야 할 것이지만 그 경계에 물들지 않는 것이다. 따라서 밖의 법이 아닌 줄 가히 알 수 있다는 것이다.

334 則 자 아래에 知心境 세 글자가 있어야 한다고도 한다.

335 당체當體는 심心·경境의 당체當體이다.

이미 이와 같이 알았다면 곧 스스로 전도된 생각이 없을 것이며 중생을 위하여 이것을 설한다면 전도의 의혹이 스스로 제멸될 것이다.

鈔

第四對者는 不對衆生하야 說顚倒等이라 亦皆先은 順明이요 後는 反顯이니 如倒心은 託境方生일새 故非內는 卽先順明이요 次에 若是內下는 反顯이요 旣如是知下는 結成二利라

제 네 번째 상대라고 한 것은 중생을 상대하여 전도된 생각 등을 설한 것이 아니다.

또한 다 먼저는 순리대로 밝힌 것이요

뒤에는 반대로 나타낸 것이니

저 전도된 마음은 경계를 의탁하여 바야흐로 생기기에 그런 까닭으로 안의 법이 아니라고 한 것은 곧 먼저는 순리대로 밝힌 것이요 다음에 만약 이 안의 법이라고 한다면이라고 한 아래는 반대로 나타낸 것이요

이미 이와 같이 알았다면이라고 한 아래는 두 가지 이익을 맺어 성립한 것이다.

經

一切諸法이 虛妄不實하야 速起速滅하야 無有堅固호미 如夢如
影하며 如幻如化하야 誑惑愚夫라하니

일체 모든 법이 허망하고 진실하지 아니하여 빨리 일어났다가
빨리 사라져 견고함이 없는 것이 꿈과 같고 그림자와 같으며 환상과
같고 변화와 같아서 어리석은 사람을 속여 미혹케 하는 줄 알아야
할 것입니다 하였나니

疏

二에 一切下는 通明八法하야 顯彼倒因니 謂由不達緣成不堅하야
妄生遍計일새 故云誑惑愚夫라하얏거니와 實則愚夫自誑이 若擸
猴執月하니라

두 번째 일체 모든 법이라고 한 아래는 여덟 가지[336] 법을 모두
밝혀 저 전도된 원인을 나타낸 것이니

---

336 원문에 입법入法이라고 한 것은 입入은 이 능입能入이니 곧 지혜(智)이고,
법法은 이 소입所入이니 곧 의타기성과 원성실성이다. 전단의 경문(영인본
화엄 6책, p.550, 4행)에 하나의 지자知字는 여기까지(여기 경문 우부愚夫까지)
흘러내려 이르는 까닭이다. 역시 『잡화기』의 말이다. 그러나 나는 입법入法이
라는 입入 자를 팔八 자로 고쳐 번역하였다. 따라서 그 팔법八法은 앞의
네 가지 상대에 각각 이법二法이 있어 팔법八法이 되는 것이라 하겠다.

말하자면 인연으로 이루어진 것은 견고하지 않는 줄 요달하지 못함을 인유하여 허망하게 변계偏計를 생기하기에 그런 까닭으로 말하기를 어리석은 사람을 속여 미혹케 한다 하였거니와, 진실로는 곧 어리석은 사람이 스스로 속는 것이 마치 어리석은 원숭이가 달을 잡으려는 것과 같다.

鈔

實則愚夫自誑者는 如獼猴執月하야 月豈有心에 誑獼猴耶아 愚夫執虛爲實이니 明是自誑이라 經云誑愚夫者는 是愚夫의 不了之境이 義似誑耳니라

진실로는 곧 어리석은 사람이 스스로 속는다고 한 것은 마치 어리석은 원숭이[337]가 달을 잡으려 함과 같아서, 달이 어찌 자기 마음에 원숭이를 속이려 함이 있었겠는가.
어리석은 사람이 허망한 것에 집착하여 진실을 삼은 것이니, 분명히 이것은 스스로 속은 것이다.
경문에 말하기를 어리석은 사람을 속인다고 한 것은 이것은 어리석은 사람이 알지 못하는 경계가 그 뜻이 속이는 것과 흡사한 것이다.

---

337 獼는 '원숭이 미', 猴는 '원숭이 후' 자이다.

經

如是解者는 卽能覺了一切諸行하고 通達生死와 及與涅槃하야
證佛菩提하며 自得度令他得度하며 自解脫令他解脫하며 自調
伏令他調伏하며 自寂靜令他寂靜하며 自安隱令他安隱하며 自
離垢令他離垢하며 自淸淨令他淸淨하며 自涅槃令他涅槃하며
自快樂令他快樂하리라

이와 같이 아는 사람은 곧 능히 일체 모든 행을 깨달아 알고 생사와
그리고 열반을 통달하여 부처님의 보리를 증득하며
스스로 제도를 얻고 다른 사람으로 하여금 제도를 얻게 하며
스스로 해탈하고 다른 사람으로 하여금 해탈케 하며
스스로 조복하고 다른 사람으로 하여금 조복케 하며
스스로 고요하고 다른 사람으로 하여금 고요하게 하며
스스로 안은하고 다른 사람으로 하여금 안은하게 하며
스스로 때를 여의고 다른 사람으로 하여금 때를 여의게 하며
스스로 청정하고 다른 사람으로 하여금 청정하게 하며
스스로 열반하고 다른 사람으로 하여금 열반하게 하며
스스로 쾌락하고 다른 사람으로 하여금 쾌락하게 할 것입니다.

疏

三에 如是己下는 雙明二果니 卽前悲智의 所成之果也며 亦九戒
中에 二世樂戒也라

세 번째 이와 같이 아는 사람이라고 한 이하는 이과二果를 함께 밝힌 것이니,

곧 앞에 자비와 지혜로 이룬 바 결과이며

역시[338] 아홉 가지 지계 가운데 두 세상에 즐거움을 주는 게이다.

鈔

卽前悲智者는 如是解者는 覺了一切法等은 卽智果也요 通達生死及與涅槃은 具二果也니 有大悲故로 通達生死하고 有大智故로 通達涅槃이라 又自度等은 卽智果也요 令他得度는 卽悲果也니 二利가 皆卽悲智果耳니라 亦九戒中者는 論云호대 當知此戒가 略有九種하니 謂諸菩薩이 爲諸有情하야 於應遮處에 而正遮止하며(一) 於應開處에 而正開許하며(二) 是諸有情에 應攝受者는 正攝受之하며(三) 應調伏者는 正調伏之호대(四) 菩薩於中에 身語二業이 常淸淨轉하니 是則名爲四種淨戒니라 復有所餘施와 忍精進靜慮와 般若波羅蜜多에 俱行淨戒가 則爲五種이니 總說컨댄 名爲九種淨戒니라 能令自他로 現法後法에 皆得安樂이라하니라 釋曰今但通說悲智之果나 智果로 了一切行이 卽般若相應일새 故云亦是라하니라 若別配者인댄 令他解脫離垢는 卽是遮止開許니 斯卽制聽二戒가 可以離垢解脫이요 令他安隱은 卽是攝受요 令他調伏은 其名全同하니 皆令他得二世樂也니라 五度助戒는 含在其中이니 有攝善故니라

---

338 亦 자 아래에 영인본 화엄 6책, p.557. 4행엔 是 자가 있어 亦是라 하였다.

곧 앞에 자비와 지혜라고 한 것은 이와 같이 아는 사람은 일체
모든 행을 깨달아 안다고 한 등은 곧 지혜의 결과요
생사와 그리고 열반을 통달했다고 한 것은 두 가지 결과를 갖추었
나니
대비가 있는 까닭으로 생사를 통달하고, 대지가 있는 까닭으로
열반을 통달하는 것이다.

또 스스로 제도를 얻는다고 한 등은 곧 지혜의 결과요
다른 사람으로 하여금 제도를 얻게 한다고 한 것은 곧 자비의 결과
이니,
두 가지 이익(二利)이 다 자비와 지혜의 결과이다.

역시[339] 아홉 가지 지계 가운데라고 한 것은 『유가론』에 말하기를
마땅히 알아라. 이 지계가 간략하게 아홉 가지가 있나니,
말하자면 모든 보살이 모든 유정을 위하여 응당 막아 그쳐야 할
곳에는 바로 막아 그치며(一),
응당 열어 허락해야 할 곳에는 바로 열어 허락하며(二),
이 모든 유정에 응당 섭수해야 할 사람은 바로 섭수하며(三),
응당 조복해야 할 사람은 바로 조복하되(四) 보살이 그 가운데 몸과
말의 두 가지 업이 항상 청정하게 전하나니,
이것이 곧 이름이 네 가지 청정한 계가 되는 것이다.

---

339 亦 자 아래에 영인본 화엄 6책, p.557. 4행엔 是 자가 있다.

다시 나머지 보시와 인욕과 정진과 정려와 반야바라밀다를 행하는 곳에 함께 청정한 계를 행하는 것이 곧 다섯 가지 청정한 계가 되는 것이니,

총합하여 말하면 이름이 아홉 가지 청정한 계가 되는 것이다.

능히 자기와 다른 사람으로 하여금 현재 법과 뒤에 법에 다 안락을 얻게 한다 하였다.

해석하여 말하면 지금에는 다만 자비와 지혜의 결과만 통틀어 설하였지만 지혜의 결과로 일체 행을 아는 것이 곧 반야와 상응하기에[340] 그런 까닭으로 말하기를 역시[341]라 한 것이다.

만약 따로 배속한다면 다른 사람으로 하여금 해탈케 하고 때를 여의게 한다고 한 것은 곧 이것은 막아 그치는 계와 열어 허락하는[342] 계이니,

이것은 곧 막아 그치고 듣고 허락하는[343] 두 가지 계가 가히 때를

---

340 반야般若와 상응 운운은 이세락계二世樂戒 가운데 구문九門이 있고, 그 뒤에 오문五門 가운데 반야바라밀이 있는 까닭으로 역시 구계九戒 가운데 二世樂戒라 한 것이다. 『유망기』의 말이다.

341 역시라고 한 것은 그 뜻에 말하기를 지금에는 자비와 지혜를 통틀어 설하였지만 그러나 다만 지혜의 한 가지 뜻이 저 아홉 가지 가운데 반야로 더불어 상응하기에 그런 까닭으로 역시라는 말을 이루는 것이다. 바로 아래 만약 따로 배속한다면이라고 한 아래는 별석別釋의 뜻이다. 역시 『잡화기』의 말이다.

342 원문에 차지개허遮止開許는 『유가론瑜伽論』의 말이다.

343 원문에 제청制聽이라고 한 것은 곧 차제遮制와 청허聽許이다. 『잡화기』의

여의게 하며 해탈케 하는 것이요

다른[344] 사람으로 하여금 안은하게 한다고 한 것은 곧 이것은 섭수하는 계요

다른 사람으로 하여금 조복케 한다고 한 것은 그 이름이 『유가론』과 온전히 같나니,

다 다른 사람으로 하여금 두 세상에 즐거움을 얻게 하는 것이다.

다섯 바라밀이 지계바라밀을 도우는 것은 그 가운데 포함되어 있나니

섭선법이 있는 까닭이다.

疏

先總後別이니 總中에 由解諸法이 不實幻化하야 是覺了諸行이라
了行相虛는 名達生死요 知行體寂은 是了涅槃이요 了之究竟은
卽得菩提라 自得度下는 別有九對하니 一은 度苦요 二는 脫集이니
以了生死故요 三은 調之以道요 四는 寂之以滅이니 以了涅槃故요
次四는 卽證四諦之德이니 如次配上이니 謂由斷苦일새 故得安樂
等이요 九는 卽證佛菩提之樂이라

먼저는 한꺼번에 표한 것이요
뒤에는 따로 나타낸 것이니,

말이다.
344 원문에 其令이라 한 其 자는 없는 것이 좋다.

한꺼번에 나타낸 가운데 모든 법이 진실하지 아니하여 환상이고
변화인 줄 앎을 인유하여 이 모든 행을 깨달아 아는 것이다.
모든 행의 모습이 허망한 줄 아는 것은 이름이 생사를 요달한 것이요
행의 자체가 고요한 줄 아는 것은 이것은 열반을 요달한 것이요
요달하기를 구경까지 하는 것은 곧 부처님의 보리를 얻는 것이다.

스스로 제도를 얻는다고 한 아래는 따로 아홉 가지 상대가 있나니
첫 번째는 괴로움에서 제도를 얻는 것이요
두 번째는 괴로움의 원인(集)에서 해탈하는 것이니 생사를 요달한
까닭이요
세 번째는 도道로써 조복하는 것이요
네 번째는 멸滅로써 고요하게 하는 것이니 열반을 요달한 까닭이요
다음에 네 가지 상대는 곧 사제의 공덕을 증득한 것이니,
차례와 같이 위로부터 배속할 것이니 말하자면 괴로움을 끊음을
인유하였기에 그런 까닭으로 안락을 얻는다 한 등[345]이요
아홉 번째[346]는 곧 부처님의 보리의 즐거움을 증득한 것이다.

---

345 등이란, 집集을 끊은 까닭으로 때를 여읨을 얻고, 도道로써 청정淸淨함을
    얻고, 멸滅로써 열반涅槃을 얻는다는 것이다.
346 등等 자 아래 구九 자가 빠졌다고 『잡화기』는 말하나 차본此本은 이미 교정되어
    구九 자가 있다.

經

佛子야 此菩薩이 復作是念호대 我當隨順一切如來하야 離一切
世間行하며 具一切諸佛法하며 住無上平等處하며 等觀衆生하
며 明達境界하며 離諸過失하며 斷諸分別하며 捨諸執著하며 善
巧出離하며 心恒安住無上하며 無說하며 無依하며 無動하며 無量
하며 無邊하며 無盡하며 無色하며 甚深하며 智慧라하니 佛子야
是名菩薩摩訶薩의 第二饒益行이니라

불자여, 이 보살이 다시 이와 같은 생각을 하기를 내가 마땅히
일체 여래를 따라서
일체 세간의 행을 떠나며
일체 모든 불법을 구족하며
더 이상 없는 평등한 처소에 머물며
중생을 평등하게 관찰하며
경계를 분명하게 요달하며
모든 허물을 떠나며
모든 분별을 끊으며
모든 집착을 버리며
선교善巧로 벗어나며
마음은 항상 더 이상 없으며
말할 수 없으며
의지할 수 없으며

움직일 수 없으며

한량이 없으며

끝이 없으며

다함이 없으며

색상이 없으며

깊고 깊으며

지혜로움에 편안히 머물 것이다 하였으니

불자여, 이것이 이름이 보살마하살의 제 두 번째 요익케 하는 행입니다.

疏

第二에 佛子已下는 勝進當攝이니 於中有二十句라 前十은 具勝德이니 一은 順佛이요 二는 離世요 三은 行勝法이요 四는 住等理요 五는 等慈요 六은 明智요 七은 離過요 八은 忘緣이요 九는 捨執이요 十은 不斷煩惱하고 而入涅槃이라 後十은 住深智니 末句는 爲總이니 卽是佛智요 餘는 別顯深廣之義니 一은 上無過요 二는 言不及이요 三은 離依著이요 四는 無變動이요 五는 超數量이요 六은 無邊畔이요 七은 無終盡이요 八은 絶色相이요 九는 由上故深이라

제 두 번째 불자여, 이 보살이라고 한 이하는 승진의 당래에 섭수하는 것이니

그 가운데 스무 구절이 있다.

앞에 열 구절은 수승한 공덕을 구족한 것이니

첫 번째는 부처님을 따르는 것이요

두 번째는 세간을 떠나는 것이요

세 번째는 수승한 법을 행하는 것이요

네 번째는 평등한 진리에 머무는 것이요

다섯 번째는 평등한 자비요

여섯 번째는 분명한 지혜요

일곱 번째는 허물을 떠나는 것이요

여덟 번째는 인연을 잊는 것이요[347]

아홉 번째는 집착을 버리는 것이요

열 번째는 번뇌를 끊지 않고 열반에 들어가는 것이다.

뒤에 열 구절은 깊은 지혜에 머무는 것이니

끝 구절[348]은 한꺼번에 나타낸 것이니

곧 이것은 부처님의 지혜요

나머지 구절은 깊고도 넓은 뜻을 따로 나타낸 것이니

첫 번째는 더 이상 지날 수 없는 것이요

두 번째는 말이 미칠 수 없는 것이요

세 번째는 의지하여 집착함을 떠난 것이요

네 번째는 변동이 없는 것이요

---

347 원문에 八에 망연忘緣은 단제분별斷諸分別이라 하였다.

348 원문에 末句란, 後十句 가운데 末句이니, 지혜智慧이다.

다섯 번째는 수량을 초월한 것이요

여섯 번째는 끝이 없는 것이요

일곱 번째는 끝내 다함이 없는 것이요

여덟 번째는 색상이 없는 것이요

아홉 번째는 위에 여덟 구절을 인유한 까닭으로 깊은 것이다.

経

佛子야 何等이 爲菩薩摩訶薩의 無違逆行고

불자여, 어떤 등이 보살마하살의 어기거나 거역함이 없는 행이
되는가.

疏

第三은 無違逆行이니 卽是忍度라

제 세 번째는 어기거나 거역함이 없는 행이니
곧 이것은 인욕바라밀이다.

經

此菩薩이 常修忍法하야 謙下恭敬하야 不自害하며 不他害하며
不兩害하며 不自取하며 不他取하며 不兩取하며 不自著하며 不他
著하며 不兩著하며

이 보살이 항상 인욕의 법을 닦아 겸손하고 하심하고 공경하여
스스로 해치지도 아니하며
다른 사람으로 해치게도 아니하며
둘을 다 해치지도 아니하며
스스로 취하지도 아니하며
다른 사람으로 취하게도 아니하며
둘을 다 취하지도 아니하며
스스로 집착하지도 아니하며
다른 사람으로 집착하게도 아니하며
둘을 다 집착하지도 아니하며

疏

於釋相中에 文分二別하리니 初는 略辨行相이요 後는 對境正修라
今初分三하리니 一은 修忍行이요 二는 離忍過요 三은 修忍意라
今初니 常修忍法은 卽標行所屬이요 謙下等言은 彰忍之相이라
文有十句하니 初는 總顯自性이니 謙尊而光하며 卑而不可踰호미

若海之下에 百川歸焉이라 恭敬崇彼어니 安敢不忍이리요

행의 모습을 해석한 가운데 경문을 두 가지로 나누어 분별하리니
처음에는 행의 모습을 간략하게 분별한 것이요
뒤에는 경계를 상대하여 바로 수행하는 것이다.

지금은 처음으로 세 가지로 나누리니
첫 번째는 인욕의 행을 닦는 것이요
두 번째는 인욕의 허물을 떠나는 것이요
세 번째는 인욕을 닦는 뜻이다.[349]
지금은 처음으로 항상 인욕의 법을 닦는다고 한 것은 곧 행이 속한
바를 표한 것이요
겸손하고 하심한다고 한 등의 말은 인욕의 모습을 밝힌 것이다.

경문에 열 구절이 있나니
처음에는 자성을 한꺼번에 나타낸 것이니,
겸손한 것은 높이 있지만 아래로 비추며 낮게 있지만 가히 넘지[350]
않는 것이 마치 바다가 겸손하고 하심함에 백천의 물이 그 바다로
돌아가는 것과 같다.
공경하고 저를 숭상해야 하거니 어찌 감히 참지 못하겠는가.

---

349 세 번째는 인욕을 닦는 뜻은 영인본 화엄 6책, p.565, 1행에 있다.
350 踰는 멋대로 하는 것이다.

鈔

謙尊而光者는 卽周易謙卦云호대 謙亨이니 君子有終吉이라하얏거늘
象曰謙亨은 天道는 下濟而光明하며 地道는 卑而上行하며 天道는
虧盈而益謙하며 地道는 變盈而流謙하며 鬼神은 害盈而福謙하며 人
道는 惡盈而好謙하나니 謙尊而光하고 卑而不可踰가 君子之終也라
하며 象曰地中有山이 謙이니 君子는 以裒多益寡하야 稱物平施라하
니라 釋曰上所引文은 其相並顯거니와 但謙之象이 地在上하고 山在
下하니 山合出地어늘 今入地下가 謙之象也니라 又言裒多者는 裒聚
也니 聚其多하야 而益其寡가 是益謙義라 故爲平施라하니라 若王注
云인댄 多者는 用謙以爲裒하고 少者는 用謙以爲益이니 隨物所施하
야 不失平者也라하니 謙下者는 忍之本也니라 若海之下等者는 卽老
子德經云호대 江海가 所以能爲百谷王者는 以其善下之니라 是以聖
人은 欲上人인댄 以其言下之하며 欲先人인댄 以其身後之니라 是以
處上이나 而人不爲重하고 處前이나 而人不爲害니라 是以天下가 樂
推而不厭이라하니라 釋曰特由之卑하야 天下歸之니라

겸손하다고 한 것은 높이 있지만 아래로 비춘다고 한 것은 곧『주
역』의 겸괘謙卦[351]에 말하기를 겸謙은 형통한 괘이니 군자가 마침내
길함[352]이 있다 하였거늘, 단彖[353]에 말하기를 겸은 형통한 괘라고
한 것은 천도天道는 아래 땅을 도와 빛을 밝히며,
지도地道는 낮은 곳에서 위로 하늘을 향해 가며

351 겸괘謙卦는 64괘 가운데 제십삼괘第十三卦이다.

천도는[354] 가득 찬 것을 덜어내어 겸손한 것을 더해주며
지도는 가득 찬 것을 변화하여 겸손한 것을 유출하여 주며
귀신은 가득 찬 것을 손해하여 겸손한 것을 복 내리며
인도人道는 가득 찬 것을 싫어하여 겸손한 것을 좋아하나니,
겸손한 것은 높이 있지만 아래로 비추고 낮게 있지만 가히 넘지
않는 것이 군자의 마침(終)이다 하였으며
상象에 말하기를 땅 가운데 산이 있는 것이 겸謙의 괘상이니,
군자는 많은 것을 모아서 적은 것에 더하여 만물에 칭합하여 베풀기
를 평등하게 한다 하였다.
해석하여 말하면 위에 인용한 바 문장은 그 모습이 모두 나타났거니
와, 다만 겸謙의 괘상[355]이 땅(地)이 위에 있고 산山이 아래에 있으니

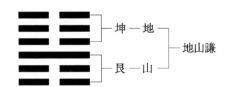

원문에 겸형謙亨은 만물萬物의 謙亨이다.

이 괘卦는 겸손의 극치이니, 익을수록 고개를 숙이는 벼와 같이 겸손하면
만사萬事가 형통亨通하다는 것이다.

352 吉 자는 원문原文엔 없다.

353 彖은 '판단할 단' 자로서 『주역』의 괘卦의 뜻을 설명하여 판단을 내리는
것이다.

象은 '조짐 상' 자이니, 『주역』의 상괘卦象이다. 즉 조짐, 징후, 성상星象,
기상氣象 등이 다 조짐, 징후이다.

354 천도 운운은 영盈"하고" 겸謙"하며" 토이니 아래 세 가지 해석도 다 같다.
다 『잡화기』의 말이나 나는 하야 토로 해석하였다.

산이 합당히 땅에서 나왔다고 해야 하거늘, 지금에는 산이 땅 아래에 들어 있는[356] 것이 겸의 괘상이라고만 나타내었을 뿐이다.

또 많은 것을 모은다고 말한 것은 부裒라는 글자는 모은다는 뜻이니 그 많은 것을 모아서 그 적은 것에 더하는 것이 이것이 겸손을 더하는 뜻이다.

그런 까닭으로 베풀기를 평등하게 한다 하였다.

만약 왕필주王弼注에 말한 것이라면 많은 것은 겸손으로써 덜어주고[357] 적은 것은 겸손으로써 더 주나니,

만물에 베풀 바를 따라서 평등함을 잃지 않는 것이다 하였으니 겸손하고 하심하는 것은 인욕의 근본이다.

마치 바다가 겸손하고 하심함에 백천의 물이 그 바다로 돌아가는 것과 같다고 한 등은 곧 노자 『도덕경』[358]에 말하기를 강과 바다가 백천 계곡의 왕이 되는 까닭은 그 선善으로써 겸손하고 하심하기[359] 때문이다.

이런 까닭으로 성인은 사람보다 위에 있고자 한다면 그 말로써

---

355 겸謙의 괘상이란, 벼가 익을수록 고개를 숙이는 모습이 겸괘謙卦이다.

356 원문에 금입지하今入地下란, 象曰호대 地中有山이라고 한 것을 가리키고 있다.

357 裒는 줄 부, 덜 부의 뜻이니, 위에서 모은다(聚)는 뜻과는 다르다. 위에서는 裒 자를 '모을 부'로 보았다.

358 『도덕경道德經』은 81장 가운데 제66장이다. 엄격하게는 도경道經과 덕경德經 가운데 덕경에 해당한다.

359 下 자 아래에 之 자가 있는 것이 좋다.

사람에게 하심해야 하며,

사람보다 먼저 있고자 한다면 그 몸으로써 그 사람보다 뒤에 해야
할 것이다.

이런 까닭으로 위에 있지만 사람들이 무거워하지 않고 앞에 있지만
사람들이 방해하지 않는 것이다.

이런 까닭으로 천하 사람들이 추대하기를 좋아하고 싫어하지 않는다
하였다.

해석하여 말하면 다만 낮게 함을 인유하여 천하가 그 성인에게
돌아간다는 것이다.

疏

不自害下에 九句는 別明이라 通有三釋하니 一은 約三毒이요 二는
就三業이요 三은 據三忍이라 初云前三은 治瞋行忍이니 瞋必害故
라 一은 無如前境에도 而自刑害요 二는 力及害他요 三은 以死相敵
이니 無論先後一時하고 但取兩害라 次三은 治貪成忍이니 故梁攝
論云호대 取는 是貪愛別名이라하나니라 一은 自貪名利요 二는 使彼
令取며 或隨喜彼取요 三은 兼行上二라 後三은 治癡修忍이니 癡
故執著이라 一은 著己德能하야 云何毁我요 二는 彼人若是하야
云何辱我요 三은 俱染可知라 此九皆過니 菩薩正觀하야 以不不
之니 能治之觀은 下文自辨하리라

스스로 해치지 않는다고 한 아래에 아홉 구절은 따로 밝힌 것이다.

모두 세 가지 해석이 있나니

첫 번째는 삼독을 잡아 해석한 것이요

두 번째는 삼업에 나아가서 해석한 것이요

세 번째는 삼인三忍[360]을 의거하여 해석한 것이다.

처음에 말하기를 앞에 세 가지는 성냄을 다스리고자 인욕을 행하는 것이니 성냄은 반드시 해치는 까닭이다.

첫 번째는 앞의 경계가 없음에도[361] 스스로 형벌하여 해치는 것이요

두 번째는 힘이 다른 사람을 해침에 미치는 것이요[362]

세 번째는 죽음으로써 서로 대적[363]하는 것이니[364]

---

360 여기서 삼인三忍이란, 해害, 취取, 착着이다. 즉 해害는 一에 내원해인耐怨害忍이고, 취取는 二에 안수고인安受苦忍이고, 着은 三에 제찰법인諦察法忍이다.

361 앞의 경계가 없다고 한 것은 어떠한 앞의 경계가 없다는 것이니, 만약 저 사람의 세력이 수승하고 내가 곧 세력이 하열하여 가히 대적할 수 없다면 곧 가히 어떻게 할 수 없는 까닭으로 반대로 스스로 형벌하여 해치는 것이니, 그 사실이 매우 많다 하겠다. 역시 『잡화기』의 말이다.

無如前境者는 自之緣境者니 自與緣者로 相敵이라가 自形害也라. 즉 앞의 경계가 없다고 한 것은 자기의 반연할 경계이니 자기가 반연할 경계로 더불어 서로 대적하다가 스스로 형벌하여 해치는 것이다.

362 힘이 다른 사람을 해침에 미친다고 한 것은 이것은 곧 자신의 위력이 이것이 능히 다른 사람을 해치는 것이니, 저 사람이 하열하고 내가 수승한 것이다. 역시 『잡화기』의 말이다.

力及害他者는 自之爲下者를 害也라. 즉 힘이 다른 사람을 해침에 미친다고 한 것은 자기의 아래 사람을 해치는 것이다.

363 相敵者는 與自相合者를 敵之也라. 즉 서로 대적한다고 한 것은 자기로 더불어 서로 합하는 사람을 대적하는 것이다.

선후先後와 일시一時를 막론[365]하고 다만 둘 다 해치는[366] 것만 취할 뿐이다.

다음에 세 가지는 탐욕을 다스리고자 인욕을 이루는 것이니, 그런 까닭으로 『양섭론』에 말하기를 취取라고 하는 것은 탐애貪愛의 다른 이름이다 하였다.
첫 번째는 스스로 명리를 탐하는 것이요
두 번째는 저 사람을 부려서 하여금 취하게 하며, 혹은 저 사람이 취하는 것을 따라 기뻐하는 것이요
세 번째는 위에 두 가지를 겸하여 행하는 것이다.

뒤에 세 가지는 어리석음을 다스리고자 인욕을 닦는 것이니, 어리석은 까닭으로 집착하는 것이다.
첫 번째는 자기의 공덕이 능함에 집착하여 어떻게 나를 헐뜯겠는가 하는 것이요
두 번째는 저 사람도 이와 같아서 어떻게 나를 욕하겠는가 하는 것이요
세 번째는 함께 염착하는 것이니 가히 알 수가 있을 것이다.
이 아홉 가지가 다 허물이니

---

364 죽음으로써 서로 대적한다고 한 것은 저 사람과 내가 세력이 같은 것이다. 역시 『잡화기』의 말이다.

365 원문에 무론無論은 물론勿論, 막론莫論이다.

366 원문에 양해兩害란, 自와 他의 兩害이다.

보살이 바로 관찰하여 아닌 것으로써 아니라 한 것[367]이니,
능히 다스리는 관법은 아래 문장에서 자연스레 분별하겠다.

鈔

一은 無如前境에도 而自刑害者는 天宮云호대 自害가 略由五緣이니
謂貪瞋邪見과 愚癡不善心이라하니라

첫 번째는 앞의 경계가 없음에도 스스로 형벌하여 해친다고 한
것은 천궁天宮[368] 존자가 말하기를 스스로 해치는 것이 간략하게
다섯 가지 인연을 인유하나니,
말하자면 탐욕과 성냄과 삿된 소견과 어리석음과 불선한 마음이다
하였다.

疏

二에 約三業者는 害必加身이요 著必由意요 自他讚擧는 名爲取
也니 苟心讚他라도 尙爲諂媚어든 況自稱擧리요 故並安忍之니라

두 번째 삼업을 잡아서 해석한다고 한 것은 해害는 반드시 몸에
미치는 것이요

---

367 원문에 이불불지以不不之란, 불자해불타해不自害不他害 운운이다.
368 천궁天宮은 법화종法華宗의 제칠조第七祖 천궁혜위존자天宮慧威尊者이다. 천
　궁天宮은 절 이름이다.

집착은 반드시 뜻을 인유하는 것이요

자타를 찬탄하고 이름을 거론하는[369] 것은 이름이 취取가 되나니,

진실로 마음으로 다른 사람을 찬탄할지라도 오히려 아첨하는[370]

것이 되거든 하물며 스스로 이름을 거론함이겠는가.

그런 까닭으로 모두 편안히 참게[371] 하는 것이다.

鈔

苟心讚他者는 智論五十三說호대 舍利弗이 讚須菩提의 善說法호대 好人相은 不自讚하며 不自毀하며 於他外人에도 亦不讚毀하나니 若自讚인댄 非大人相이요 不爲人讚인댄 而便自美요 若自毀者인댄 是妖諂人이요 若毀他者인댄 是讒賊人이요 若讚他者인댄 是諂媚人이려니와 須菩提는 了無生法故로 舍利弗이 雖讚而不諂하나니 以稱實讚故며 又以斷法愛故로 心不高하며 亦不愛著하야 但答無障礙因하나니 所謂一切法이 無所依止일새 故無障礙라하나라 又言取는 卽是著이니 唯識第八에 釋三熏習中云호대 惑苦名取니 能取所取故니라 取는 是著義요 業은 不得名取著이라하며 智論엔 取增名著이니 七十四云호대 初染曰取요 生愛名著이라하나라

---

369 원문에 거擧는 칭거稱擧니 자전字典에 등용이라 하였다. 그러나 여기서는 자기 이름을 거론한다는 뜻이다.

370 원문에 媚는 '아첨할 미' 자이다.

371 원문에 안인安忍은 그윽이 안수고인安受苦忍을 가리키나니 영인본 화엄 6책, p.561, 初行에 取는 安受苦忍이라 설명하고 있고, 여기서도 취取의 설명이니 그렇다.

진실로 마음으로 다른 사람을 찬탈한다고 한 것은『지도론』오십삼권에[372] 말하기를 사리불이 수보리가 설법을 잘 하는 것을 찬탄하되 호인好人의 모습은 스스로 찬탄하지도 아니하며

스스로 헐뜯지도 아니하며,

다른 외인外人에게도 또 찬탄하지도 헐뜯지도 아니하나니

만약 스스로 찬탄한다면 대인의 모습이 아니요

다른 사람을 칭찬하지 않는다면 곧 스스로를 찬미하는 것이요

만약 스스로 헐뜯는다면 이것은 요사스럽게 아첨하는[373] 사람이요

만약 다른 사람을 헐뜯는다면 이것은 참소하여 도둑질하는 사람이요

만약 다른 사람을 찬탄한다면 이것은 아첨하는 사람이려니와,

---

[372] 『지도론』오십삼권 등이라고 한 것은 저『지도론』이 다음 앞에 먼저 계경 가운데 설한 것을 인용하여 말하기를, 그때에 사리불이 수보리에게 말하기를 수보리가 설법하는 사람 가운데 응당 최상에 있다. 무슨 까닭인가. 수보리는 질문하는 바를 따라 다 능히 답하기 때문이다. 수보리가 말하기를 모든 법은 의지하는 바가 없는 까닭이다 하니, 사리불이 수보리에게 말하여 이르기를 어찌하여 모든 법은 의지하는 바가 없는가. 그 다음에 수보리가 널리 답하였나니, 『지도론』가운데 뒤에 바야흐로 경을 해석하여 말하기를 사리불이 수보리가 교묘하게 공의 뜻에 대하여 설함을 듣고 곧 찬탄하여 말하기를 그대의 설법이 응당 사람 가운데 제일第一이다. 질문하는 바를 따라 다 능히 답하는 것이 마치 바람이 허공을 지나가는 것과 같아서 걸리는 바가 없다. 그때에 수보리가 겸손하게 수지受持하지 아니함이 없나니, 무슨 까닭인가. 평등하고 진실한 호인好人의 모습을 안립하는 까닭이다 하였다. 호인好人의 모습이라고 한 것은 초문 가운데 인용한 바와 같다. 역시『잡화기』의 말이다.

[373] 원문에 요첨妖諂은 본론에는 교수交輸라고 되어 있다고『잡화기』는 말한다.

수보리는 무생법인을 요달한 까닭으로 사리불이 비록 찬탄하지만
아첨하지 않나니
진실에 칭합하여 찬탄하는 까닭이며,[374]
또 법에 애착을 끊은 까닭으로 마음을 높이지 아니하며,
또한 애착하지 아니하여 다만 장애가 없는 원인만 답하나니[375]
말하자면 일체법이 의지하는 바가 없기에 그런 까닭으로 장애가
없다[376] 하였다.

또 취라고 말한 것은 곧 이것은 집착이니,
『유식론』제팔권에 세 가지 훈습[377]을 해석한 가운데 말하기를 혹惑과
고苦를 취取라 이름하나니[378] 능취 소취[379]인 까닭이다.

---

374 진실에 칭합하여 찬탄하는 까닭이라고 한 것은 『지도론』에 수보리는 사리불
이 진실로 찬탄한 까닭으로 겸손(혹 염嫌 자가 아닌지)하지 않았다고 하였다.
역시 『잡화기』의 말이다.

375 원문에 단익但益이라는 익益 자는 『지도론』에는 답笞 자로 되어 있나니,
수보리가 다른 사람(사리불)이 찬탄하는 말을 듣고 마음을 스스로 높이거나
스스로 애착하지 않고 다만 의지하는 바가 없다는 말로써 답한 것을 말하는
것뿐이다. 역시 『잡화기』의 말이다.

376 그런 까닭으로 장애가 없다고 한 것은 저 『지도론』 가운데 맺어 말하기를
장애가 없는 것이 이것이 의지하는 바가 없다는 뜻이다 하였다. 역시 『잡화
기』의 말이다.

377 원문에 삼훈습三薰習이란, 1. 명언습기名言習氣(表義名言, 顯境名言), 2. 아집습
기我執習氣(俱生我執, 分別我執), 3. 유지습기有支習氣(有漏善, 諸不善)이다.

378 고인은 세 가지 훈습을 혹惑·업業·고苦이니 혹惑은 능취能取이고, 고苦는
소취所取이고, 업業은 능소취能所取가 아니기에 취取라 이름할 수 없다 하

취는 이 집착의 뜻이요, 업은 취착이라는 이름[380]을 얻을 수 없다[381]
하였으며

『지도론』에는 취를 증장하는 것이 이름이 착着이니, 『지도론』 칠십
사권에 말하기를 처음에 염착한 것을 취라 말하고, 애착심을 내는
것을 착이라 이름한다 하였다.

疏

三에 約三忍者는 害卽怨害요 取卽不能安受饑寒等苦하고 妄受
取故요 著則不見諦理니 由見諦理하야 三忍皆成이라 故思益云호
대 諸法念念滅하야 其性常不住하니 於中無罵辱하고 亦無有恭敬
하니라 若節節解身이라도 其心常不動等이라하니라 又上三은 卽約
違順中庸之境일새 故成三毒이니 餘可準思니라

세 번째 삼인을 잡아서 해석한다고 한 것은 해害는 곧 원수가 해치는[382]
것이요

였다.

379 능취 소취라고 한 것은 혹惑은 능취이고, 고苦는 소취이다. 역시 『잡화기』의
   말이다.

380 여기서 이름이란, 취착取着이라는 이름을 말한다.

381 업은 취착이라는 이름을 얻을 수 없다고 한 것은 업은 취착이라는 뜻이
   없는 까닭으로 취착이라는 이름을 얻을 수 없다는 것이다. 역시 『잡화기』의
   말이다. 업은 취착이라는 뜻이 없다고 한 것은 업은 곧 행의 뜻이기 때문이다.

382 원문에 원해怨害는 一에 내원해인耐怨害忍에 비교한다.

취取는 곧 능히 굶주리고 찬 등의 고통을 편안히 받아들이지 못하고 허망하게 받아 취하는 까닭이요[383]

착着은 곧 진리를 보지 못한[384] 것이니 진리를 봄을 인유하여 삼인三忍을 다 이루는 것이다.

그런 까닭으로 『사익범천경』에[385] 말하기를

모든 법이 생각생각에 사라져서

그 자성이 항상 머물지 않나니

그 가운데는 욕함도 없고

또한 공경함도 없다.

만약 그 몸을 마디마디 해체한다 할지라도

그 마음은 항상 움직이지 않는다 한 등이라 하였다.

또 위에 세 가지는 곧 위違·순順과 중용의 경계를 잡았기에[386] 그런

---

383 원문에 망수취고妄受取故는 二에 안수고인安受苦忍에 비교한다.

384 원문에 불견제리不見諦理는 三에 제찰법인諦察法忍에 비교한다.

385 『사익범천경』 운운은, 처음 二句는 제찰법인이고, 다음 二句는 내원해인이고, 아래 二句는 안수고인이다. 그 가운데 욕함도 없다고 한 것은 이 경에 불해不害이고, 공경함도 없다고 한 것은 이 경에 불취不取이고, 마음은 항상 움직이지 않는다고 한 것은 이 경에 불착不著이다.

386 곧 위違·순順과 중용의 경계를 잡았다 운운한 것은 진瞋은 위경違境을 좇아 이루어지고 치癡는 중용의 경계를 좇아 이루어지는 것이다. 나머지는 가히 이것을 기준하면 가히 알 수 있을 것이라고 한 것은 응당 삼업과 삼인三忍을 각각 차례와 같이 세 가지 경계에 배대하는 것이니, 그 뜻이 서로 합당한

까닭으로 삼독을 이루는 것이니

나머지는 가히 이것을 기준하여 생각할 것이다.[387]

것이 있는 것이다. 역시 『잡화기』의 말이다. 容은 庸 자의 잘못이다.

387 원문에 여가준사餘可準思란, 삼업三業과 삼인三忍이니 삼업三業 가운데 신업身業의 해害는 위경違境이요, 의意·구口의 취착取着은 순경順境과 중용中庸에 통하는 것이요, 삼인三忍 가운데 앞에 두 가지 인(前二忍)은 위경違境이요, 뒤에 한 가지 인(後一忍)은 삼경三境에 통通하는 것이니, 생각하면 알 수 있다는 것이다.

經

亦不貪求名聞利養하고

또한 명문名聞과 이양을 탐구하지 않고

疏

二에 亦不下는 離忍過也라 名引中人하고 利誘下士어니와 菩薩上
士일새 故不貪求니라

두 번째 또한 탐구하지 않는다고 한 아래는 인욕의 허물을 떠나는
것이다.
명문은 중사中士(中人)를 유인하고 이양은 하사下士를 유인하거니와
보살은 상사上士이기에 그런 까닭으로 탐구하지 않는 것이다.

經

但作是念호대 我當常爲衆生說法하야 令離一切惡하며 斷貪瞋癡와 憍慢覆藏과 慳嫉諂誑하야 令恒安住忍辱柔和리라하니라

다만 이와 같이 생각을 하기를 내가 마땅히 항상 중생을 위하여 법을 설하여 하여금 일체의 악을 떠나게 하며
탐욕과 성냄과 어리석음과 교만과 덮음과 감춤과 아낌과 질투와 아첨과 속임을 끊어 하여금 항상 인욕하고 유화함에 편안히 머물게 할 것이다 하였습니다.

疏

三에 但作下는 修忍之意也라 所以修者는 先自忍已하고 後爲生說하야 令修忍行이니 離惡斷惑은 是耐安忍이니 惑亡智現하면 則住法忍이라 旣去煩惱鑛穢인댄 則身心柔和하야 堪任法器가 如彼鍊金하니라 上來는 皆是淸淨忍也라

세 번째 다만 이와 같은 생각을 하였다고 한 아래는 인욕을 닦는 뜻이다.
인욕을 닦는 까닭은 먼저 스스로 인욕하여 마치고 그 뒤에 중생을 위하여 법을 설하여 하여금 인욕의 행을 닦게 하는 것이니,
일체 악을 떠나고 번뇌를 끊는 것은 이것은 내원해인耐怨害忍[388]과 안수고인安受苦忍이니 번뇌가 없어지고 지혜가 나타나면 곧 제찰법

인諦察法印에 머물 것이다.

이미 번뇌의 쇳돌[389]에 더러움을 제거하였다면 곧 몸과 마음이 유화하여 법기를 감당하여 맑는 것이 마치 저 장인이 금을 단련하는 것과 같다.

상래에는 다 청정인[390]이다.

鈔

上來皆是清淨忍者는 論云호대 略有十種하니 謂諸菩薩이 遇他所作인 不饒益事와 損惱違越이라도 終不反報하며(一) 亦不意憤하며(二) 亦不怨嫌하며(三) 意樂相續하야 恒常現前하야 欲作饒益호대 先後無異하야 非一益已하고 捨而不益하며(四) 於有怨者에 自生悔謝하야 終不令他로 生疲厭已하고 然後受謝하며(五) 於不堪忍에 成就增上猛利慚愧하며(六) 依於堪忍하야 於大師所에 成就增上의 猛利愛敬하며(七) 依不損惱諸有情故로 於諸有情에 成就猛利哀愍愛樂하며(八) 一切不忍과 幷助伴法을 皆得斷故로(九) 離欲界欲이니(十) 由此十相하야 當知菩薩의 所修行忍이 清淨無垢라하니라 釋曰不可別配나 大意同經하니라

상래에는 다 청정인이라고 한 것은 『유가론』에 말하기를 간략하게

---

388 內는 耐의 잘못이다.

389 鑛은 '쇳돌 광' 자이다.

390 청정인清淨忍은 곧 제구第九에 청정인清淨忍이다.

열 가지가 있나니,

말하자면 모든 보살이 다른 사람이 지은 바 요익케 하지 못하는 일과 손해나고 괴롭히고 어기고 넘는 일을 만날지라도 마침내 반대로 보복하지 아니하며(一),

또한 생각에 분노하지 아니하며(二),

또한 원망하거나 싫어하지 아니하며(三),

마음에 즐거움이 상속하여 항상 앞에 나타나 요익케 함을 짓고자 하되 앞뒤가 다름이 없이 하여 한 번 이익케 하여 마치고 버려서 이익케 하지 아니함이 없게 하며(四),

원망하는 사람이 있음에[391] 스스로 참회하고 사과하는 마음을 내어[392] 마침내 저 사람으로 하여금 피곤해하거나 싫어하는 마음을 내지 않게 하여 마치고 그러한 뒤에 사과를 받으며(五),

견디어 참지 못하는 사람이 있음에 한층 더 용맹하고 예리한 참괴를 성취하며(六),

---

391 원망하는 사람이 있다고 한 것은 『화엄음의』에 말하기를 원망하는 사람이 마음에 후회하고 참회하는 생각을 내어 스스로 보살에게 가서 사과함이 있거든 보살은 저 사람이 피곤해하거나 싫어하는 마음을 낼까 염려하여 겨우 사과만 해도 곧 받고 하여금 진심을 내지 않게 한 연후에 다시 사과를 받나니, 그런 까닭으로 수사受謝(다음 줄에 있다)라고 한 말 아래 『유가론』에는 피곤해하거나 싫어하는 마음을 낼까 염려하여 겨우 사과만 해도 곧 받는다고 (恐生疲厭, 纔謝便受) 한 등의 여덟 글자가 더 있다 하였다. 역시 『잡화기』의 말이다.

392 원문에 自生의 生 자를 『사기私記』에는 往 자라 하였으니, 스스로 가서 참회하고 사과하여라는 뜻으로 해석함이다.

견디어 참음을 의지하여 대사의 처소에서 한층 더 용맹하고 예리한 애경愛敬을 성취하며(七),

모든 유정을 손해하고 괴롭히지 아니함을 의지한 까닭으로 모든 유정에게 용맹하고 예리한 어여삐 여기고 좋아함을 성취하며(八),

일체 참지 못하는 것과 아울러 벗을 도우는 법을 다 끊음을 얻은 까닭으로(九)

욕계의 욕망을 떠나나니(十),

이 열 가지 모습을 인유하여 마땅히 보살의 수행한 바 인욕이 청정하여 때가 없는 줄 안다 하였다.

해석하여 말하면 가히 따로 배속하지 않았지만 대의는 이 경과 같다 하겠다.

經

佛子야 菩薩이 成就如是忍法에 假使有百千億那由他阿僧祇
衆生하야 來至其所하야 一一衆生이 化作百千億那由他阿僧祇
口하고 一一口에 出百千億那由他阿僧祇語호대 所謂不可喜語
와 非善法語와 不悅意語와 不可愛語와 非仁賢語와 非聖智語와
非聖相應語와 非聖親近語와 深可厭惡語와 不堪聽聞語니 以是
言辭로 毁辱菩薩하며

불자여, 보살이 이와 같은 인욕의 법을 성취할 때에 가사 백천억
나유타 아승지 중생이 있어 그 처소에 와서 이르러 그 낱낱 중생이
백천억 나유타 아승지 입을 변화하여 만들고 낱낱 입에 백천억
나유타 아승지 말을 설출하되 말하자면 가히 기뻐할 수 없는 말과
선법이 아닌 말과
기쁜 마음으로 하지 않는 말과
가히 사랑할 수 없는 말과
어질지 않는 말과
성인의 지혜가 아닌 말과
성인과 상응하지 않는 말과
성인과 친근할 수 없는 말과
매우 가히 싫어할 말과
듣기 감당할 수 없는 말이니,
이와 같은 말로써 보살을 헐뜯고 욕하며

疏

第二에 佛子下는 對境修忍에 廣顯行相이라 文中分二리니 先明修
忍行이요 後는 明修忍意라 前中有三하니 初는 耐怨害요 次는 安受
苦요 三은 諦察法이라

제 두 번째 불자여, 보살이라고 한 아래는 경계를 상대하여 인욕을
닦음에 널리 행의 모습을 나타낸 것이다.
경문 가운데 두 가지로 나누리니
먼저는 인욕의 행을 닦는 것을 밝힌 것이요
뒤에는 인욕을 닦는 뜻을 밝힌 것이다.
앞에 인욕의 행을 닦는 가운데 세 가지가 있나니
처음에는 내원해인이요
다음에는 안수고인이요
세 번째는 제찰법인이다.

鈔

初耐怨害等者는 三忍之義는 略見初會어니와 今更重依攝論釋之리
라 無性論云호대 耐怨害者는 是諸有情을 成熟不退轉因이라하얏거늘
世親釋云호대 能忍他人의 所作怨害하고 勤修饒益有情事時에 由此
忍力하야 化生雖苦나 而不退轉이라하니라 無性云호대 言安受苦忍
者는 是成佛因이니 寒熱飢渴의 種種苦事를 皆能忍受하야 無退轉故
요 言諦察法忍者는 是前二忍의 所依止處니 堪忍甚深廣大法故라하

얏거늘 世親釋云호대 堪能審諦觀察諸法이라하니라 或由諦察하야 爲
前二依者는 世親釋云호대 由此忍力하야 建立次前의 所說二忍이라
하니라 梁攝論云호대 由觀察法忍하야 菩薩이 能入諸法眞理하나니
此忍은 卽是前二忍依處니 以能除人法二執故라하니라

처음에는 내원해인이라고 한 등은 삼인의 뜻은 간략하게 초회初會에
나타내었거니와 지금에 다시 거듭『섭론』을 의지하여 해석하겠다.
『무성론』에[393] 말하기를 내원해인이라고 한 것은 이것은 모든 유정을
성숙케 하되[394] 퇴전하지 않는 원인이다 하였거늘, 세친이 해석하여
말하기를 능히 저 사람의 지은 바 원한과 해침을 참고 유정을 요익케
하는 일을 부지런히 닦을 때에 이 인욕의 힘[395]을 인유하여 중생을
교화하는 것이 비록 괴롭지만 퇴전하지 않는다 하였다.
『무성론』에 말하기를 안수고인이라고 말한 것은 이것은 성불하는
원인이니,[396]

───────────────

393 『무성론』 운운은『무성론』과 바로 아래『세친론』은 각각 제칠권에 해당한다.
　　그러나 이 가운데 다(다라고 한 것은 다음 줄에도, 다섯 줄 뒤에도, 여섯 줄
　　뒤에도 있기에 다라 한 것이다) 세친이 해석했다고 말한 것은 세친이 저『무성
　　론』을 해석했다고 말하는 것이 아니니, 세친과 무성이 다 같이 무착의 본론인
　　『섭론』을 해석한 까닭이다. 그러한즉 무성은 이와 같이 해석하였거늘 세친은
　　이와 같이 해석하였다고 말한 것이다. 역시『잡화기』의 말이다.
394 成熟 아래에 不退 두 글자가 빠졌다. 不退 두 글자를 빼고 번역하면 모든
　　유정을 성숙하여 유전케(전전케) 하는 원인이라 할 것이다.
395 원문에 차인력此忍力이란, 내원해인耐怨害忍의 힘이다.
396 원문에 안수자安受者는 시성불인是成佛因이라고 한 것은 무성의 해석(無性釋)

춥고 덥고 굶주리고 목마름의 가지가지 괴로운 일을 다 능히 참고
받아들여 퇴전함이 없는 까닭이요

제찰법인이라고 말한 것은 이것은 앞에 이인二忍의 의지할 바 처소
이니,

깊고도 깊고 넓고도 큰 법을 감당하여 참는 까닭이다 하였거늘
세친이 해석하여 말하기를 능히 모든 법을 살펴 자세히 관찰하는
것을 감당하는 것이다 하였다.

혹은 제찰법인을 인유하여[397] 앞에 이인二忍의 의지할 바가 된다고
한 것은 세친이 해석하여 말하기를 이 인욕의 힘[398]을 인유하여
차례로 앞에 설한 바 이인二忍을 건립한다 하였다.

『양섭론』에 말하기를 이 법인을 관찰함을 인유하여 보살이 능히
모든 법의 진리에 들어가나니,

이 제찰법인은 곧 앞에 이인二忍의 의지할 처소이니 능히 인人·법法
의 두 가지 집착을 제멸하는 까닭이다 하였다.

이고, 한열寒熱이라고 한 아래는 세친의 해석(世親釋)이다. 그러나 『잡화
기』는 안수고인 운운은 『무성론』의 글이고 세친의 해석은 인용하지 않았다
하였다.

397 혹은 제찰법인을 인유한다 운운한 것은 대개 삼인三忍이 스스로 삼류三類를
이루지만 그러나 지금에 후인後忍(三에 제찰법인) 가운데 앞에 이인二忍을
갖추는 것은 이것은 또 다른 뜻인 까닭으로 혹或이라는 말을 이루는 것이다.
역시 『잡화기』의 말이다.

398 원문에 此忍力이란, 第三에 제찰법인諦察法忍의 힘이다.

疏

今初分二리니 先은 彰難忍之境이요 後는 明能忍之行이니 此亦難
行忍也니라

지금은 처음으로 두 가지로 나누리니
먼저는 참기 어려운 경계를 밝힌 것이요
뒤에는 능히 참는 행을 밝힌 것이니,
이것도 또한 행하기 어려운 인욕이다.

鈔

此亦難行忍下는 難行有三하니 一은 忍羸劣有情의 所不饒益이요 二
는 忍自臣隷의 所不饒益이요 三은 忍種性卑賤의 所不饒益이니 今同
第三이라

이것도 또한 행하기 어려운 인욕이라고 한 아래는 행하기 어려운
인욕이 세 가지가 있나니
첫 번째는 파리하고 열약한 유정으로 요익할 수 없는 바를 참고하는
것이요
두 번째는 자기의 신하와 종[399]으로 요익할 수 없는 바를 참고하는
것이요

---

[399] 隷는 '종 례' 자이다.

세 번째는 종성이 비천함으로 요익할 수 없는 바를 참고하는 것이니
지금에는 제 세 번째[400]와 같다.

疏

今初分三하리니 初는 明口加毁辱이라 故梁攝論에 以耐怨害로 亦
名他毁辱忍이라하니라 略顯十種하리니 一은 觸忌諱故요 二는 惡
軌則故요 三은 令憂感故요 四는 無風雅故요 五는 極庸賤故요 六은
詮邪惡故요 七은 不入人心故요 八은 詮猥雜故요 九는 極鄙惡故
요 十은 極麁獷故라 以是言下는 總結所作이니 多人多口에 各多
惡言이라

지금은 처음으로[401] 세 가지로 나누리니
처음에는 입으로 헐뜯고 욕함을 加하는 것을 밝힌 것이다.
그런 까닭으로 『양섭론』에 내원해인으로써 또한 다른 사람이 헐뜯고
욕함을 참는다고 이름한다[402] 하였다.
간략하게 열 가지로 나타내리니
첫 번째는 꺼리어 싫어함을 받는[403] 까닭이요

---

400 第三이란, 忍九門 가운데 第三에 난행難行이다.
401 원문에 今初란, 難忍之境也니 즉 참기 어려운 경계이다.
402 욕인辱忍"이라하니라" 토이다. 간략하게 열 가지로 나타낸다고 한 아래는
　　소가疏家가 경문을 해석한 것이다. 역시 『잡화기』의 말이다.
403 觸은 여기서는 받는다는 뜻이다.

두 번째는 법칙을 싫어하는 까닭이요

세 번째는 하여금 근심하고 슬프게[404] 하는 까닭이요

네 번째는 고상하고 바른 모습이[405] 없는 까닭이요

다섯 번째는 지극히 용렬하고 비천한 까닭이요

여섯 번째는 설명하는 것이 사악한 까닭이요

일곱 번째는 사람의 마음에 들지 못하는 까닭이요

여덟 번째는 설명하는 것이 난잡한[406] 까닭이요

아홉 번째는 지극히 누추한 까닭이요

열 번째는 지극히 추하고 모진 까닭이다.

이와 같은 말이라고 한 아래는 말한 바를 모두 맺는 것이니

수많은 사람의 수많은 입에 각각 수많은 악한 말을 맺는 것이다.

---

404 慼은 '슬플 척' 자이다.

405 원문에 풍아風雅는 고상하고 바른 모습을 말한다.

406 원문에 외잡猥雜은 자전에 난잡·혼잡이라 하였다. 猥 자는 '섞일 외' 자이다.

經

又此衆生이 一一各有百千億那由他阿僧祇手하야 一一手에 各
執百千億那由他阿僧祇器仗하고 逼害菩薩호대

또 이 중생이 낱낱이 각각 백천억 나유타 아승지 손이 있어서
낱낱 손에 각각 백천억 나유타 아승지 병장기를 잡고 보살을 핍박하
고 해치되

疏

二에 又此下는 身加逼害니 上二事廣이라

두 번째 또 이 중생이라고 한 아래는 몸에 핍박과 해를 가하는
것이니,
위에 두 가지는 일이 광대한 것이다.

經

如是經於阿僧祇劫토록 曾無休息거든

이와 같이 아승지 세월이 지나도록 일찍이 쉼 없이 하거든

疏

三에 如是經下는 總辨長時니 是謂難忍之境也라

세 번째 이와 같이 아승지 세월이 지나도록이라고 한 아래는 긴
시간을 한꺼번에 분별한 것이니
이것은 참기 어려운 경계를 말한 것이다.

經

菩薩이 遭此極大楚毒하야 身毛皆竪하고 命將欲斷이라도 作是
念言호대 我因是苦하야 心若動亂하면 則自不調伏하며 自不守
護하며 自不明了하며 自不修習하며 自不正定하며 自不寂靜하며
自不愛惜하며 自生執著이어니 何能令他로 心得淸淨이리요하니라

보살이 이 지극히 큰 고초와 악독함을 만나 몸에 털이 다 서고
목숨이 장차 끊어지고자 할지라도 이와 같은 생각을 하여 말하기를
내가 이런 고통을 인하여 마음이 만약 움직이거나 혼란하다면
곧 스스로도 조복하지 못하며
스스로도 수호하지 못하며
스스로도 명료하지 못하며[407]
스스로도 닦아 익히지 못하며
스스로도 바른 삼매에 들지 못하며
스스로도 고요하지 못하며
스스로도 애석하게 여기지 못하며
스스로도 집착을 낼 것이어니
어찌 능히 다른 사람으로 하여금 마음이 청정함을 얻게 하겠는가
하였습니다.

---

407 원문에 不明了란, 인욕忍辱의 법문을 밝게 알지 못한다는 것이다.

疏

二에 菩薩遭此下는 明其忍行이라 先은 結前生後니 謂遭前極苦요
二에 作是念下는 正顯忍相이니 以失自要라 文有十句하니 初一은
假設이니 不忍하면 失念易志일새 故云動亂이라하니라 餘九는 明
失이니 一은 不調瞋恚요 二는 不護根門이요 三은 迷忍法門이요
四는 不修忍行이요 五는 隨風外轉이요 六은 動亂內生이요 七은
不惜善根이요 八은 未忘彼此요 九는 上八自損이니 由此하야 不能
利他니라 今能忍故로 以不不之하야 便成八行하야 自他俱利하며
自他俱調하나니 若說此勝利인댄 成善士行하리라

두 번째 보살이 이 지극히 큰 고초와 악독함을 만난다고 한 아래는
그 인욕의 행을 밝힌 것이다.
먼저는 앞에 말을 맺고 뒤에 말을 생기하는 것이니
말하자면 앞에 지극히 큰 고초를 만난 것이요
두 번째 이와 같은 생각을 하여 말하였다고 한 아래는 바로 인욕의
모습을 나타낸 것이니
스스로의 요망도 잃은 것이다.

경문에 열 구절이 있나니
처음에 한 구절은 가설假設이니,
인욕하지 아니하면 생각을 잃고 뜻을 바꾸기에 그런 까닭으로 말하
기를 움직이거나 혼란하다 하였다.

나머지 아홉 구절은 허물을 밝힌 것이니

첫 번째는[408] 성냄을 조복할 수 없는 것이요

두 번째는[409] 육근문門을 수호할 수 없는 것이요

세 번째는 인욕의 법문을 미혹한 것이요

네 번째는 인욕의 행을 닦지 못한 것이요

다섯 번째는 팔풍八風을 따라 밖으로 유전하는 것이요

여섯 번째는 움직이고 혼란한 것이 안에서 생기하는 것이요

일곱 번째는 선근을 애석하게 여기지 않는 것이요

여덟 번째는 피차를 잊지 않는 것이요

아홉 번째[410]는 위에 여덟 가지는 스스로 손해인 것이니,

이것을[411] 인유하여 능히 다른 사람도 이익케 하지 못하는 것이다.

지금에는 능히[412] 인욕하는 까닭으로 아닌 것으로써 아니라 하여

문득 여덟 가지 행을 이루어 자기도 다른 사람도 함께 이익케 하며

자기도 타인도 함께 조복케 하나니,

---

408 원문에 一則의 則 자는 없는 것이 좋다.

409 원문에 二則의 則 자도 없는 것이 좋다.

410 원문 彼此 아래에 九 자가 있어야 한다. 즉 九는 上八自損 운운이다.

411 원문에 由此라 한 此는 第九에 上八自損이니 경문經文에 하능령타何能令他로 심득청정心得淸淨이라 한 것이다.

412 지금에는 능히 운운한 것은 경의 뜻을 순리대로 나타낸 것이니, 이미 인욕하지 못하였다면 곧 조복하지 못하는 등이니 그런 까닭으로 인욕한다면 곧 조복하지 못하는 등이 없음을 반대로 나타낸 것이다. 이 불불不이라 한 앞에 불不 자는 이 경에 반대로 나타내는 뜻이고, 이 경 가운데 여덟 가지 아니라고 한 불不 자를 가리킨 것이 아니다. 역시 『잡화기』의 말이다.

만약 이 수승한 이익을 설한다면 선사善士의 행을 이룰 것이다.

鈔

若說此勝利者는 論云호대 善士忍이 有五種하니 謂諸菩薩이 先於其
忍에 見諸勝利라 謂能堪忍하는 補特伽羅는 於當來世에 無多怨敵하
며 無多乖離하고 有多喜樂하며 臨終無悔하며 於身壞後에 當生善趣
인 天世界中이니 見勝利已에 自能堪忍하며(一) 勸他行忍하며(二)
讚忍功德하며(三) 見能行忍하는 補特伽羅하면 慰意慶喜하며(四) 應
有設有不忍이라도 如法悔除라하니라(論闕第五니 恐是脫漏일새 故今
具之라) 而疏云호대 說此勝利는 正是第三에 讚忍功德이요 以失自
要는 卽第一自忍이요 不忍하면 不能令他安忍거늘 今不不之는 卽是
第二요 旣自慶慰하고 亦能慶他는 當第四五也라

만약 이 수승한 이익을 설한다면이라고 한 것은 『유가론』[413]에 말하기
를 선사善士의 인욕이 다섯 가지가 있나니,
말하자면 모든 보살이 먼저 그 인욕할 곳에 모든 수승한 이익을
보는 것이다.
말하자면 능히 감당하여 인욕하는 보특가라는 당래 세상에 수많은
원수와 적이 없으며
수많은 어기는 자와 떠나가는 자가 없고 수많은 기뻐하고 즐거워하

---

413 論은 『유가론瑜伽論』 삼십구권이니 전환희행前歡喜行 初頭에 이미 설출하
였다.

는 자만 있으며

임종 시에도 후회가 없으며

몸이 괴멸된 뒤에도 마땅히 선취善趣인 천상세계 가운데 태어날 것이니

수승한 이익을 본 이후에 스스로 능히 감당하여 참으며(一),

다른 사람에게 권하여 인욕을 행하게 하며(二),

인욕의 공덕을 찬탄하며(三),

능히 인욕을 행하는 보특가라를 보면 뜻을 위로하고 경사하여 기뻐하며(四),

응당 어떤 사람이 설사 참지 못함이 있다 할지라도 여법하게 뉘우쳐 제멸하게 한다 하였다(『유가론』에 제 다섯 번째가 빠졌으니 의심컨대 이것은 탈루된 듯하기에 지금에 갖추어 설하였다).

소문에 말하기를 이 수승한 이익을 설한다고 한 것은 바로 제 세 번째 인욕의 공덕을 찬탄한다 한 것이요

자기의[414] 요망도 잃은 것이라고 한 것은 곧 첫 번째 스스로 능히 감당하여 참는다 한 것이요

스스로 참지 못하면 능히 다른 사람으로 하여금 편안히 참지 못하게 하거늘, 지금에는[415] 아닌 것으로써 아니라고 한 것은 곧 제 두 번째 다른 사람에게 권하여 인욕을 행하게 한다 한 것이요

이미 스스로 경사하여 위로하고 또한 능히 다른 사람을 경사하고

---

414 원문 如 자는 以 자의 잘못이다.

415 원문 今 자 아래에 소문疏文엔 以 자가 있다.

위로한다고 한 것은 제 네 번째와 제 다섯 번째[416]에 해당하는 것이다.

---

416 제 네 번째는 경타慶他이고, 제 다섯 번째는 자경自慶이다.

經

菩薩爾時에 復作是念호대 我從無始劫으로 住於生死하야 受諸
苦惱라하야 如是思惟하고 重自勸勵하야 令心淸淨하야 而得歡喜
케하며 善自調攝하야 自能安住於佛法中케하며 亦令衆生으로 同
得此法케하니라

보살이 그때에 다시 이와 같은 생각을 하기를 내가 시작도 없는
세월로 좇아 생사에 머물러 모든 고뇌를 받았다 하여 이와 같이
사유하고 거듭 스스로 힘써 마음으로 하여금 청정하여 환희를
얻게 하며
잘 스스로 조복하고 섭수하여 스스로 능히 불법 가운데 편안히
머물게 하며
또한 중생으로 하여금 다 같이 이 법을 얻게 합니다.

疏

二에 菩薩爾時下는 安受苦忍이니 雖仍前文이나 義當安受일새 故
引往所受苦하야 以況今苦하야 而欲安受니라 所以引者에 無始는
顯昔苦時長이요 諸苦는 明其事廣이니 雖事廣時長이나 而空無二
利어니와 今時促苦少에도 能成忍度하야 自利利他어니 安不忍哉
아 故練磨頌云호대 汝已惡道經多劫토록 無益受苦尙能超어든 今
行少善得菩提하나니 大利不應生退屈하라하니라 由斯하야 重自

勸勉誡勵하야 令淨而無亂케하며 喜不憂慼케하며 調其瞋蔽케하며 攝護根門케하나니 是自住忍法하야 令物同忍케하니라

두 번째 보살이 그때라고 한 아래는 안수고인이니,
비록 앞에 문장[417]을 인하였지만 그 뜻은 안수고인에 해당하기에
그런 까닭으로 지난 세상에 받은 바 고통을 이끌어 지금의 고통에
비황比況하여 편안히 받고자 한 것이다.
그런 까닭으로 고통받는 것을 이끎에 시작도 없는 세월이라고 한
것은 지난 세상에 고통의 시간이 긴 것을 나타낸 것이요
모든 고통이라고 한 것은 그 고통의 일이 넓은 것을 밝힌 것이니,
비록 그 고통의 일이 넓고 시간이 길었지만 헛되이 지나 두 가지
이익이 없었거니와, 지금에는 시간이 짧고 고통이 적음에도 능히
인욕바라밀을 이루어 자기도 이롭고 다른 사람도 이롭게 하거니
어찌 참지 않겠는가.
그런 까닭으로 연마송鍊磨頌[418]에 말하기를
그대가 이미 악도에서 수많은 세월을 지나도록
더할 수 없는 고통을 받았지만 오히려 능히 악도에서 뛰어나왔거든[419]
지금에는 작은 선을 행함에도 보리를 얻나니

---

417 앞에 문장이란, 곧 명기인행문明其忍行文이니 영인본 화엄 6책, p.569, 9행
   이하 문장이다.

418 연마송鍊磨頌은 『무성섭론無性攝論』제육권第六卷이다.

419 오히려 능히 악도에서 뛰어나왔다고 한 것은, 이것은 고통의 경계에 뛰어들
   어 저 모든 고통을 받다가 오히려 뛰어나왔다는 뜻이다. 역시 『잡화기』의
   말이다.

큰 이익에 응당히 퇴굴심을 내지 말 것이다 하였다.

이것을 인유하여 거듭 스스로 권면하고 경계하고 힘써 하여금 청정하여 산란함이 없게 하며

기뻐 근심이 없게 하며

그 성냄의 폐단을 조복케 하며

육근문을 섭수하여 보호케 하나니,

이것은 스스로 인욕의 법에 머물러 중생으로 하여금 다 같이 인욕하게 하는 것이다.

鈔

故鍊磨頌者는 卽三種鍊磨心하야 斷除四處障中之一이니 卽無性攝論第六에 釋入現觀云호대 由何能入고 由善根力의 所住持故니 謂三種鍊磨心하야 斷除四處障故라하니라 若唯識論第九인댄 明資糧位에 釋於二取隨眠에 猶未能伏滅云호대 此位二障을 雖未伏除하야 修勝行時에 有三退屈이나 而能三事로 鍊磨其心하야 於所證修에 勇猛不退하나니 一은 聞無上正等菩提가 廣大深遠하고 心便退屈에 引他況己하야 證大菩提者라하야 鍊磨自心호대 勇猛不退라하니라 釋曰卽第一菩提廣大屈에 引他況己鍊이니 廣者無邊이요 大者無上이요 深者難測이요 遠者時長이라 由斯故退에 引他況己鍊之니라 攝論頌云호대 十方世界諸有情이 念念速證善逝果하나니 彼旣丈夫我亦爾하나니 不應自輕而退屈하라하니라 唯識論云호대 二는 聞施等波羅蜜多를 甚難可修하고 心便退屈에 省己意樂하야 能修施等하야 鍊磨自心호

대 勇猛不退라하니라 釋曰卽第二萬行難修屈에 省己增修錬이라 頌
云호대 汝昔惡道經多劫토록 無益勤苦尙能超어든 今行少善得菩提
하나니 大利不應生退屈하라하니라 唯識論云호대 三은 聞諸佛圓滿轉
依를 極難可證하고 心便退屈에 引他麤善하야 況己善因하야 錬磨自
心호대 勇猛不退라하니라 釋曰卽第三轉依難證屈에 引麤況妙錬이
라 頌云호대 博地一切諸凡夫도 尙擬遠證菩提果어든 汝已勤苦經多
劫하니 不應退屈却沈淪하라하니라 唯識論云호대 由斯三事하야 錬磨
其心하야 堅固熾然히 修諸勝行이라하니라 釋曰今是十行이 正是其
位일새 故疏引之니라

그런 까닭으로 연마송이라고 한 것은 곧 세 가지로 마음을 연마하여[420]
네 곳에 장애[421]를 끊어 제멸하는 가운데 하나이니,
곧 『무성섭론』 제육권에 현관現觀에 들어감을 해석하여 말하기를
무엇을 인유하여 능히 들어가는가.
선근력의 주지住持하는 바를 인유한 까닭이니,
말하자면 세 가지로 마음을 연마하여[422] 네 곳에 장애를 끊는 까닭이

---

420 원문에 삼종연마三種鍊磨는 一에 인타황기련引他況己練과 二에 성기증수련省
己證修鍊과 三에 인추황묘련引麤況妙練이다.

421 원문에 사처장四處障은 영인본 화엄 6책, p.575, 2행에 설출하였다. 四處障의
하나란, 第二에 만행난수굴萬行難修屈이다.

422 말하자면 세 가지로 마음을 연마한다고 한 등은 『무성석론』에 말하기를
선근력의 주지하는 바를 인유한다(바로 위에 있는 말)고 한 아래는 말하자면
비록 선근력이 있지만 그러나 그 마음이 혹 퇴굴하는 까닭으로 세 가지로
마음을 연마하는 등이라고 말한 것이다 하였다. 역시 『잡화기』의 말이다.

다 하였다.

만약 『유식론』 제구권이라면[423] 자량위를 밝힘에 이취二取[424]의 번뇌 (隨眠)에 오히려 능히 제복하여 소멸하지 못함을 해석하여 말하기를 이 자량위에 두 가지 장애를 비록 제복하지 못하여 수승한 행을 닦을 때에 세 가지 퇴굴심[425]이 있지만 그러나 능히 세 가지 사실로 그 마음을 연마하여 증득하려 수행함에 용맹스레 퇴굴하지 않나니, 첫 번째는 더 이상 없는 바르고 평등한 보리가 광대하고 심원하다고 함을 듣고 마음이 문득 퇴굴함에 다른 사람을 이끌어 자기에게 비황[426]하여 큰 보리를 증득한 사람이라 하여 자기 마음을 연마하되 용맹스레 퇴굴하지 않는다 하였다.

해석하여 말하면 곧 첫 번째 보리광대굴菩提廣大屈에 다른 사람을 이끌어 자기에게 비황하여 연마하는 것이니

광廣이라고 한 것은 끝이 없다는 것이요

대大라고 한 것은 더 이상 없다는 것이요

---

423 만약 『유식론』 제구권이라면이라고 한 등은 초가鈔家가 회석하고자 하지 않는 까닭으로 문득 여기에서 일시에 함께 인용한 것이다. 역시 『잡화기』의 말이다.

424 이취二取라고 한 것은 명언취名言取와 아집취我執取이다. 『잡화기』에는 유식에 뜻을 잡아 말한다면 명언과 아집의 이취二取라 한다 하였다. 수면이라고 한 것은 곧 그 분별 가운데 종자라 한다 하였다.

425 원문에 삼퇴굴三退屈은 보리광대굴菩提廣大屈과 만행난수굴萬行難修屈과 전의난증굴轉依難證屈이다. 전의轉依란, 여기서는 제팔식第八識이다.

426 況 자를 『사기私記』에는 연자衍字라 하나, 있어도 무방하다.

심深이라고 한 것은 측량하기 어렵다는 것이요
원遠이라고 한 것은 시간이 길다는 것이다.
이것을 이유한 까닭으로 퇴굴함에 다른 사람을 이끌어 연마하는
것이다.
『섭론』게송에 말하기를
시방세계의 모든 유정이
생각생각에 속히 불과[427]를 증득하나니,
저 유정이 이미 대장부라 나도 또한 그러하나니
응당히 스스로를 가볍게 여겨 퇴굴하지 말 것이다 하였다.

『유식론』에 말하기를 두 번째는 보시 등의 바라밀다를 가히 닦기가
매우 어렵다고 함을 듣고 마음이 문득 퇴굴함에 자기의 마음에
좋아함을 살펴 능히 보시 등을 닦아 자기 마음을 연마하되 용맹스레
퇴굴하지 않는다 하였다.
해석하여 말하면 제 두 번째 만행난수굴萬行難修屈에 자기를 살펴
더욱 수행하고 연마하는 것이다.
『섭론』게송에 말하기를
그대가 옛날에 악도에서 수많은 세월이 지나도록
더할 수 없는 고통[428]을 받았지만 오히려 능히 악도에서 뛰어나왔거든
지금에는 작은 선을 행함에도 보리를 얻나니

---

427 원문에 선서과善逝果는 즉 불과佛果이다.
428 勤은 여기서는 '괴로울 근' 자이다.

큰 이익에 응당히 퇴굴심을 내지 말 것이다 하였다.

『유식론』에 말하기를 세 번째는 모든 부처님의 원만한 전의轉依[429]를 가히 증득하기가 지극히 어렵다고 함을 듣고 마음이 문득 퇴굴함에 다른 사람의 큰 선인善因을 이끌어 자기의 선인에 비황하여 자기의 마음을 연마하되 용맹스레 퇴굴하지 않는다 하였다.

해석하여 말하면 곧 제 세 번째 전의난증굴轉依難證屈에 큰 선을 이끌어 작은 선에 비황하여 연마하는 것이다.

『섭론』 게송에 말하기를

박지博地의 일체 모든 범부[430]도

오히려 먼 훗날 보리과를 증득할 것을 생각하거든,

그대는 이미 고통을 받아 수많은 세월을 지났으니

응당히 퇴굴하여 도리어 악도에 빠지지 말 것이다 하였다.

『유식론』에 말하기를 이 세 가지 사실[431]을 인유하여 그 마음을 연마하여 견고하고 치연하게 모든 수승한 행을 닦는다 하였다.

해석하여 말하면 지금에 이 십행이 바로 그 지위이기에 그런 까닭으로 소문에 인용하였다.

言斷四處障者는 無性攝論에 但擧四云호대 由離聲聞과 獨覺作意

---

429 전의轉依는 제팔식第八識이다.

430 博地의 凡夫란, 하열한 범부凡夫를 말한다.

431 원문에 三事란, 삼퇴굴三退屈이다.

故며(一) 由於大乘의 諸疑離疑하야 以能永斷異慧疑故며(二) 由離
能聞所聞法中에 我我所執하야 斷法執故며(三) 由於現前現住에 安
立一切호대 於中에 無所作意와 無分別하야 斷斷分別故라하니라(四)
釋曰卽由此四가 是四處故라 然三鍊磨가 通治四障이라 然皆由忍
三輪故니 忍三輪者는 自他過失을 分別也라

네 곳에 장애를 끊는다고 말한 것은 『무성섭론』에 다만 네 가지만
거론하여 말하기를 성문과 독각의 작의作意[432]를 떠남을 인유한[433]
까닭이며(一),
대승의 모든 의심에 의심을 떠남을 인유하여 능히 이혜異慧의[434]
의심을 영원히 끊는 까닭이며(二),
능문과 소문[435]의 법 가운데 아와 아소의 집착을 떠남을 인유하여
법에 집착을 끊는[436] 까닭이며(三),

---

432 작의作意는 마음의 작용이니, 오변행五遍行의 하나(一)이다.

433 떠남을 인유한다 운운한 것은 『무성석론』에 말하기를 이승(성문과 독각)이
    부분적으로 인발引發하는 작의作意를 끊어 제멸하는 것이다 하였다. 역시
    『잡화기』의 말이다.

434 능히 이혜異慧라고 한 등은 『무성섭론』에 말하기를 말하자면 대승의 깊고도
    깊고 광대한 법에 이혜의 전도된 생각과 그리고 의심을 일으키지 않는다
    하였다. 역시 『잡화기』의 말이다.

435 능문能聞과 소문所聞은 본론엔 소문所聞과 소사所思라 하였다.

436 법에 집착을 끊는다고 한 것은 『무성섭론』에 말하기를 말하자면 소문所聞과
    소사所思의 법 가운데 능히 아我와 아소我所의 집착을 영원히 끊는 것이니,
    말하자면 내가 능히 듣고 내가 능히 생각하는 것과 내가 들은 바 글과

현전에서 현재 머묾에 일체를 안립하지만 그 가운데 작의할 바가 없는 것과 분별할 바가 없는 것을 인유하여 분별을 끊는[437] 까닭이다 하였다(四).

해석하여 말하면 곧 이 네 가지를 인유한 것이 네 곳인 까닭이다. 그러나 세 가지 연마가 네 가지 장애를 모두 다스리는 것이다. 그러나 다 삼륜을 잊음을[438] 인유한 까닭이니,

인忍삼륜[439]이라고 한 것은 자기와 다른 사람과[440] 허물을 분별하는 것이다.

내가 생각한 바 뜻과 이와 같은 집착이 일체가 다 없는 것이니, 그 수승한 뜻에 증득하여 현재 관찰하는 까닭이다 하였으니, 그러한즉 이 가운데는 능사能思와 소사所思라는 말을 밝힌 것이라 하겠다. 역시 『잡화기』의 말이다. 『무성섭론』은 제육권이다.

437 분별을 끊는다고 한 것은 『무성섭론』에 말하기를 말하자면 현전에서 마음대로 전변하는 색色 등의 현재 머무는 것과 그리고 공용功用을 짓는 것과 모든 골쇄骨鎖 등 정정淨定에 일체 반연할 바 경계의 모습을 안립하여 작의作意와 분별을 다 능히 영원히 끊고 내지 모든 부처님과 보살의 바라밀다와 이와 같은 모습과 집착하여 분별하는 것을 다 능히 영원히 끊는다 하였다. 역시 『잡화기』의 말이다. 『무성섭론』은 제육권이다.

438 원문에 망忘 자는, 북장경에는 인忍 자이다. 그러나 영인본 화엄 6책, p.583, 8행에는 개망삼륜皆忘三輪이라는 말이 있다.

439 인삼륜忍三輪이란, 아래 영인본 화엄 6책, p.636, 2행에 반야삼륜般若三輪이 있다. 즉 반야삼륜般若三輪은 경境·지智·중생衆生을 분별分別하는 것이다 하였다.

440 자기와 다른 사람 운운은 자기와 다른 사람과 허물이 셋이 되는 것이니 바로 아래 분별은 위에 세 가지에 통하는 것이다. 역시 『잡화기』의 말이다.

經

復更思惟호대 此身空寂하야 無我我所하며 無有眞實하며 性空
無二하며 若苦若樂도 皆無所有하나니 諸法空故로 我當解了하
야 廣爲人說하야 令諸衆生으로 滅除此見케하리라 是故我今에
雖遭苦毒이나 應當忍受리니

다시 사유하기를 이 몸은 공적하여 아와 아소가 없으며
진실이 없으며
자성이 공하여 둘이 없으며
혹 괴로움도 혹 즐거움도 다 있는 바가 없나니,
모든 법이 공적한 까닭으로 내가 마땅히 알아 널리 사람을 위하여
설하여 모든 중생으로 하여금 이런 소견을 멸제하게 할 것이다.
이런 까닭으로 내가 지금 비록 고독苦毒을 만났지만 응당히 참고
받아들여야 할 것이니

疏

第三에 復更已下는 諦察法忍이니 亦仍前起일새 故云復更이라하
니라 斯則一忍之中에 便具三忍이니 表非全異故로 一境具明이라
文分三別하리니 一은 自成法忍이라 文有五句하니 初句는 總標요
無我已下는 釋成空義니 以苦空無常無我의 四行釋之호대 倒爲
其次니라 又約大乘故로 苦樂等雙遣이니 一은 人我法我兩亡이요

二는 常與無常이 非實이니 相待有故요 三은 空有俱寂이니 故云無
二요 四는 苦樂皆遣이니 故云無所有라하나라 二에 諸法空下는
令他成忍이니 衆生迷空일새 故應爲說이니 皆淸淨忍也라

제 세 번째 다시라고 한 이하는 제찰법인이니,
또한 앞에 말을 인하여 생기하였기에 그런 까닭으로 다시라 하였다.
이것은 곧 일인一忍 가운데 문득 삼인三忍을 갖추었나니,
온전히 다르지 않는 까닭으로 한 경계에 갖추어 밝힘[441]을 표한
것이다.

경문을 세 가지로 나누어 분별하리니
첫 번째는 스스로 법인을 이루는 것이다.
경문에 다섯 구절이 있나니
첫 번째 구절은 한꺼번에 표한 것이요
아와 아소가 없다고 한 이하는 공의 뜻을 해석하여 성립한 것이니,
고와 공과 무상과 무아의 네 가지 행으로써 공의 뜻을 해석하되
거꾸로 그 차례를 삼았다.
또 대승을 잡은 까닭으로 괴로움과 즐거움 등을 함께 보내는 것이니
첫 번째는 인아人我와 법아法我를 둘 다 잃는 것이요
두 번째는 영원한 것과 더불어 무상한 것이 진실하지 않은 것이니
상대하여 있는 까닭이요

---

[441] 원문에 일경구명一境具明은 一忍境에 具明三忍이니 즉 일인一忍의 경계에
삼인三忍을 갖추어 밝힌 것이다.

세 번째는 공과 유가 함께 적멸한 것이니

그런 까닭으로 말하기를 둘이 없다 한 것이요

네 번째는 괴로움과 즐거움을 다 보내는 것이니

그런 까닭으로 말하기를 있는 바가 없다 하였다.

두 번째 모든 법이 공적한 까닭이라고 한 아래는 다른 사람으로

하여금 법인을 이루게 하는 것이니,

중생이 공에 미혹하기에 그런 까닭으로 응당히 중생을 위하여 설하

는 것이니

다 청정인[442]이다.

鈔

二에 令他成忍으로 至皆淸淨忍者는 淸淨有十하니 如前已引거니와

今但總相이 是彼之意일새 亦不別配니라

두 번째 다른 사람으로 하여금 법인을 이루게 한다고 한 것으로

다 청정인이라고 함에 이르기까지는 청정이 열 가지가 있나니

앞에서 이미 인용[443]한 것과 같거니와, 지금에는 다만 총상總相[444]이

---

442 청정인淸淨忍은 바라밀의 구문九門 가운데 제구第九에 청정인淸淨忍이다.

443 원문에 전이인前已引은 영인본 화엄 6책, p.306, 2행이다. 또한 바라밀의
　　구문九門도 같은 책 p.292, 5행에 『유가론』 삼십삼권을 이끌어 말하였다.
　　그리고 같은 책 p.507, 1행에도 말하였다.

444 총상總相이란, 공空의 모습을 말한다.

저 청정의 뜻이기에 또한 따로 배속하지 않는다.

疏

三에 是故下는 結行應修라 然莊嚴論中에 由三思五想하야 則能
忍受니 一은 思他毁辱我가 是我自業이요 二는 思彼我俱是行苦요
三은 思聲聞自利로도 尙不以苦加人이라하니라 此三은 文在安受
忍中하니 思昔諸苦하야 自他調攝故니라 言五想者는 一은 本親想
이니 衆生無始로 無非親屬故요 二는 修法想이니 打罵不可得故요
三은 修無常想이요 四는 修苦想이요 五는 修攝取想이라 卽此文攝
이니 對前可思니라

세 번째 이런 까닭이라고 한 아래는 인욕행을 맺어 응당히 닦게
하는 것이다.
그러나 『장엄론』 가운데 삼사三思와 오상五想을 인유하여 곧 능히
참고 받아들이는 것이니
첫 번째는 다른 사람이 나를 헐뜯고 욕하는 것이 내 스스로의 업이라
고 생각하는 것이요
두 번째는 저와 내가 함께 이 행고行苦[445]를 받는다고 생각하는 것이요
세 번째는 성문의 자리自利로도[446] 오히려 고통을 다른 사람에게

---

445 행고行苦는 삼고三苦의 하나(一)이니 세간의 생멸변화生滅變化를 통하여 일어
나는 고통이다. 고고苦苦는 제일사第一思에 해당하고, 괴고壞苦는 제이사第二
思에 해당한다고 볼 수도 있다.

가하지 아니함을 생각하는 것이다 하였다.

이 삼사는 경문이 안수고인[447] 가운데 있나니,

옛날에 모든 고통을 생각하여 자기도 다른 사람도 조복하여 섭수하는 까닭이다.

오상五想이라고 말한 것은 첫 번째는 본래 친속이라고 생각하는 것이니

중생이 시작도 없는 세월로부터 친속이 아님이 없는 까닭이요

두 번째는 법을 닦는다고 생각하는 것이니

때리고 꾸짖는 것을 가히 얻을 수 없는 까닭이요

세 번째는 무상을 닦는다고 생각하는 것이요

네 번째는 고를 닦는다고 생각하는 것이요

다섯 번째는 섭취攝取를 닦는다고 생각하는 것이다.

곧 이 경문[448]에 섭수되어 있나니

앞[449]을 상대하여 가히 생각할 것이다.

---

446 성문의 자리自利 운운은 저 성문은 다만 자리뿐이지만 그러나 오히려 고통을 다른 사람에게 가加하지 않거든, 하물며 내가 보살이거늘 그 고통을 참지 못하겠는가. 역시 『잡화기』의 말이다.

447 원문에 문재안수고인文在安受苦忍이라고 한 것은 영인본 화엄 6책, p.572, 3행이다.

448 이 경문이란, 제삼第三에 제찰법인諦察法忍이다.

449 앞이란, 즉 제찰법인諦察法忍의 경문經文이니 영인본 화엄 6책, p.575, 9행이다.

鈔

然莊嚴論者는 卽第二論이라 此三等者는 前念無始劫으로 受諸苦惱
는 卽是自業과 及行苦也요 亦令他得此法은 卽況二乘也니라 對前可
思者는 前性空無二는 卽不可得이요 無有眞實은 卽是無常이요 若苦
若樂은 卽是苦想이요 廣爲人說等은 卽攝取想이라 略無本親은 攝在
無始生死之中이라

그러나 『장엄론』이라고 한 것은 곧 제이권(論)이다.

이 삼사라고 한 등은 앞[450]에 생각하기를 시작도 없는 세월로 좇아
모든 고뇌를 받았다고 한 것은 곧 스스로의 업이라고 한 것과 그리고
행고를 받는다고 한 것이요

또한 다른 사람으로[451] 하여금 이 법을 얻게 한다고 한 것은 곧
이승에 비황한[452] 것이다.

앞을 상대하여 가히 생각할 것이라고 한 것은 앞[453]에 자성이 공하여
둘이 없다고 한 것은 곧 제이상에 가히 얻을 수 없다 한 것이요
진실이 없다고 한 것은 곧 이것은 제삼상에 무상이라 한 것이요

---

450 앞이란, 역시 영인본 화엄 6책, p.571, 말행未行이다.
451 또한 다른 사람으로 운운은 경문經文에 역령중생亦令衆生으로 동득차법同得此
法이라 하였다. 영인본 화엄 6책, p.572, 2행에 있다.
452 원문에 황이승況二乘이란, 성문聲聞의 자리自利이다.
453 앞이란, 영인본 화엄 6책, p.575, 9행이다.

혹 괴롭고 혹 즐겁다고 한 것은 곧 이것은 제사상에 고상이라 한
것이요

널리 사람을 위하여 설하였다고 한 등은 제오상에 섭취상이라 한
것이다.

본래 친족이라는 생각이 생략되어 없는 것[454]은 시작도 없는 세월로
좇아 생사에 머물렀다고 한 가운데 섭수되어 있는 것이다.

---

[454] 원문에 약무본친略無本親이란, 『장엄론莊嚴論』 오상五想에는 첫 번째 본친상
本親想이 있는데, 금경今經에 생략되어 없는 것은 앞에 영인본 화엄 6책, p.571,
말행末行에 아종무시겁我從無始劫으로 주어생사住於生死라 한 가운데 섭수되어
있다는 것이다.

經

爲慈念衆生故며 饒益衆生故며 安樂衆生故며 憐愍衆生故며 攝
受衆生故며 不捨衆生故며 自得覺悟故며 令他覺悟故며 心不退
轉故며 趣向佛道故라하니 是名菩薩摩訶薩의 第三無違逆行이
니라

자비로 중생을 생각하기 위한[455] 까닭이며
중생을 요익케 하기 위한 까닭이며
중생을 안락케 하기 위한 까닭이며
중생을 어여삐 여기기 위한 까닭이며
중생을 섭수하기 위한 까닭이며
중생을 버리지 않기 위한 까닭이며
스스로 깨달음을 얻기 위한 까닭이며
다른 사람으로 하여금 깨닫게 하기 위한 까닭이며
마음이 퇴전하지 않기 위한 까닭이며
불도에 나아가 향하기 위한 까닭이다 하였나니,
이것이[456] 이름이 보살마하살의 제 세 번째 어기거나 거역함이

---

455 원문에 위자념중생爲慈念衆生이라고 한 것은 老子曰호대 於我善者라도 我亦
善之하고 於我惡者라도 我亦善之라 하였으니 일리가 있다. 번역하면 노자가
말하기를 나를 좋아하는 사람도 나는 또한 좋아하고 나를 싫어하는 사람도
나는 또한 좋아한다는 것이다.
456 앞에서는 是 자 앞에 佛子라는 두 글자가 있었다.

없는 행입니다.

疏

第二에 爲慈念下는 明修忍意라 文有十句하니 義兼通別이라 通則
三忍이 皆爲此十이니 在義可知라 別則爲初五故로 修耐怨害니
慈念爲總이라 次는 但欲饒益於他요 不懼他不饒益이며 本欲安
人거니 豈當加報며 愍彼淪倒어니 寧懷恨心이며 以忍調行하야 攝
諸恚怒니라 次一은 安受苦忍이니 隨逐衆生이나 無疲苦故라 次二
句는 爲覺自他하야 修諦察法이요 後二는 通於前三이라 上一爲言
이 下流至此니 斯卽九中에 二世樂也라

제 두 번째 자비로 중생을 생각하기 위한 까닭이라고 한 아래는
인욕을 닦는 뜻을 밝힌 것이다.
경문에 열 구절이 있나니
그 뜻이 통通의 뜻과 별別의 뜻을 겸하였다.
통의 뜻은 곧 삼인이 다 여기에 열 구절이 되나니
그 뜻은 가히 알 수가 있을 것이다.
별의 뜻은 곧 처음에 다섯 구절이 되는 까닭으로 내원해인을 닦는
것이니,
자비로 생각하는 것이 총總이 되는 것이다.[457]
다음 구절은 다만 저 중생을 요익케 하고자 할 뿐 저 중생이 요익을

---

457 第一句.

얻지 못할까 두려워하지 않는 것이며[458]

본래 사람을 편안하게 하고자 하는 것이어니 어찌 마땅히 보복을 가할 것이며[459]

저 중생이 고해에 빠져 거꾸러짐을 어여삐 여기거니 어찌 분한의 마음을 품으며[460]

인욕으로써 조복하고 수행하여 모든 성내고 분노하는 중생을 섭수하는 것이다.[461]

다음에 한 구절은 안수고인이니

중생을 따라 다니지만 피곤해하거나 괴로워함이 없는 까닭이다.

다음에 두 구절은 자기도 다른 사람도 깨닫게 하기 위하여 제찰법인을 닦는 것이요

뒤에 두 구절은 앞에 삼인에 통하는 것이다.

위에 하나의 위爲[462]라고 한 말이 아래로 유출하여 여기에까지 이르나니

---

458 第二句.

459 第三句.

460 第四句.

461 第五句.

462 上爲란, 경문經文에 위비념爲悲念의 爲이다.

이것은 곧 구문九門 가운데 두 세상에 즐거움을 준다 한 것이다.

鈔

愍彼淪倒者는 準智論云인댄 羅睺羅가 被外道打하야 悲泣거늘 人問
其故한대 答曰호대 我苦少時爾어니와 奈渠長苦何리요하니 卽愍其淪
溺이라 而言倒者는 亦愍其因이 但由顚倒니 如提婆菩薩이 被外道開
腹거늘 弟子欲追한대 菩薩이 廣說法空하야 誡諸弟子云호대 此等顚
倒로 妄見我人일새 故生此惡하나니 不了性空하야 無有眞實等이라하
니라 斯卽九中에 二世樂者는 論云호대 二世樂忍이 有九하니 謂菩薩
住不放逸하야(一) 於諸善法에 悉能堪忍하며(二) 於諸寒熱에 悉能
堪忍하며(三) 於諸飢渴과(四) 於蚊虻觸과(五) 於諸風日과(六) 於
蛇蠍觸과(七) 於諸劬勞에 所生種種인 若身若心의 疲倦憂惱와(八)
於墮生死와 生老病死苦等한 有情現前하야 哀愍而修忍行이라하니
(九) 上六에 皆有悉能堪忍之言이라 論云호대 如是順忍에 得二世樂
이라하니 斯亦總相이니 愍念衆生하야 令得二世樂也니라

저 중생이 고해에 빠져 거꾸러짐을 어여삐 여긴다고 한 것은 『지도
론』을 기준하여 말한다면 나후라가 외도外道들에게 때림을 입고서
슬피 울거늘, 사람들이 그 까닭을 물은 데[463] 대답하여 말하기를
나의 괴로움은 잠시 그렇거니와 저 외도들의 장시간 괴로움을 어찌

---

463 사람들이 그 까닭을 물었다고 한 등은 저 사람들은 아공인我空人으로써
자비를 좇는 까닭으로 물은 것이다. 역시 『잡화기』의 말이다.

하겠는가 하였으니,

곧 그가 고해에 빠질 것을 슬퍼한 것이다.

거꾸러졌다고 말한 것은 또한 그 원인이 다만 전도로 인유함을 슬퍼한다는 것이니,

마치 제바보살이 외도에게 배가 찢김을 입었거늘, 제자가 그 까닭을 추궁하고자 한대 보살이 폭넓게 법이 공함을 설하여 모든 제자에게 경계하여 말하기를 이런 등의 전도로 허망하게 아我와 인人이 있다고 보기에 그런 까닭으로 이 악도에 태어나나니 자성이 공하여 진실이 없는 줄 알지 못하는 등이다 하였다.

이것은 구문 가운데 두 세상에 즐거움을 준다고 한 것은 『유가론』[464]에 말하기를 두 세상에 즐거움을 주는 인욕(二世樂忍)이 아홉 가지가 있나니,

말하자면 보살이 불방일不放逸에 머물러(一),

모든 선법에 다 능히 감당하여 참으며(二),

모든 차고[465] 더움에 다 능히 감당하여 참으며(三),

모든 굶주림과 목마름과(四),

모기와 등에[466]에 물리는 것과(五),

모든 바람과 태양과(六),

---

464 『유가론』은 사십이권四十二卷이다.

465 業 자는 寒 자의 잘못이다. 『잡화기』에는 본 『유가론』에는 한寒 자로 되어 있다 하였다.

466 등에는 쇠파리와 같은 등이다.

뱀과 전갈에 물리는 것과(七),

모든 힘들고 피로함에 생기는 바 가지가지인 혹 몸과 마음의 피곤함과 게으름과 근심과 고뇌와(八),

생사와 생로병사의 괴로움 등에 떨어진 유정에게 앞에 나타나 어여뻐 여겨 인욕의 행을 닦는다 하였으니(九),

위에 여섯 구절467에 다 능히 감당하여 참는다(悉能堪忍)는 말이 있어야 한다.

『유가론』468에 말하기를 이와 같이 수순하여 인욕함에 두 세상에 즐거움을 얻는다 하였으니,

이것도 또한 총상이니 중생을 어여삐 생각하여 하여금 두 세상에 즐거움을 얻게 하는 것이다.

---

467 七 자는 六 자의 잘못이다. 四句부터 九句까지이다.
468 『유가론』은 역시 사십이권이다.

경(經)

佛子야 何等이 爲菩薩摩訶薩의 無屈撓行고

불자여, 어떤 등이 보살마하살의 굴복하거나 꺾임[469]이 없는 행이
되는가.

소(疏)

第四는 無屈撓行이라 撓者는 曲也弱也니 卽牢強精進也라

제 네 번째는 굴복하거나 꺾임이 없는 행이다.
뇨撓 자는 굽힌다는 뜻이며 약하다는 뜻이니,
곧 굳고 강하게 정진한다는 것이다.

초(鈔)

撓者는 卽周易大過卦意니 易云호대 大過棟撓니 利有攸往亨이라하
얏거늘 象曰호대 大過는 大者는 過也요 棟撓는 本末弱也라하니 易文은
以弱釋撓니라 音義云호대 撓者는 曲也라하니 曲之與弱이 義相似也
니라 今取弱義하야 釋無屈撓니 則弱者가 亦曲也니라 旣曰牢強인댄
則無屈弱이라 然梵云鉢履耶捼多는 此云無盡이니 卽晉經之名이라

撓를 청량은 曲 자로 해석하였으나, 여기서 우납愚衲은 원래 글자의 뜻인
꺾인다로 해석하였다.

謂大願之力이 無有盡耳니 此亦大同하니라

뇨라고 한 것은 곧 『주역』에 대과괘大過卦[470]의 뜻이니,
『주역』에 말하기를[471] 대과괘는 대들보가 꺾어지는 모습이니 이롭기
가 갈 곳이 있는 것이 형통하다 하였거늘

---

[470] 대과괘大過卦는 64괘 가운데 제이십팔괘第二十八卦이다. 소과괘小過卦는 제육
십이괘第六十二卦이다.

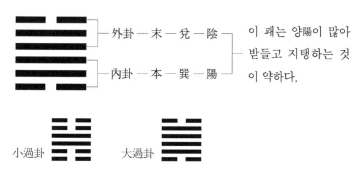

소과괘는 상·하에 각각 이효二爻가 음이니 음이 많고, 대과괘는 중간에
사효四爻가 다 양이니 양이 지나치게 많다.

[471] 『주역』에 말하기를이라고 한 등은 『언해본諺解本』에 대과大過는 동동棟이 뇨요撓
하니 이리가 왕왕往할 바를 둠이 형亨이라 하였다. 『좌씨전左氏傳』에 말하기를
소과괘小過卦는 음陰이 상·하에 지나치게 많고(過多) 대과괘大過卦는 양陽이
중간에 지나치게 많나니 양이 중간에 지나치게 많아 상·하가 약하다. 그런
까닭으로 대들보가 꺾이는 모습이 되는 것이다. 대들보는 그 승중勝重한
것을 취한 것이나 네 개의 양효陽爻가 그 가운데 모이니 가히 중重하다
말할 것이요, 꺾인다고 한 것은 그 본말本末을 취한 것이나 약한 가운데
강한 것이니 본말이 약한 것이다. 이런 까닭으로 꺾인다고 말하는 것이니,
음이 약하고 양이 강한 것이다. 따라서 군자는 성하고 소인은 쇠하는 까닭으
로 이롭기가 갈 곳이 있는 것이 형통하다 하였다. 역시 『잡화기』의 말이다.

단彖에 말하기를 대과괘라고 한 것은 큰 것은 지나치다는 것이요 대들보가 꺾인다고 한 것은 근본과 지말이 약하다는 것이다 하였으니,

『주역』의 문장은 약하다는 뜻으로써 꺾인다(撓)는 뜻을 해석한 것이다.

『화엄음의音義』에 말하기를[472] 뇨撓라는 것은 굽힌다(曲)는 뜻이다 하였으니,

굽힌다는 것과 더불어 약하다는 것이 뜻이 서로 비슷한 것이다.

지금에는 약하다는 뜻을 취하여 굴복하거나 꺾임이 없다는 것을 해석한 것이니

곧 약한[473] 자가 또한 굽히는 것이다.

이미 말하기를 굳고 강하다고 하였다면 곧 굴복하거나 약함이 없다는 것이다.

그러나 범본에 발리야날다라고 말한 것은 여기에서 말하면 끝이 없다(無盡)는 것이니,

곧 진경晉經에서 이름한 것이다.

---

472 『화엄음의』에 말하였다고 한 것은 저『음의音義』에 말하기를『좌씨전』에 말하기를 뇨撓는 곡曲의 뜻이다 하고,『집한서주集漢書註』에 말하기를 뇨撓는 약弱의 뜻이다 하였다. 이 가운데 글의 뜻은 정진바라밀이 용맹스럽고 사납게 다스리고 경책하여 퇴굴하거나 겁약함이 없게 함을 밝힌 것이다. 그러나 뇨撓 자는 바로 응당 나무를 좇아 말한 것이어늘 경본經本에 어떤 사람이 재주를 좇아 말한 것이라고 한 것은 잘못이다 하였다. 역시『잡화기』의 말이다.
473 북장北藏에는 弱 자가 屈 자로 되어 있다.

말하자면 큰 서원의 힘이 끝이 없다는 것이니,

여기에 굴복하거나 꺾임이 없는 행도 또한 크게는 같다.[474]

---

474 원문에 차역대동此亦大同이라고 한 것은 여기에 굴복하거나 꺾임이 없이
수행하는 것도 끝이 없이 한다는 것이다.

經

此菩薩이 修諸精進하나니 所謂第一精進과 大精進과 勝精進과
殊勝精進과 最勝精進과 最妙精進과 上精進과 無上精進과 無等
精進과 普遍精進이니라

이 보살이 모든 정진을 닦나니
말하자면 제일가는 정진과
큰 정진과
수승[475]한 정진과
매우 수승한 정진과
가장 수승한 정진과
가장 묘한 정진과
높은 정진과
더 이상 높을 수 없는 정진과
비등할 수 없는 정진과
널리 두루하는 정진입니다.

---

[475] 수승殊勝이란, 보편적으로 수승하다고 말하지만 엄격히 따지면 이 殊 자가
'매우 수'자이기에 매우 수승하다 해야 한다. 그러나 차후에도 殊 자를
비견하지 아니하면 다만 수승하다고만 번역하겠다.

疏

二에 釋相中二니 先은 總顯其相이요 後는 隨難別釋이라 前中文三이니 初는 正顯精進이요 二에 性無下는 明離過失이요 三에 但爲下는 辨進所爲니 此之三段이 初는 即總擧요 次는 是釋精이니 謂無雜故요 三은 是釋進이니 趣所爲故라 今初正顯中에 初句는 標行所屬이요 所謂已下는 顯勝列名이니 精進多名은 望業用故니라 初第一者는 亦是首義니 此義有三이라 一은 大故第一이니 謂爲大菩提故요 二는 勝故第一이니 光明功德故요 三은 殊勝故第一이니 謂超出故라 第二에 大亦三義니 一은 最勝故大니 勝中極故가 如世大王이요 二는 最妙故大니 事理融通故가 如世大德이요 三은 上故大니 行體高上이 如世尊長이라 第三勝者도 亦有三義하니 一은 無上故勝이니 不可加故요 二는 無等故勝이니 不可匹故요 三은 普遍故勝이니 體周法界하야 無可勝故니라

두 번째 행의 모습을 해석한 가운데 두 가지가 있나니
먼저는 그 모습을 한꺼번에 나타낸 것이요
뒤에는 질문함을 따라 따로 해석한 것이다.
앞의 그 모습을 나타낸다고 한 가운데 경문이 세 가지가 있나니
처음에는 바로 정진을 나타낸 것이요
두 번째 자성에 삼독이 없다고 한 아래는 허물을 떠난 것을 밝힌 것이요
세 번째 다만 일체 번뇌를 끊기 위한 까닭이라고 한 아래는 정진하는

바를 분별한 것이니

이 삼단이 처음 단은 곧 한꺼번에 거론한 것이요

다음 단은 정精을 해석한 것이니

말하자면 잡염이 없는 까닭이요

세 번째 단은 진進을 해석한 것이니

하는 바에 나아간 까닭이다.

지금은 처음으로 바로 정진을 나타낸 가운데 처음 구절은 행의 소속을 표한 것이요

말하자면이라고 한 이하는 수승함을 나타내어 정진의 이름을 열거한 것이니,

정진의 많은 이름은 업의 작용을 희망하는 까닭이다.

처음에 제일이라고 한 것은 역시 으뜸의 뜻이니,

여기에 뜻이 세 가지가 있다.

첫 번째는 큰 까닭으로 제일이니

말하자면 큰 보리가 되는 까닭이요

두 번째는 수승한 까닭으로 제일이니

광명의 공덕인 까닭이요

세 번째는 매우 수승한 까닭으로 제일이니

말하자면 뛰어난 까닭이다.

제 두 번째 크다고 한 것도 또 한 세 가지 뜻이 있나니

첫 번째는 가장 수승한 까닭으로 큰 것이니,

수승한 가운데 지극히 수승한 까닭이 마치 세상에 대왕과 같은 것이요

두 번째는 가장 묘한 까닭으로 큰 것이니

사리가 융통한 까닭이 마치 세상에 대덕大德과 같은⁴⁷⁶ 것이요

세 번째는 높은 까닭으로 큰 것이니

행의 자체가 높은 것이 마치 세존이 장대하신 것과 같다.

제 세 번째 수승하다고 한 것도 또한 세 가지 뜻이 있나니

첫 번째는 더 이상 높을 수 없는 까닭으로 수승한 것이니

가히 더할 수 없는 까닭이요

두 번째는 비등할 수 없는 까닭으로 수승한 것이니

가히 짝할 수 없는 까닭이요

세 번째는 널리 두루한 까닭으로 수승한 것이니

자체가 법계에 두루하여 가히 이길 수 없는 까닭이다.

鈔

此義有三者는 此十地勢라 十句相釋하니 以二三四로 釋於初句하고

---

476 원문에 여세대덕如世大德이라고 한 것은 『중용中庸』에 말하기를 大德者는 必得其位하며 必得其祿하며 必得其名하며 必得其壽라 하였다. 즉 큰 덕을 가진 사람은 반드시 그 지위를 얻으며, 반드시 그 복록을 얻으며, 반드시 그 이름을 얻으며, 반드시 그 수명을 얻는다 하였다.

以五六七로 釋第二大字하고 以八九十으로 釋第三勝字하니 文並可
知라

여기에 뜻이 세 가지가 있다고 한 것은 이것은 십지품의 문세이다.
열 구절로써 서로 해석하였으니
십지의 제이구와 제삼구와 제사구로써 지금의 처음 구절[477]을 해석
하고,
제오구와 제육구와 제칠구로써 제 두 번째 크다는 글자를 해석하고,
제팔구와 제구구와 제십구로써 제 세 번째 수승하다는 글자를 해석
한 것이니,
문장은 모두 가히 알 수가 있을 것이다.

---

477 원문에 初句는 수에 第一精進이다.

經

性無三毒하며 性無憍慢하며 性不覆藏하며 性不慳嫉하며 性無
諂誑하며 性自慚愧하야 終不爲惱一衆生故로 而行精進하니라

자성에 삼독이[478] 없으며
자성에 교만이 없으며
자성에 덮고 감추는 것이 없으며
자성에 아끼고 질투하는 것이 없으며
자성에 아첨하고 속이는 것이 없으며
자성에 스스로 부끄러워하여 마침내 한 중생이라도 뇌롭게 하기
위한 까닭으로 정진을 행하는 것이 아닙니다.

疏

二에 離過中에 卽難行精進이라 性無間雜이 最爲難故로 先離自
惱之過니 謂本隨煩惱가 任運不起일새 故曰性無이라하니 圓融敎
中엔 地前得爾라하니라 後에 終不爲下는 明離惱他라

두 번째[479] 허물을 떠난 가운데 곧 행하기 어려운 정진이다.

---

478 자성에 삼독 운운은 제일구에 탐·진·치 삼독의 세 가지가 있고, 제사구에
   아끼고 질투하는 두 가지가 있고, 제오구에 아첨과 속이는 두 가지가 있어
   六句에 十이 되는 것이다.
479 이離 자 위에 二 자가 있는 것이 좋다.

자성에 사이마다 잡염⁴⁸⁰을 없애는 것이 가장 어려움이 되는 까닭으로
먼저 스스로 고뇌하는 허물을 떠나는 것이니
말하자면 근본번뇌와 수번뇌가 마음대로 일어나지 않기에 그런
까닭으로 자성에 삼독 등이 없다 하였으니, 원융교 가운데는 십지
전에 그러함을 얻는다 하였다.

뒤에 마침내 한 중생이라도 뇌롭게 하기 위한 까닭으로 정진을
행하는 것이 아니라고 한 아래는 저 중생에게 뇌로움을 떠나게
함을 밝힌 것이다.

鈔

卽難行者는 在文易知라 然皆忘三輪故로 精進이니 三輪者는 卽衆生
의 高下事用을 分別이라

곧 행하기 어렵다고 한 것은 문장을 쉽게 알 수 있을 것이다.
그러나 다 삼륜을 잊은 까닭으로 정진하는 것이니,
삼륜이라고 하는 것은 곧 중생의 높음과 낮음과 사실 작용을 분별하
는 것이다.

---

480 원문에 간잡間雜은 삼독三毒 등이다.

經

但爲斷一切煩惱故로 而行精進하며 但爲拔一切惑本故로 而行
精進하며 但爲除一切習氣故로 而行精進하며

다만 일체 번뇌를 끊기 위한 까닭으로 정진을 행하며
다만 일체 번뇌의 근본을 뽑기 위한 까닭으로 정진을 행하며
다만 일체 습기를 제멸하기 위한 까닭으로 정진을 행하며

疏

三에 辨精進所爲中에 有二十句하니 具含三種精進이라 但爲는
是被甲이니 四弘願故요 而行은 卽是方便加行이요 所爲之法은
是所攝善이라

세 번째 정진하는 바를 분별하는 가운데 스무 구절이 있나니
세 가지 정진을 갖추어 포함하고[481] 있다.
다만 위한다고 한 것은 이것은 피갑被甲[482]이니 사홍서원인 까닭이요
정진을 행한다고 한 것은 곧 이것은 방편인 가행[483]이요
정진하는 바 법은 이것은 섭수할 바 선이다.

---

481 含 자는 초문에 含 자이니 고친다.
482 피갑被甲은 영인본 화엄 6책, p.586, 2행에 설출說出하였다.
483 가행加行은 가행도이니 방편도方便道라고도 한다.

鈔

具含三種精進者는 唯識說三호대 一은 被甲이요 二는 攝善이요 三은
利樂이라하얏거늘 無性釋云호대 一은 被甲이요 二는 加行이요 三은
無怯弱이며 無退轉이며 無喜足이라 初者는 謂最初時에 自勵言호대
我當作如是事리라하니 即是解契經所說인 初有勢力句요 次에 即加
行은 有勤句요 無怯等者는 謂隨事意樂하야 所作善事와 乃至安坐妙
菩提座히 後不放捨하야 於自疲苦에 心無退屈이 名無怯弱이며 於他
逼惱에 心不動移가 名無退轉이며 乃至菩提히 於其中間에 進修善品
하야 常無懈廢가 名無喜足이니 如是三句는 解釋契經所說인 有勇堅
猛하야 於諸善法에 不捨離故라하니라 世親釋三精進은 大同無性이
釋經五句하나니 復云호대 所以者何고 或有最初에 求於無上正等菩
提에 雖有勢力이나 而加行時에 不能策勵일새 故說有勤이요 雖復有勤
이나 心或怯弱하나니 爲對治彼일새 故說有勇이니 由有勇故로 心無
退屈이요 心雖無怯이나 逢生死苦에 心或退轉하나니 由此하야 退失
所求佛果일새 爲對治彼하야 立無退轉이라 無退轉者는 即是堅猛할
새 故不退轉이니 顯示堅猛은 由有堅故로 逢苦不退하고 由有猛故로
不懼於苦니라 雖逢衆苦라도 能不退轉이나 而得少善하면 便生喜足
하나니 由此하야 不證無上菩提일새 是故로 次說無喜足이라 是不得
少善으로 生喜足義니 此即顯示不捨善軛이니라 由此義故로 說三精進
이라하니라 然被甲者는 從喻立名이니 如人入陣에 先須被甲하고 以防
弓矢인달하야 今求菩提에 必先誓願으로 以防退屈이니라 本業經直
云호대 一은 起大誓願之心이요 二는 方便進修요 三은 勤化衆生이라

하니라

세 가지 정진을 갖추어 포함하고 있다고 한 것은 『유식론』에[484]

세 가지 정진을 설하되

첫 번째는 피갑정진이요

두 번째는 섭선정진이요

세 번째는 이락정진이라 하였거늘,

무성이 해석하여 말하기를 첫 번째는 피갑정진이요

두 번째는 가행정진이요

세 번째는 겁약이 없으며 퇴전이 없으며 기쁘거나 만족함이 없는
정진이다.

처음에 피갑 정진이라고 한 것은 말하자면 최초 시時에 스스로
근려勤勵하여 말하기를 내가 마땅히 이와 같은 일을 지을 것이다
하였으니,

곧 이것은[485] 계경契經에서 설한 바인 처음에 세력이 있다는 구절[486]을

---

484 『유식론』 운운은 그러나 『유식론』과 『섭론』에서 설한 바 세 가지 정진이
서로 대조하여 보니 서로 빠진 것이 있다. 『유식론』에는 이락정진은 있으나
가행정진은 없고 『섭론』에는 가행정진은 있으나 이락정진은 없거니와, 지금
에 경은 다 갖추고 있나니 여기 총현總顯 가운데 가행정진을 포함하고 있고
아래 별석別釋 가운데 이락정진을 밝히고 있는 까닭이다. 역시 『잡화기』의
말이다.

485 원문 즉시卽是라고 한 아래에 해解 자는 양용兩用이니 다음 줄 근구勤句라
한 아래에서 해석할 것이다.

486 계경契經 오구五句 가운데 제일구第一句이다.

해석한 것이요

다음에 곧 가행⁴⁸⁷이라고 한 것은 계경에서 근려함이 있다는 구절⁴⁸⁸을 해석한 것이요

겁약이 없다고 한 등은 말하자면 일을 따라⁴⁸⁹ 마음에 좋아하여 지은 바 좋은 일과 이에 묘한 보리의 자리에 편안히 앉음에 이르기까 지 그 뒤에⁴⁹⁰ 방일하거나 버리지 아니하여 스스로 피곤하거나 괴로움 에 마음이 퇴굴함이 없는 것이 이름이 겁약이 없는 것이며,

다른 사람이 핍박하거나 뇌롭게 함에 마음이 이동함이 없는 것이 이름이 퇴전이 없는 것이며,

이에 보리에 이르기까지 그 중간에 정진하여 선품善品을 닦아 항상 게으르거나 그침이 없는 것이 이름이 기뻐하거나 만족함이 없는 것이니,

이와 같은 세 구절은 계경에서 설한 바인 용맹이 있고 견맹堅猛이 있어서 모든 선법에 버리고 떠남이 없다는⁴⁹¹ 것을 해석한 까닭이다 하였다.

---

487 원문에 차즉가행次卽加行이란, 갖추어 말하면 차즉가행次卽加行은 즉시해계 경소설卽是解契經所說인 유근구有勤句라 해야 할 것이다.

488 계경契經 오구五句 가운데 제이구第二句이다.

489 원문에 수사隨事라 한 사事 자는 무성석론에는 없다.

490 원문에 후後 자는 무성석론에는 종終 자이고, 갑·남·속 금장경에는 후後 자이다.

491 용맹 운운은, 용맹은 계경 오구 가운데 제삼구이고, 견맹은 계경 오구 가운데 제사구이고, 선법에 버리고 떠남이 없다고 한 것은 계경 오구 가운데 제오구 이다.

세친이 세 가지 정진을 해석한 것은 무성이 계경에 다섯 구절을 해석한 것과 크게는 같나니[492]

다시 말하기를[493] 까닭이 무엇인가.[494]

혹 어떤 사람이 최초에 무상정등보리를 구함에 비록 세력이 있었지만 그러나 가행정진할 때에[495] 능히 책려策勵하지 못하였기에 그런 까닭으로 근려가 있어야 한다고 말하는 것이요

비록 다시[496] 근려가 있었지만 마음이 혹 겁약하나니,

저 마음을 대치하기 위하기에 그런 까닭으로 용맹이 있어야 한다고 말하는 것이니 용맹이 있음을 인유한 까닭으로 마음이 퇴굴이[497]

---

492 원문에 세친석삼정진世親釋三精進은, 대동무성석경오구大同無性釋經五句라고 한 것은 삼정진三精進 가운데 그 자체가 다 차별한 것은 곧 박가범薄伽梵의 계경契經 가운데서 말한 것이니, 즉 유세有勢, 유근有勤, 유용有勇, 견맹堅猛, 불사선액不捨善軛이다.
  원문에 석경오구釋經五句는 初有勢는 無性釋에 被甲이요 次有勤은 無性釋에 加行이요 次有勇은 無性釋에 無怯弱이요 次堅猛은 無性釋에 無退轉이요 次不捨善軛은 無性釋에 無喜足이다.
  『섭대승론攝大乘論』 칠권七卷의 무성석론無性釋論과 세친석론世親釋論에 다 설출하였다.

493 원문에 부운復云 이하는 第一句이다.

494 다시 말하기를 까닭이 무엇인가 한 등은 이것은 『세친론』 문을 인용한 것이니, 그 모습을 해석한 문장은 곧 『무성론』으로 더불어 같은 까닭으로 인용하지 않고, 지금 여기서는 다만 그 세친이 세 가지 정진을 세운 까닭에 대한 문장만 인용하였다. 역시 『잡화기』의 말이다.

495 원문에 이가행시而加行時는 第二句이다.

496 원문에 수부雖復 이하는 第三句이다.

없는 것이요

마음이 비록 겁약이 없지만[498] 생사의 고통을 만남에 마음이 혹 퇴전하나니,

이것을 인유하여 구할 바 불과를 퇴실하기에 저 마음을 대치하기 위하여 퇴전이 없음을 세운 것이다.

퇴전이 없다고 한 것은 곧 이것은 견맹하기에 그런 까닭으로 퇴전이 없다는 것이니,

견맹을 현시한 것은 견고함이 있음을 인유한 까닭으로 고통을 만나지만 퇴전하지 않고 용맹함이 있음을 인유한 까닭으로 고통을 두려워하지 않는 것이다.

비록 수많은 고통을 만날지라도[499] 능히 퇴전하지 않지만 그러나 조그만 선을 얻으면 문득 기뻐하고 만족함을 내나니,

이것을 인유하여 무상보리를 증득할 수 없기에 그런 까닭으로 다음에 기뻐하거나 만족함이 없음을 설한 것이다.

이것은 조그만 선으로 기뻐하거나 만족함을 내지 말라는 뜻이니,

이것은 곧 선의 멍에[500]를 버리지 못한 것을 현시한 것이다.

이런 뜻을 인유한 까닭으로 세 가지 정진을 설한다 하였다.

그러나 피갑이라고 한 것은 비유로 좇아 이름을 세운 것이니,

---

497 원문 퇴굴退屈 下에 응지겁약應知怯弱이 즉시퇴굴卽是退屈이라는 글자가 본론本論에는 더 있다.

498 원문에 심수무겁心雖無怯 이하는 第四句이다.

499 원문에 수봉중고雖逢衆苦 이하는 第五句이다.

500 輗은 '멍에 억' 자이다.

마치 어떤 사람이 싸움터⁵⁰¹에 들어감에 먼저 반드시 갑옷을 입고
활의 화살을 대비하는 것과 같아서, 지금에 보리를 구함에 반드시
먼저 서원으로써 퇴굴함을 대비하는 것이다.

『본업경』에 바로 말하기를 첫 번째는 큰 서원의 힘을 일으키는
것이요
두 번째는 방편으로 정진하고 수행하는 것이요
세 번째는 부지런히 중생을 교화하는 것이다 하였다.

疏

文分爲四리니 初三은 斷惑이요 次七은 度生이요 次四는 知法이요
後六은 求佛이니 卽四弘也라 今初니 初는 斷現行이요 次는 斷種子
요 後는 斷餘習이라

경문을 나누어 네 가지로 하리니
처음에 세 구절은 번뇌를 끊는 것이요
다음에 일곱 구절은 중생을 제도하는 것이요
다음에 네 구절은 법을 아는 것이요
뒤에 여섯 구절은 부처를 구하는 것이니
곧 사홍서원이다.

---

501 陣은 싸울 진, 곧 전쟁터이다.

지금은 처음으로 처음 구절은 현행을 끊는 것이요
다음 구절은 종자를 끊는 것이요
뒤에 구절은 나머지 습기를 끊는 것이다.

經

但爲知一切衆生界故로 而行精進하며 但爲知一切衆生死此生
彼故로 而行精進하며 但爲知一切衆生煩惱故로 而行精進하며
但爲知一切衆生心樂故로 而行精進하며 但爲知一切衆生境界
故로 而行精進하며 但爲知一切衆生諸根勝劣故로 而行精進하
며 但爲知一切衆生心行故로 而行精進하며

다만 일체중생의 세계를 알기 위한 까닭으로 정진을 행하며
다만 일체중생이 이곳에서 죽어 저곳에 태어남을 알기 위한 까닭으
로 정진을 행하며
다만 일체중생의 번뇌를 알기 위한 까닭으로 정진을 행하며
다만 일체중생의 마음에 좋아함을 알기 위한 까닭으로 정진을
행하며
다만 일체중생의 경계를 알기 위한 까닭으로 정진을 행하며
다만 일체중생의 제근諸根이 수승하고 하열함을 알기 위한 까닭으
로 정진을 행하며
다만 일체중생의 마음 가는 곳을 알기 위한 까닭으로 정진을 행하며

疏

二에 度衆生中에 爲成十力智故니 煩惱는 是漏니 意令其盡이요
境界는 卽遍趣行이요 心行은 義兼於業이요 生死는 義兼宿住요

處非處力은 總故不明이라

두 번째 중생을 제도하는 가운데는 십력十力 지혜를 이루기 위한 까닭
이니
번뇌는 이 누진漏盡이니,
그 뜻이 그 번뇌로 하여금 다하게 하는 것이요
경계는 곧 변취행이요[502]
마음 가는 곳은 그 뜻이 업이숙業異熟을 겸한 것이요
생사는 그 뜻이 숙주宿住를 겸한 것이요
처비처력은 총설인 까닭으로 밝히지 않는다.

---

502 변취행이라고 한 것은 곧 곳곳마다 이르는 도지道智이고, 마음 가는 곳은
그 뜻이 업이숙을 겸하였다고 한 것은 이것은 삼매이지만 업보를 겸한
것이고, 생사는 그 뜻이 숙주를 겸하였다고 한 것은 이것은 천안天眼이지만
숙주를 겸한 것이니 나머지는 곧 가히 알 수 있을 것이다. 또 소본疏本을
볼 것이다. 역시 『잡화기』의 말이나 변취행은 십력 가운데 일곱 번째이고,
곳곳마다 이르는 도지道智는 십지十智 가운데 일곱 번째이다. 삼매는 세
번째 정려靜慮이고, 업보는 업이숙이니 두 번째이고, 생사는 아홉 번째이고,
숙주는 여덟 번째이다.

經

但爲知一切法界故로 而行精進하며 但爲知一切佛法根本性故
로 而行精進하며 但爲知一切佛法平等性故로 而行精進하며 但
爲知三世平等性故로 而行精進하며

다만 일체 법계를 알기 위한 까닭으로 정진을 행하며
다만 일체 불법의 근본 자성을 알기 위한 까닭으로 정진을 행하며
다만 일체 불법의 평등한 자성을 알기 위한 까닭으로 정진을 행
하며
다만 삼세의 평등한 자성을 알기 위한 까닭으로 정진을 행하며

疏

三에 有四句는 知法이라 於中에 初總餘別이라 別中一은 事法界니
若自入法인댄 則以淨信으로 爲根本이요 若約利他인댄 則以慈悲
로 爲根本等이라 二는 卽理法界니 云平等性이라 三은 事理無礙法
界니 三世之事가 卽平等理性也며 事隨理融일새 義含事事無礙
니라

세 번째 네 구절이 있는 것은 법을 아는 것이다.
그 가운데 처음 구절은 한꺼번에 표한 것이요,
나머지 구절은 따로 나타낸 것이다.
따로 나타낸 가운데 첫 번째는 사법계이니,

만약 스스로 법계에 들어가려 한다면 곧 청정한 믿음으로써 근본을
삼아야 할 것이요

만약 이타를 잡는다면[503] 곧 자비로써 근본을 삼아야 하는 등이다.

두 번째는 곧 이법계이니

말하자면 평등한 자성이다.

세 번째는 사리무애법계이니

삼세의 사실이 곧 평등한 진리의 자성이며,

사실이 진리를 따라 융합하기에 그 뜻이 사사무애법계도 포함하고
있는 것이다.

---

[503] 원문에 약약이타若約利他라고 한 것은 다른 사람으로 하여금 법계에 들어가게
하려 한다면이라는 뜻이다.

經

但爲得一切佛法智光明故로 而行精進하며 但爲證一切佛法智
故로 而行精進하며 但爲知一切佛法一實相故로 而行精進하며
但爲知一切佛法無邊際故로 而行精進하며 但爲得一切佛法廣
大決定善巧智故로 而行精進하며 但爲得分別演說一切佛法句
義智故로 而行精進이니라

다만 일체 불법의 지혜 광명을 얻기 위한 까닭으로 정진을 행하며
다만 일체 불법의 지혜를 증득하기 위한 까닭으로 정진을 행하며
다만 일체 불법의 한 실상을 알기 위한 까닭으로 정진을 행하며
다만 일체 불법이 끝이 없음을 알기 위한 까닭으로 정진을 행하며
다만 일체 불법의 광대함과 결정함과 선교한 지혜를 얻기 위한
까닭으로 정진을 행하며
다만 일체 불법의 구절과 뜻을 분별하여 연설하는 지혜를 얻기
위한 까닭으로 정진을 행하는 것입니다.

疏

四에 有六句는 求佛이라 於中初二는 卽智니 初句는 敎智光明이요
後句는 證智라 次二는 知境이니 先眞後俗이라 後二는 皆權智니
前句는 知機識藥이요 後句는 四辯宣陳이니 分別演說은 卽是樂說
이니 說於法義요 句는 卽是辭라 上之四弘에 初二는 知苦斷集이요

後二는 修道證滅이니 卽無作四諦之境也라

네 번째 여섯 구절이 있는 것은 부처님을 구하는 것이다.
그 가운데 처음에 두 구절은 곧 지혜이니
처음 구절은 교지敎智의 광명이요
뒤에 구절은 증지證智이다.
다음에 두 구절은 경계를 아는 것이니
먼저는 진제요
뒤에는 속제이다.
뒤에 두 구절은 다 권지權智이니
앞에 구절은 근기를 알고 약을 아는 것이요
뒤에 구절은 사四무애변으로 선설하여 진술한 것이니
분별하여 연설한다고 한 것은 곧 이것은 요설무애변이니
불법의 뜻을 설하는 것이요
구句라고 한 것은 곧 이것은 사辭무애변이다.
위에 사홍서원[504]에 처음에 두 가지는 괴로움을 아는 것과 그 집集을 끊는 것이요
뒤에 두 가지는 도를 닦는 것과 적멸을 증득하는 것이니,
곧 무작사제無作四諦의 경계이다.

---

504 원문에 사홍四弘은 단혹斷惑과 도생度生과 지법知法과 구불求佛이다. 영인본 화엄 6책, p.586, 6행에 설출하였다.

經

佛子야 菩薩摩訶薩이 成就如是精進行已에 設有人言호대 汝頗
能爲無數世界에 所有衆生의 以一一衆生故로 於阿鼻地獄에 經
無數劫토록 備受衆苦하야 令彼衆生으로 一一得値無數諸佛이
出興於世케하며 以見佛故로 具受衆樂케하며 乃至入於無餘涅
槃케하야사 汝乃當成阿耨多羅三藐三菩提하리니 能爾不耶아하
면 答言我能이라하리라

불자여, 보살마하살이 이와 같은 정진행을 성취한 이후에 설사
어떤 사람이 말하기를 그대가 자못 능히 수없는 세계에 있는 바
중생의 낱낱 중생을 위한 까닭으로 아비지옥에서 수없는 세월을
지나도록 수많은 고통을 갖추어 받아 저 중생으로 하여금 낱낱이
수없는 모든 부처님이 세상에 출흥하심을 만나게 하며 부처님을
만나 친견한 까닭으로 수많은 즐거움을 갖추어 받게 하며 내지
무여열반에 들게 하여야 그대가 이에 마땅히 아뇩다라삼먁삼보리
를 얻을 것이니 능히 그렇게 하겠는가 하면, 답하여 말하기를
나는 능히 그렇게 할 수 있다 할 것입니다.

疏

第二에 佛子菩薩下는 隨難別釋이라 於中二니 先은 明被甲精進이
요 後는 明利樂精進이라 今初는 全同瑜伽之文이나 但論은 以被甲

爲初니 約先心自誓故라 本業三進之中엔 初名大誓라하얏거늘 今
居攝善之後하니 就假設遇緣耳라 文有兩番問答하니 初番可知라

제 두 번째 불자여, 보살이라고 한 아래는 질문함을 따라 따로
해석[505]한 것이다.
그 가운데 두 가지가 있나니
먼저는 피갑정진을 밝힌 것이요
뒤에는 이락정진을 밝힌 것이다.
지금은 처음으로 『유가론』의 문장과 온전히 같지만, 다만 『유가
론』은 피갑정진으로 처음을 삼았으니
먼저 마음에 스스로 서원함을 잡은 까닭이다.
『본업경』의[506] 세 가지 정진 가운데는 처음에 이름을 큰 서원이라
하였거늘 지금에는 섭선攝善정진 뒤에 있으니[507]

---

505 원문에 수난별석隨難別釋이란, 隨難의 難은 問이고, 別釋의 釋은 答이다.
   경문經文 末行까지는 問이고, 그 아래는 答이다. 或者가 『私記』에 難 자를
   難行이라고 한 것은 잘못이다.
506 『본업경本業經』 운운은 영인본 화엄 6책, p.586, 4행에 설출說出하였다.
507 지금에는 섭선攝善정진 뒤에 있다 운운한 것은 위의 총현總顯 가운데 비록
   세 가지 정진을 갖추어 말하였으나 그 피갑정진과 가행정진은 다만 위한다(但
   爲)는 것과 정진을 행한다(而行)는 등의 글자로써 섭수하였을 뿐이요, 그
   정진하는 바 법(所爲之法)은 다 이 섭선정진이니, 곧 이것은 섭선정진으로써
   주主를 삼는 까닭으로 아래 게송에 오직 섭선으로써 과목한 것이다. 역시
   『잡화기』의 말이나, 위의 총현이라고 한 것은 영인본 화엄 6책, p.584,
   2행이다.

가설한 인연을 만남에 나아간 것이다.⁵⁰⁸

경문에 두 번 묻고 답한 것이 있나니
첫 번째 묻고 답한 것은 가히 알 수가 있을 것이다.

鈔

今初는 全同瑜伽之文者는 四十二云호대 一은 擐誓甲이니 若我脫一
有情인댄 以千大劫으로 爲一日夜하야 處於地獄하야 經爾所時하야
證大菩提하며 乃至過此千俱胝倍라도 無懈怠心거든 況短時苦薄耶
아 有能於此에 生少淨信已에도 長養無量勇猛한 大菩提性거든 況成
就耶아하니 故云約先心自誓라하니라

지금은 처음으로 『유가론』과 온전히 같다고 한 것은 『유가론』 사십
이권에 말하기를 첫 번째는 서원의 갑옷을 입는⁵⁰⁹ 것이니,
만약 내가 한 중생의 고통도 해탈케 하려 한다면 대천세월로써
하룻날 밤을 삼아 지옥에 거처하여 그런 대천세월의 시간을 지나

508 가설한 인연을 만남에 나아간 것이라고 한 것은 그 뜻에 말하기를 이 경문의
뜻은 스스로 먼저 이 서원을 일으킨 것을 말한 것이 아니라 다만 섭선정진으로
수행하는 즈음에 설사 어떤 사람이 이와 같이 물을지라도 응당 답하기를
나는 능히 그렇게 할 수 있다 하고, 가히 이 인연으로써 도리어 후회하거나
한탄하는 마음을 내지 말라는 것이다. 역시 『잡화기』의 말이다.
509 북장北藏에는 피서원갑被誓願甲이라 하였으나, 본론本論에는 환서갑擐誓甲이
라 하였다. 환갑擐甲은 자전에 갑옷을 입는다고 해석하였다.

큰 보리를 증득해야 하며,

내지 이 천구지세월(千俱胝劫)의 배를 지날지라도 해태하는 마음이
없어야 하거든 하물며 그 짧은 시간에 엷은 고통이겠는가.

능히 여기에 적은 청정한 믿음을 냄이 있은 이후에도 한량없이
용맹한 큰 보리의 자성을 장양하였거든 하물며 성취함이겠는가
하였으니,

그런 까닭으로 말하기를 먼저 마음에 스스로 서원한다 하였다.

經

設復有人이 作如是言호대 有無量阿僧祇大海에 汝當以一毛端
으로 滴之令盡하며 有無量阿僧祇世界에 盡抹爲塵하며 彼滴及
塵을 一一數之하야 悉知其數하야 爲衆生故로 經爾許劫토록 於
念念中에 受苦不斷이라하야도 菩薩은 不以聞此語故로 而生一
念도 悔恨之心하고 但更增上歡喜踊躍하야 深自慶幸하야 得大
善利아하면 以我力故로 令彼衆生으로 永脫諸苦라하리라

설사 다시 어떤 사람이 이와 같은 말을 하기를 한량없는 아승지
대해大海가 있음에 그대가 마땅히 한 털끝으로 한 방울의 물조차
하여금 다하게 하며 한량없는 아승지 세계가 있음에 다 가루를
내어 티끌을 만들며 저 물방울과 그리고 티끌을 낱낱이 헤아려
그 수를 다 알아 중생을 위한 까닭으로 그런 아승지 세월을 지나도
록 생각 생각 가운데 고통을 받는 것이 끊어지지 않아야 한다
하여도 보살은 이 말을 들은 까닭으로 한 생각도 후회하거나 한탄하
는 마음을 내지 않고 다만 다시 환희하여 용약함만 더 상승하여
깊이 스스로 경사하고 다행히 여겨 크고 좋은 이익을 얻었다 하겠는
가[510] 하면, 나의 원력인 까닭으로 저 중생으로 하여금 영원히
모든 고통에서 해탈케 하리다 할 것입니다.

---

510 앞에서 二番問答이라 하였으니, 得大善利까지가 問이요 그 아래는 答이다.

疏

後에 設復下는 第二番은 更難於前이라 得大善利者는 我本發心이
願代物苦나 但慮不容相代러니 今聞苦身이 能遂昔願하며 順本
悲心이라 不慮時長하고 但增喜慶하야 長劫不懈어든 況盡壽耶아
一念不悔는 卽忘身無間이요 自慶得利는 卽平等通達이니 有深
功德은 爲難行也니라

뒤에 설사 다시라고 한 아래는 제 두 번째 묻고 답한 것은[511] 다시
앞에서 묻고 답한 것보다 어렵다.

크고 좋은 이익을 얻었다고 한 것은 내가 본래 발심한 것이 중생의
고통을 대신하길 서원한 것이지만 다만 서로 대신함을 용납하지
아니할까 염려하였더니, 지금에 괴로움을 받는 몸이 능히 옛날에
서원을[512] 이루는 것이며 본래 대비의 마음을 따르는 것이라고 함을
들은지라, 시간의 긴 것을 염려하지 않고 다만 환희하고 경사함만
더 상승하여 긴 시간(長劫)토록 게으르지 않았거든 하물며 목숨이
다함이겠는가.

---

511 番 자와 更 자 사이에 본소本疏에는 광겁수고행廣劫受苦行이란 말이 있으나,
　　제이번문답第二番問答 가운데 그 내용을 말한 것일 뿐 과목科目을 말한 것은
　　아니다. 따라서 위에서 文有兩番問答하니 初番可知라 하였으니, 여기서는
　　제이번문답第二番問答이라 해야 옳다.
512 원문에 능수能遂라는 말 아래에 석원昔願이라는 두 글자가 있나니 소본을
　　볼 것이다. 역시 『잡화기』의 말이나 차본此本은 이미 교정되어 있다.

한 생각도 후회하지 않았다고 한 것은 곧 몸을 잊는 것이 간단이
없는 것이요

스스로 경사하여 큰 이익을 얻었었다고 한 것은 곧 평등하게 통달한
것이니,

깊은 공덕이 있는 것은 행하기 어려움이 되는 것이다.

鈔

有深功德者는 瑜伽에 難行精進이 有三하니 若諸菩薩이 無間遠離
諸衣服想과 諸飮食想과 諸臥具想과 及己身想하야 於諸善法에 無
間修習하야 曾無懈怠가 是名第一難行精進이요 若諸菩薩이 如是精
進호대 盡衆同分하야 於一切時에 曾無懈廢가 是名第二難行精進이
요 若諸菩薩이 平等通達하야 功德相應하며 不緩不急하야 無有顚倒
하며 能引義利하야 精進成就가 是名第三難行精進이라하니라 今文
具三하니 長劫不懈어든 況盡壽耶는 卽是第二요 一念不悔는 卽忘身
無間은 卽是第一이요 自慶已下는 卽第三이라 前行初離過가 亦此第
一이라

깊은 공덕이 있다고 한 것은 『유가론』에 행하기 어려운 정진이
세 가지가 있나니

만약 모든 보살이 간단없이 모든 의복에 대한 생각과 모든 음식에
대한 생각과 모든 와구에 대한 생각과 그리고 자기 몸에 대한 생각을
멀리 떠나 모든 선법에 간단없이 수행하고 익혀 일찍이 게으름이

없는 것이 이것이 이름이 첫 번째 행하기 어려운 정진이요

만약 모든 보살이 이와 같이 정진하되 중동분衆同分[513]을 다하여 일체 시時에 일찍이 게으르거나 그침이 없는 것이 이것이 이름이 제 두 번째 행하기 어려운 정진이요

만약 모든 보살이 평등하게 통달하여 공덕이 서로 응하며 더디지도 않고 급하지도 않아서 전도됨이 없으며 능히 의리를 이끌어 정진을 성취하는 것이 이것이 이름이 제 세 번째 행하기 어려운 정진이다 하였다.

지금의 소문에도 세 가지 정진을 갖추었나니

긴 시간토록 게으르지 않았거든 하물며 목숨이 다함이겠는가 한 것은 곧 제 두 번째 정진이요

한 생각도 후회하지 않았다고 한 것은 곧 몸을 잊는 것이 간단이 없는 것이라고 한 것은 곧 첫 번째 정진이요

스스로 경사하여 큰 이익을 얻었다고 한 이하는 곧 제 세 번째 정진이다.

앞의 행하기[514] 어려운 정진에 처음에 허물을 떠난다고 한 것은 또한 여기에 제일 첫 번째 행하기 어려운 정진이다.

---

513 중동분衆同分이란, 중동분의 단어는 사전을 참고할 것이나 여기서는 '몸'을 말하고 있다.

514 원문에 前行이란, 영인본 화엄 6책, p.583, 5행에 이과離過 중에 난행정진難行精進이라 한 것이다.

經

菩薩이 以此所行方便으로 於一切世界中에 令一切衆生으로 乃至究竟無餘涅槃하나니 是名菩薩摩訶薩의 第四無屈撓行이니라

보살이 여기에 행한 바 방편으로써 일체 세계 가운데 일체중생으로 하여금 이에 구경의 무여열반에 이르게 하나니,
이것이 이름이 보살마하살의 제 네 번째 굴복하거나 꺾임이 없는 행입니다.

疏

第二에 菩薩以此下는 利樂精進이니 卽用前加行攝善하야 以利衆生하야 令彼至涅槃眞安樂也니라

제 두 번째 보살이 여기에 행한 바 방편이라고 한 아래는 이락정진利樂精進이니,
곧 앞515의 가행정진과 섭선정진을 이용하여 중생을 이락하여 저516 중생으로 하여금 열반의 참다운 안락에 이르게 하는 것이다.

---

515 앞이란, 영인본 화엄 6책, p.584, 3행, 4행이다.
516 彼 자 아래에 至 자가 있어야 한다.

대방광불화엄경수소연의초 제십구권의 오권

大方廣佛華嚴經隨疏演義鈔 第十九卷之五卷

우진국 삼장사문 실차난타 번역

청량산 대화엄사 사문 징관 찬술

대한민국 조계종 사문 수진 현토역주

십행품 제이십일의 이권
十行品 第二十一之二卷

經

佛子야 何等이 爲菩薩摩訶薩의 離癡亂行고

불자여, 어떤 등이 보살마하살의 어리석거나 산란함이 없는 행[517]
이 되는가.

疏

第五는 離癡亂行이라

제 다섯 번째는 어리석거나 산란함을 떠난 행이다.

---

517 영인본 화엄 6책, p.502, 1행에는 무치란행無癡亂行이라 하였다.

經

此菩薩이 成就正念하야 心無散亂하며 堅固不動하며 最上淸淨하며 廣大無量하며 無有迷惑이니라

이 보살이 정념을 성취하여 마음이 산란함이 없으며
견고하고 동요하지 아니하며
최상이고 청정하며
넓고 크고 한량이 없으며
미혹함이 없는 것입니다.

疏

釋相中二니 先은 總顯無癡亂이요 後는 別明無癡亂이라 今初에 句雖有六이나 義乃有十하니 初總餘別이라 總云成就正念者는 然通三義나 皆名正念이라

행의 모습을 해석한 가운데 두 가지가 있나니
먼저는 어리석거나 산란함이 없는 것을 한꺼번에 나타낸 것이요
뒤에는 어리석거나 산란함이 없는 것을 따로 밝힌 것이다.
지금은 처음으로 구절은 비록 여섯 구절이 있지만 그 뜻은 이에
열 가지[518]가 있나니

---

518 열 가지라고 한 것은 정념正念, 무산란無散亂, 견고堅固, 부동不動, 최상最上,
청정淸淨, 광廣, 대大, 무량無量, 무미혹無迷惑이다.

처음은 총구요

나머지는 별구이다.

총구에 말하기를 정념을 성취하였다고 한 것은 그러나 세 가지
뜻[519]에 통하지만 다 정념이라 이름하는 것이다.

鈔

總云成就下는 釋此總句에 有二하니 先은 正釋이 卽瑜伽九門中에
自性禪也라 論云靜慮自性者는 聞思爲先이니 所有心一境性이라하
니 總也라

총구에 말하기를 정념을 성취하였다고 한 아래는 이 총구를 해석함
에 두 가지가[520] 있나니

먼저는 바로 해석한 것이니

곧 『유가론』의 아홉 문[521] 가운데 자성선自性禪이다.

『유가론』에[522] 말하기를 정려의 자성은 듣고 생각하는[523] 것으로 우선

---

519 원문에 삼의三義는 사마타奢摩他-止, 비발사나毘鉢舍那-觀, 쌍운도雙運道
-止·觀이다.

520 두 가지란, 먼저는 바로 해석한 것이고, 뒤에는 방해함을 해석한 것이다.

521 『유가론』 보살지에는 보살의 육바라밀六波羅蜜이 각각 구문九門이 있다
하였다.

522 『유가론』은 사십삼권四十三卷이다.

523 듣고 생각한다고 한 것은 『유가론』에 갖추어 말하기를 모든 보살이 저
보살장菩薩藏에 듣고 생각하는 것으로 우선을 삼아 소유한 묘선妙善한 마음

을 삼나니,
있는 바 마음이 경계와 한 자성이다 하였으니
총구인 것이다.

疏

一은 就奢摩他品하야 名爲正念이니 正念卽定이라 以彼定心으로
離妄念之亂일새 故名爲正이니 此從業用立名이며 亦隣近立稱이
라 故八正道中에 正念定攝이니 起信論云호대 心若馳散인댄 卽當
攝來하야 令住正念이라하나니라 二는 就毘鉢舍那品하야 亦名正念
이니 謂不偏鑒達하야 明了於緣이라 故下經云호대 正念諸法하야
未曾忘失이라하나니라 三은 雙運道를 名爲正念이니 次下經云호대
以正念故로 善解世間等이니 謂於緣明了가 是無癡義요 不異所
緣이 名無亂義니 卽雙運故라 又下經云호대 禪定持心常一緣이며
智慧了境同三昧라하나니라

첫 번째는 사마타품에 나아가서 이름을 정념이라 한 것이니,
정념은 곧 선정이다.
저 선정의 마음으로써 망념의 산란을 떠나기에 그런 까닭으로 이름
을 정正이라 한 것이니,
이것은 업의 작용으로 좋아 이름을 세운 것이며

___

이 경계와 한 자성이다 하였다. 역시 『잡화기』의 말이다.

또한 가까운 것으로 이름을 세운 것[524]이다.

그런 까닭으로 팔정도 가운데 정념이 선정(定)에 섭수되나니,
『기신론』에 말하기를 마음이 만약 치달려 산란하여지면 곧 마땅히
섭수하여 와서 하여금 정념에 머물게 한다 하였다.

두 번째는 비발사나품에 나아가서 또한 이름을 정념이라 한 것이니,
말하자면 치우치지 않고 비추어 통달하여 반연함을 밝게 아는 것
이다.
그런 까닭으로 하경下經[525]에 말하기를 모든 법을 바로 생각하여
일찍이 잃지 않는 것이다 하였다.

세 번째는 쌍운도雙運道를 이름하여 정념이라 한 것이니,
다음 하경[526]에 말하기를 정념인 까닭으로 세간에 일체 언어를 잘
안다 한 등이니,
말하자면 반연함을 밝게 아는 것이 이것이 어리석음이 없다는 뜻
이요
반연할 바가 다름이 없는 것이 이름이 산란함이 없다는 뜻이니
곧 쌍운도인 까닭이다.
또[527] 하경下經[528]에 말하기를 선정으로[529] 마음을 가짐에 항상 한

---

524 원문에 인근입칭隣近立稱이란, 즉 정정正定과 정념正念은 서로 가깝기에
   정명定名을 정념正念이라 한다는 것이다.
525 하경下經이란, 제십회향송第十回向頌이다.
526 다음 하경下經이란, 영인본 화엄 6책, p.600, 3행에 있다.

반연이며,

지혜로 경계를 요달함에 다 삼매이다 하였다.

鈔

一은 或奢摩他品이요 二는 或毘鉢舍那品이요 三은 或雙運道也라 疏中에 便標便引하야 釋成하니 文意可知라 善解世間等者는 下云호 대 以正念故로 善解世間一切語言하고 能持出世諸法言說하며 乃至 心無癡亂이라하니 疏自配無癡亂이 卽是雙運이라 又以別義인댄 善 解是觀이요 能持是止니 故爲雙運이라 故下經云호대 禪定持心等者 는 卽是第十迴向偈中이라

첫 번째는 혹[530] 사마타품이요

두 번째는 혹 비발사나품이요

세 번째는 혹 쌍운도이다.

소문 가운데 문득 표거하고 문득 인용하여 해석하여 성립하였으니

문장의 뜻은 가히 알 수가 있을 것이다.

세간에 언어를 잘 안다 한 등이라고 한 것은 하경에 말하기를 정념인

까닭으로 세간에 일체 언어를 잘 알고 출세간에 모든 법의 언설을

---

527 원문에 又 자는 초문鈔文엔 故 자이다.

528 하경下經이란, 역시 제십회향송第十迴向頌이다.

529 선정禪定下는 止요, 지혜知慧下는 觀이다.

530 원문에 一或 운운은 『유가론瑜伽論』 글(文)이다.

능히 가지며 내지 마음이 어리석거나 산란함이 없다 하였으니,
소문에[531] 스스로 어리석거나 산란함이 없는 것이 곧 쌍운도라고
배속한 것이다.
또 별別의 뜻이라면 잘 안다고 한 것은 이것은 관觀이요
능히 가진다고 한 것은 이것은 지止이니,
그런 까닭으로 쌍운이라 한 것이다.

그런 까닭으로[532] 하경에 말하기를 선정으로 마음을 가진다고 한
등은 곧 제 십회향 게송 가운데 문장이다.

疏

雖有毘鉢舍那와 及雙運道나 皆就心一境辨일새 名禪自性이라

비록 비발사나와 그리고 쌍운도가 있지만 다 마음이 경계와 하나임
에 나아가 분별한 것이기에 이름을 선자성禪自性이라 하는 것이다.

鈔

雖有毘鉢舍那下는 第二에 解妨이니 在文可知라 正是瑜伽에 出禪自
性也라

---

531 소문에 운운은 영인본 화엄 6책, p.596, 10행이다.
532 故 자는 소문疏文엔 又 자로 되어 있다.

비록 비발사나와 그리고 쌍운도가 있지만이라고 한 아래는 제 두
번째 방해함을 해석한 것이니,
문장은 가히 알 수가 있을 것이다.
바로 이것은 『유가론』의 선자성에서 설출한 것이다.

疏

別中初句는 復是無亂之總이니 謂不隨境轉일새 故無散亂이요 三
은 障不能壞일새 名爲堅固요 四는 緣不能牽일새 故云不動이요
五는 超劣顯勝일새 故云最上이요 六은 異世無染일새 故云淸淨이
니 上五는 釋無亂也라 下四는 義釋無癡니 謂七은 稱法界일새 故云
廣이요 八은 趣一切智일새 故云大요 九는 引發難量일새 故云無量
이요 十은 不捨大悲일새 名無迷惑이라 上九別句를 攝爲三禪하리
니 前六은 現法樂住요 次二는 引生功德이요 後一은 饒益有情이라

별구 가운데 처음 구절은 다시 이것은 산란이 없다는 뜻의 總이니,
말하자면 경계를 따라 유전하지 않기에 그런 까닭으로 산란이 없다
고 한 것이요
세 번째[533] 구절은 장애가 능히 무너뜨리지 못하기에 이름을 견고하다
고 한 것이요
네 번째 구절은 인연이 능히 이끌지 못하기에 그런 까닭으로 말하기

---

533 二가 아니고 三이라고 한 것은 경문에 전체 十義 가운데 第三으로 말한
   것이다.

를 동요하지 않는다고 한 것이요

다섯 번째 구절은 하열함을 초월하여 수승함을 나타내기에 그런 까닭으로 말하기를 최상이라고 한 것이요

여섯 번째 구절은 세상과 달리 오염됨이 없기에 그런 까닭으로 말하기를 청정하다고 한 것이니

위에 다섯 구절은 산란함이 없음을 해석한 것이다.

아래 네 구절은 그 뜻이 어리석음이 없음을 해석한 것이니, 말하자면 일곱 번째 구절은 법계에 칭합하기에 그런 까닭으로 말하기를 넓다고 한 것이요

여덟 번째 구절은 일체 지혜에 나아가기에 그런 까닭으로 말하기를 크다고 한 것이요

아홉 번째 구절은 헤아리기 어려운 것을 이끌어 일으키기에 그런 까닭으로 말하기를 한량이 없다고 한 것이요

열 번째는 대비를 버리지 않기에 이름을 미혹함이 없다고 한 것이다.

위에 아홉 가지 별구를 섭수하여 세 가지 선禪으로 하리니

앞에 여섯 구절은 현세의 법락에 머무는 선이요

다음에 두 구절은 공덕을 이끌어 생기하는 선이요

뒤에 한 구절은 유정을 요익케 하는 선이다.

鈔

上九別句等者는 三禪은 卽瑜伽의 一切禪也니 唯識但列하고 而不釋

名거니와 瑜伽釋廣하니라 今依攝論인댄 無性釋云호대 一은 安住靜慮
니 謂得現法樂住하야 離慢見愛하야 得淸淨故요 二는 引發靜慮니
謂能引發六神通等의 殊勝功德故요 三은 成所作事靜慮니 謂欲饒
益諸有情類코자 以能止息飢儉疾疫과 諸怖畏等의 苦惱事故라 梁
攝論中에 釋三定云호대 有定은 現世得安樂住니 何以故요 能離一切
의 染汚法故요(一) 依此定하야 爲生自利니 謂三明故로 能引成六通
이요(二) 因引成通定하야 爲生利他니 利他는 卽是三輪이라 一은 神
通輪이니 謂身通과 天耳通과 天眼通이니 此輪은 爲引回邪向正者하
야 令其歸正이라 二는 記心輪이니 謂他心通이니 此輪은 爲引已歸正
者하야 若未信受인댄 令其信受라 三은 正敎輪이니 謂宿住通과 漏盡
通이니 宿住通으로 識其根性하고 由漏盡通하야 如自所得하야 爲說
正敎하야 令得下種하야 成熟解脫이라 由具此義일새 是故로 說定有
其三品이니 爲離癡亂行이라

위에 아홉 가지 별구라고[534] 한 등은 세 가지 선이라고 한 것은
곧 『유가론』의 일체선이니,
『유식론』에는 다만 이름만 열거하고 이름을 해석하지는 않았거니와
『유가론』에는 해석을 폭넓게 하였다.
지금에 『섭론』을 의거하건대 무성이 해석하여 말하기를[535] 첫 번째는
편안히 머무는 정려이니,

---

534 원문 句 자 아래에 等 자가 있어야 좋다.
535 지금에 『섭론』의 무성이 해석한 것을 의거하여 말한다면이라고도 해석할
　　수 있다.

말하자면 현세의 법락에 머묾을 얻어 아만과 아견과 아애我愛를
떠나 청정함을 얻는 까닭이요

두 번째는 이끌어 일으키는 정려이니,

말하자면 능히 신통 등의 수승한 공덕을 이끌어 일으키는 까닭이요

세 번째는 지을 바 일을 이루는 정려이니,

말하자면 모든 유정의 무리를 요익케 하고자 하여 능히 흉년 드는[536]
것과 유행병(疾疫)과 모든 두려움 등의 고뇌할 일을 그쳐 쉬는 까닭
이다.

『양섭론』 가운데 세 가지 선정(定)을 해석하여 말하기를 어떤[537]
선정[538]은 현세의 안락에 머묾을 얻는 것이니,

무슨 까닭인가. 능히 일체 더러운 법을 떠난 까닭이요(一)

이 선정을 의지하여 자리自利를 생기하나니,

말하자면 삼명三明인 까닭으로 능히 육신통을 이끌어 이루는 것이
요(二)

신통과 선정을 이끌어 이룸을 인하여 이타利他를 생기[539]하나니
이타는 곧 삼륜이다.

---

536 儉은 '흉년 들 검' 자이고, 饑는 '흉년 들 기' 자이다. 『잡화기』는 검儉은
 기근饑饉이라 하였다.

537 원문 有 자 아래에 본론本論엔 定爲 두 글자(二字)가 더 있다.

538 원문에 유현有現이라고 한 유有 자 아래에 본론인 『양섭론』에는 정定 자가
 더 있다. 갖추어 말하면 어떤 선정은 현세의 안락에 머묾을 얻는다 하였다.
 역시 『잡화기』의 말이다.

539 원문에 생수生隨의 隨 자는 연자衍字이고 生 자 위에 爲 자가 있어야 한다.

첫 번째는 신통륜이니

말하자면 신족통과 천이통과 천안통이니 이 신통륜은 사邪를540 돌이켜 정正에 향하려는 자를 이끌어 그로 하여금 정에 돌아가게 하는 것이다.

두 번째는 기심륜이니

말하자면 타심통이니541 이 기심륜은 이미 정에 돌아간 자를 이끌어 만약 믿고 받아 가지지 않는다면 그로 하여금 믿고 받아 가지게 하는 것이다.

세 번째는 정교륜이니

말하자면 숙주통과 누진통이니, 숙주통으로 그 근성을 알고 누진통을 인유하여 스스로 얻은 바와 같이 바른 가르침(正敎)을 설하여 하여금 종자를 내려 성숙하여 해탈을 얻게 하는 것이다.

---

540 원문에 사향정자邪向正者라고 한 것은 사邪에 장차 향하려는 자라는 것이다. 역시 『잡화기』의 말이나 나는 인引 자 아래 회回 자를 넣어 해석하였다. 『잡화기』의 말은 여의치 않다.
　　引 자와 邪 자 사이에 回 자가 있어야 한다.

541 타심통이라 한 아래는 천이통·천안통이라는 여섯 글자는 나는 연衍으로 보아 빼고 번역하였다. 그러나 『잡화기』는 천이통 등이라고 한 것은 이것은 천이통과 천안통으로써 기심륜 가운데 섭입시킨 것은 그 뜻이 있나니, 대개 반드시 혹 천이통으로써 들으며 혹 천안통으로써 보아야 바야흐로 타심통으로 저 믿지 않는 자를 알아서 그로 하여금 믿고 받아 가지게 하는 까닭이다 하였다. 그러나 위에 첫 번째 신통륜 가운데 천이통과 천안통을 말한 까닭으로 여의치 않다 하겠다.
　　타심통他心通 아래에 천이통天耳通·천안통天眼通 여섯 글자(六字)는 이미 말한 것처럼 연자衍字이다.

이 뜻을 갖춤을 인유하기에 이런 까닭으로 선정이 삼품이 있다고
설한 것이니
어리석거나 산란함을 떠난 행이 되는 것이다.[542]

---

542 어리석거나 산란함을 떠난 행이 된다고 한 것은 이것은 초가鈔家가 회통한
   것이다. 역시 『잡화기』의 말이다.

經

以是正念故로

이 정념을 쓴 까닭으로

疏

第二에 以是下는 別顯無癡亂이니 如次釋前十義라 卽爲十段하리
니 亦初一爲總이니 釋前正念이라 於中分二리니 初는 結前生後라

제 두 번째 이 정념이라고 한 아래는 어리석거나 산란함이 없는
것을 따로 나타낸 것이니,
차례와 같이 앞에 열 가지 뜻을 해석한 것이다.
곧 십단으로 하리니
또한 처음에 일단은 총의 뜻이 되나니
앞에 정념[543]을 해석한 것이다.
그 가운데 두 가지로 나누리니
처음에는 앞에 말을 맺고 뒤에 말을 생기하는 것이다.

---

[543] 원문에 전정념前正念이란, 영인본 화엄 6책, p.595, 7행이다.

經

善解世間의 一切語言하고 能持出世의 諸法言說하나니

세간에 일체 언어를 잘 알고 출세간에 모든 법의 언설을 능히
가지나니[544]

疏

後에 善解已下는 顯正念之能이라 文曲分二리니 先은 雙標요 後는
雙釋이라 今初也라 正念有觀일새 故能善解요 正念有止일새 所以
能持라 世言無益일새 但須善解요 出世有益일새 偏語憶持라 出世
不解면 應不持義요 世言不持면 應無記憶이라 故文雖影略이나
義必兩兼이라 解事解理일새 故名善解니라

뒤에 세간에 일체 언어를 잘 안다고 한 이하는 정념의 공능을 나타낸
것이다.
경문을 자세히 두 가지로 나누리니
먼저는 함께 표한 것이요
뒤에는 함께 해석한 것이다.

지금은 처음으로 정념은 관觀이 있기에 그런 까닭으로 능히 잘

---

544 持란, 억지憶持이다.

아는 것이요

정념은 지止가 있기에 그런 까닭으로 능히 가지는 것이다.

세간에 언어는 이익이 없기에 다만 잘 알기만을 수구할 뿐이요

출세간에 언설은 이익이 있기에 치우쳐 기억하여 가지기를 말한

것이다.

출세간에 언설은 알지 못하면 응당 그 뜻을 가질 수 없는 것이요,

세간에 언어는 가지지 못하면 응당 기억할 수 없는 것이다.

그런 까닭으로 문장이 비록 그윽이 생략되었지만 그 뜻은 반드시

두 가지를 겸하였다.

사실을 알고 진리를 알기에 그런 까닭으로 잘 안다고 이름한 것이다.

鈔

正念有觀下는 疏文有五하니 初는 正釋順文이요 二에 世言無益下는

出經局意요 三에 出世不解下는 立理顯通이요 四에 故文雖下는 結成

通義요 五에 解事下는 別釋善解라

정념은 관이 있다고 한 아래는 소문에 다섯 가지가 있나니

처음에는 따르는 문장을 바로 해석한 것이요

두 번째 세간에 언어는 이익이 없다고 한 아래는 경의 국한한 뜻을

설출한 것이요

세 번째 출세간에 언설은 알지 못하면이라고 한 아래는 이치를

세워 통함을 나타낸 것이요

네 번째 그런 까닭으로 문장이 비록 그윽이 생략되었지만이라고 한 아래는 통하는 뜻을 맺어 성립한 것이요

다섯 번째 사실을 안다고 한 아래는 잘 아는 것을 따로 해석한 것이다.

所謂能持色法非色法言說하며 能持建立色自性言說하며 乃至
能持建立受想行識自性言說에 心無癡亂하며 於世間中에 死此
生彼에 心無癡亂하며 入胎出胎에 心無癡亂하며 發菩提意에 心
無癡亂하며 事善知識에 心無癡亂하며 勤修佛法에 心無癡亂하
며 覺知魔事에 心無癡亂하며 離諸魔業에 心無癡亂하며 於不可
說劫에 修菩薩行에 心無癡亂하니라

말하자면 능히 색법과 비색법의 언설을 가지며
능히 색의 자성을 건립하는 언설을 가지며
내지 능히 수·상·행·식의 자성을 건립하는 언설을 가짐에 마음이
어리석거나 산란함이 없으며
세간 가운데 이곳에서 죽고 저곳에서 태어남에 마음이 어리석거나
산란함이 없으며
태중에 들어가고 태중에서 나옴에 마음이 어리석거나 산란함이
없으며
보리의 뜻을 일으킴에 마음이 어리석거나 산란함이 없으며
선지식을 섬김에 마음이 어리석거나 산란함이 없으며
불법을 부지런히 닦음에 마음이 어리석거나 산란함이 없으며
마군의 일을 깨달아 앎에 마음이 어리석거나 산란함이 없으며
모든 마군의 업을 떠남에 마음이 어리석거나 산란함이 없으며
가히 말할 수 없는 세월에 보살행을 닦음에 마음이 어리석거나

산란함이 없습니다.

疏

二에 所謂下는 雙釋分二리니 先은 通就諸境하야 明無癡亂이요
後에 此菩薩下는 別約所持하야 明無癡亂이라 今初也라 據無癡亂
인댄 文但有九나 開初爲二인댄 句亦有十하니 謂法義別故니라 初
句는 卽法無礙니 合蘊成二니 謂色與心이라 非色은 謂心이니 卽餘
四蘊이라 二에 能持建立下는 義無礙也니 義有二種이라 自性亦二
니 一事二理라 事卽質礙로 爲色性等이요 理卽無性으로 爲色等性
이라 皆無名相中에 施設建立하야 持言及義니 卽文義二持라 今正
覺理事하야 離妄分別일새 名無癡亂이니 此二는 釋上能持요 下八
은 釋上善解어니와 義必兼具일새 故癡亂雙擧니라

두 번째 말하자면이라고 한 아래는 함께 해석함에[545] 두 가지로
나누리니
먼저는 모든 경계에 한꺼번에 나아가 어리석거나 산란함이 없음을
밝힌 것이요
뒤에 이 보살이라고 한 아래는 가질 바를 따로 잡아서 어리석거나
산란함이 없음을 밝힌 것이다.
지금은 처음으로 어리석거나 산란함이 없음을 의거한다면 경문이

---

545 함께 해석한다고 한 것은 어리석음과 산란이다.

다만 아홉 구절⁵⁴⁶만 있다 할 것이지만 처음 구절을 열어서 두 구절을
삼으면 구절이 또한 열 구절이 있게 되는 것이니,
말하자면 법과 의義가 다른 까닭이다.
처음 구절은 곧 법무애이니,
오온이 화합하여 두 가지를 이루는 것이니 말하자면 색과 더불어
마음이다.
비색이라고 한 것은 마음을 말하는 것이니 곧 나머지 사온四蘊이다.

두 번째 능히 색의 자성을 건립하는 언설을 가진다고 한 아래는
의무애이니,
뜻이 두 가지⁵⁴⁷가 있다.
자성이라는 것도 또한 두 가지가 있나니
첫 번째는 사실이요
두 번째는 진리이다.⁵⁴⁸
사실이라고 한 것은 곧 질애質礙로 색의 자성을 삼는 등이요
진리라고 한 것은 곧 무성無性으로 색 등의 자성을 삼는 것이다.
다 명상名相이 없는 가운데 시설하고 건립하여 말과 그리고 뜻을

---

546 아홉 구절은 경문에 열 구절이다. 따라서 바로 아래 열 구절이라 한 것도
열한 구절이라 할 것이다. 그러나 初句가 三句나 乃至 이전을 一句로
보고 乃至 이후로 一句로 보아 처음 구절을 열어 두 구절을 삼았다 한
것이다.
547 원문에 二種이란, 색色과 수상행식受想行識이다.
548 원문에 一事二理란, 뜻(義)과 자성自性에 다 사실과 진리가 있다는 것이다.

가지는 것이니,

곧 글(文)과 뜻(義)의 두 가지를 가지는 것이다.

지금에는[549] 이 보살이 진리와 사실을 바로 깨달아 허망한 분별을 떠났기에 이름을 어리석거나 산란함이 없다 한 것이니,

이 두 구절[550]은 위에 능히 가진다(能持)[551]는 말을 해석한 것이요 아래 여덟 구절은 위에 잘 안다(善解)[552]는 말을 해석한 것이어니와 그 뜻은 반드시 겸하여 갖추었기에 그런 까닭으로 어리석음과 산란함을 함께 거론한 것이다.

疏

三은 於五蘊生滅에 得無癡亂이니 十地品云호대 死有二種業하니 一은 能壞諸行이요 二는 不覺知故로 相續不絕이라하니라 今此菩薩은 於二事理에 靜無遺照일새 故無癡亂이라

세 번째는 오온이 생멸하는 가운데 어리석거나 산란함이 없음을 얻는 것이니,

십지품[553]에 말하기를 죽음에 두 가지 업이 있나니

첫 번째는 능히 모든 행을 무너뜨리는 것[554]이요

---

549 今 자 아래에 此菩薩 세 글자(三字)가 있어야 한다.

550 원문에 此二란, 初句와 第二句이다.

551 원문에 상능지上能持란, 능지출세제법언설能持出世諸法言說이다.

552 원문에 상선해上善解란, 선해세간일체어언善解世間一切語言이다.

553 십지품十地品이란, 궐자권闕字卷 백십이장百十二丈이다.

두 번째는 깨달아 알지 못하는 까닭으로 상속하여 끊어지지 않는 것[555]이다 하였다.

지금에 이 보살은 두 가지[556] 사실과 진리에 정려가 비춤을 버린 적이 없기에 그런 까닭으로 어리석거나 산란함이 없는 것이다.

疏

四는 偏語胎生하야 明無癡亂이라 瑜伽第二에 說四種入胎하니 一은 正知入이나 而不知住出이니 所謂輪王이요 二는 正知入住나 不正知出이니 所謂獨覺이요 三은 俱能正知니 所謂菩薩이요 四는 俱不正知니 謂餘有情이라하니라 前之二人도 尙有癡亂也어니와 凡夫癡亂相者는 謂下者는 見所生處가 在於廁穢며 中者는 見在舍宅이며 上者는 見處華林이라 若男인댄 於母生愛하고 於父生瞋하나니 謂競母故니라 女則反上이라 大集二十七과 涅槃十八과 二十九와 俱舍第九에 皆具說之니라

제 네 번째는 태생胎生만을 치우쳐 말하여 어리석거나 산란함이 없음을 밝힌 것이다.

『유가론』제이권에 네 가지 태중에 들어감을 설하였으니

첫 번째는 바로 들어가는 것은 알지만 머물고 나오는 것을 알지

---

554 원문에 능괴제행能壞諸行은 전음前陰이다.

555 원문에 상속부절相續不絶은 후음後陰이다.

556 두 가지라고 한 것은 생사를 가리키는 것이다. 역시 『잡화기』의 말이다.

못하는 것이니 말하자면 전륜왕이요

두 번째는 바로 들어가는 것과 머무는 것은 알지만 나오는 것을 바로 알지 못하는 것이니 말하자면 독각이요

세 번째는 함께 능히 바로 아는 것이니 말하자면 보살이요

네 번째는 함께 바로 알지 못하는 것이니 말하자면 나머지 유정이다 하였다.

앞에 두 사람[557]도 오히려 어리석거나 산란함이 있거니와, 범부의 어리석거나 산란한 모습은 말하자면 하품의 사람은[558] 태어난 곳이 뒷간의 더러운 곳에 있음을 보며

중품의 사람은 사택에 있음을 보며

상품의 사람은 화림華林에 있음을 보는 것이다.

만약 남자라면 어머니에게 사랑을 생기하고 아버지에게 성냄을 생기하나니 말하자면 어머니를 경쟁하는 까닭이다.

여자라면 위에 남자와 반대이다.

『대집경』이십칠권과 『열반경』십팔[559]권과 이십구권과 『구사론』 제구권에 다 갖추어 설하였다.

鈔

瑜伽第二下는 疏文有二하니 先은 正釋無癡亂言이요 二는 示癡亂相

---

557 앞에 두 사람이란, 전륜왕轉輪王과 독각獨覺이다.

558 하품의 사람 운운은 『열반경涅槃經』십팔권十八卷을 의인意引한 것이다.

559 十人의 人 자는 八 자이니, 『열반경』십팔권이다.

이니 前中文顯이라 俱舍第九論에 問起云호대 前說倒心으로 入母胎
藏이라하니 一切胎藏이 皆定爾耶아하니라 釋曰此牒前에 倒心趣欲
境과 濕化染香處하야 爲問也라 論中答云호대 不爾라하니라 經言入
胎有四하니 其四者何오 頌云호대 一於入正知요 二三兼住出이요 四
於一切位와 及卵恒無知라 前三種入胎는 謂輪王二佛이니 業智俱
勝故요 如次四餘生이라하니라 釋曰但觀上瑜伽라도 頌文易了어니와
但業智俱勝은 更須略釋하리라 第一輪王은 以業勝故로 正知於入이
니 宿世曾修廣大福故요 第二辟支佛은 但知勝故로 正知入住니 久
習多聞하야 勝思擇故요 第三大覺은 福智俱勝하야 三皆正知니 謂曠
劫修行하야 勝福智故라 除此前三하고 餘胎卵은 福智俱劣일새 故皆
癡亂이라

『유가론』제이권이라고 한 아래는 소문에 두 가지 뜻이 있나니
먼저는 바로 어리석거나 산란함이 없다는 말을 해석한 것이요
두 번째는 어리석거나 산란한 모습을 보인[560] 것이니,
앞의 소문에 문장이 잘 나타나 있다.
『구사론』제구론에 물음을 일으켜 말하기를 앞에 전도된 마음으로
어머니의 태장胎藏에 들어감[561]을 설하였으니, 일체 태장이 다 결정

---

560 원문에 이시치란상二示癡亂相이란, 소문疏文 가운데 범부치란상자凡夫癡亂相
者 운운이다.

561 전도된 마음으로 어머니의 태장胎藏에 들어간다고 한 것은 태란胎卵의 이생二
生을 모두 거론한 것이니, 『구사론』에 말하기를 난생은 알을 좇아 나거늘
어떻게 또한 어머니의 태장에 들어간다 말하는가. 알로 나는 것은 반드시

코 그러한가 하였다.

해석하여 말하면 이것은 앞[562]에 전도된 마음은 욕망의 경계에 나아
간다고 한 것[563]과 습생과 화생은 향처香處를 오염시킨다고 한 것[564]을
첩석하여 물은 것이다.

『구사론』 가운데 답하여 말하기를 그렇지 않다 하였다.

경에 말하기를 태중에 들어가는 것이 네 가지가 있나니
그 네 가지는 어떤 것인가.

게송에 말하기를

첫 번째는 들어가는 것을 바로 아는 것이요,

두 번째와 세 번째는 머물고 나오는 것을 겸하여 아는 것이요

네 번째는 일체 지위와

그리고 난생을 항상 알지 못하는 것이다.

먼저 태장에 들어가지만 혹 당래를 의거하여 난생이라 이름하는 것이니,
저 『계경』에 말하기를 조작하여 만드는 것을 세간에서 또한 밥을 찌고
보릿가루를 간다(磨)고 말한 까닭으로 알로 나는 것이 태장에 들어간다고
말하는 것이 허물이 없는 것이다. 역시 『잡화기』의 말이다.

562 여기서 앞이란, 차구사此俱舍의 차문장전此文章前이다.

563 원문에 도심취욕경倒心趣欲境이란, 난생卵生과 태생胎生이니 난생卵生도 처음
입태入胎하여 그 뒤에 난생卵生하는 까닭으로 동섭同攝인 것이다.

564 원문에 습화염향처濕化染香處란, 습생濕生은 염향染香이요 화생化生은 염처染
處이니, 습생濕生은 멀리 향기를 맡고 가서 태어나고, 화생化生은 멀리 태어날
곳을 바라보고 가서 태어나는 것이다. 그렇다면 도심은 욕경과 습화는
염처와 향처에 나아간다고 한 것을 첩석하여 물은 것이라고 해석할 것이다.

앞에 세 가지 태중에 들어가는 것은

말하자면 전륜왕과 두 부처님[565]이니

업과 지혜가 함께 수승한 까닭이요,

차례와 같이 네 번째는 나머지 중생이다 하였다.

해석하여 말하면 다만 위에 『유가론』만 관찰하여도 게송의 문장을 쉽게 알 수 있거니와 다만 업과 지혜가 함께 수승한 것은 다시 반드시 간략하게 해석해야 한다.

첫 번째 전륜왕은 업이 수승한 까닭으로 바로 태중에 들어가는 것을 아나니

숙세에 일찍이 광대한 복을 닦은 까닭이요

두 번째 벽지불은 다만 지혜가 수승한 까닭으로 바로 들어가는 것과 머무는 것을 아나니

오래 익히고 많이 들어 사택思擇하는 것이 수승한 까닭이요

세 번째 대각大覺은 복덕과 지혜가 함께 수승하여 세 가지[566]를 다 바로 아나니

말하자면 오랜 세월에 수행하여 복덕과 지혜가 수승한 까닭이다.

이 앞에 세 가지를 제외하고 나머지 태생이나 난생[567]은 복덕과 지혜가 함께 하열하기에 그런 까닭으로 다 어리석거나 산란한 것

---

565 원문에 이불二佛은 벽지불僻支佛(獨覺)과 불佛이다.

566 원문에 삼개三晳의 三이란, 입入·주住·출出이다.

567 난생이라고 한 아래에 습생(濕)이라고 한 습濕 자는 본론에는 없나니, 이 가운데는 다만 전도된 마음으로 어머니의 태장에 들어가는 것만 분별한 까닭이다. 역시 『잡화기』의 말이다.

이다.

大集二十七은 多同涅槃이라 涅槃十八者는 南本十六이니 經云善男
子야 人有三品하니 謂上中下라 下品之人은 初入胎時에 作是念言호
대 我今在厠의 衆穢歸處와 如死屍間과 棘刺叢林과 大黑闇中이라하
며 初出胎時에 復作是念호대 我今出厠의 出衆穢處하며 乃至出於大
黑闇中이라하고 中品之人은 作是念言호대 我今入於衆樹와 花果園
林과 淸淨河中과 房室屋宇와 宅舍之中이라하며 出時亦爾라하고 上
品之人은 作是念言호대 我昇殿堂하며 在華林間하며 乘馬乘象하며
登上高山하며 出時亦爾어니와 菩薩摩訶薩은 初入胎時에 自知入胎
하며 住時知住하며 出時知出하야 不起貪欲瞋恚之心이나 而亦未得
初住之地일새 是故復名不可思議라하니라

『대집경』 이십칠권이라고 한 것은 다분히 『열반경』과 같다.
『열반경』 십팔권이라고 한 것은 남경본南經本은 십육권이니,
경에 말하기를 선남자야, 사람이 세 종류가 있나니
말하자면 상품과 중품과 하품이다.
하품의 사람은 처음 태중에 들어갈 때에 이런 생각을 하여 말하기를
나는 지금 뒷간의 수많은 더러운 것이 돌아가는 곳과 모든 시체
사이와 가시덤불 수많은 숲과 큰 흑암 가운데 있다 하며
처음 태중에서 나올 때에 다시 이런 생각을 하기를 나는 지금 뒷간의
모든 더러운 곳에서 나오며 내지 큰 흑암 가운데서 나온다 하고
중품의 사람은[568] 이런 생각을 하여 말하기를 나는 지금 수많은

나무와 꽃과 과실이 가득한 동산 숲과 청정한 강 가운데와 방과
집과 사택 가운데 들어간다 하며
나올 때도 또한 그렇다 하고
상품의 사람은 이런 생각을 하여 말하기를 나는 궁전에 오르며
꽃숲 사이에 있으며 말을 타고 코끼리를 타며 높은 산에 오른다
하며
나올 때도 또한 그렇다 하거니와, 보살마하살은 처음 태중에 들어갈
때에 스스로 태중에 들어가는 것을 알며, 머물 때에 머무는 것을
알며, 나올 때에 나오는 것을 알아 탐욕과 성내는 마음을 일으키지는
않지만 그러나 또한 아직 초주初住의 지위를 얻은 것은[569] 아니기에[570]
이런 까닭으로 다시 이름을 가히 사의할 수 없다[571] 한다 하였다.

---

568 원문에 中者는 中品之人이라고 고치고, 念言은 作是念言이라고 고치는
   것이 상하 문장상 좋다.
569 『열반경涅槃經』에는 得 자 아래에 楷 자가 있다. "즉 초주의 지위에 오르지는
   못했다는 뜻으로 본 것이다." 여기서 초주初住란 태중초주처胎中初住處이다.
570 또한 아직 초주初住의 지위를 얻은 것은 아니라고 한 것은 그 뜻에 말하기를
   이 보살이 태중에 들어가고 나오는 등에 대하여는 비록 알지만 그 보살이
   태중에서 나온 이후에는 아직 곧 전생의 머문 바 지위地位를 알지 못하는
   것이다. 북장경본에는 바로 말하기를 초주의 지위에 오름을 얻지 못했다
   하니, 강사가 전하기를 머문 바 지위는 머문 바 태중의 지위를 가리킨 것이나
   대승은 태장胎藏이 허공과 같은 까닭으로 아직 얻지 못했다 말하는 것이다
   하더라. 역시 『잡화기』의 말이다.
571 가히 사의할 수 없다고 한 것은 저 보살의 경계를 나머지 사람은 능히
   측량할 수 없다는 것이다. 역시 『잡화기』의 말이다.

二十九者는 南經二十七이라 經云中陰二種이니 一은 善業果요 二는
惡業果라 因善業故로 得善覺觀하고 因惡業故로 得惡覺觀하나니 父
母交會하야 和合之時에 隨業因緣하야 向受生處하야 於母生愛하고
於父生瞋하야 父精出時에 謂是己有라하고 見已心悅하야 而生歡喜
하나니 以是三種의 煩惱因緣으로 中陰陰壞하고 生後五陰호미 如蠟
印印泥에 印壞文成이라하니라 釋曰此略擧男거니와 俱舍第九엔 則
具男女하니라 論에 釋倒心趣欲境云호대 此明中有가 先起倒心하야
馳趣欲境이라 彼由業力의 所起眼根하야 雖住遠方이나 能見生處하
야 父母交會에 而起倒心하나니 若男中有인댄 緣母起愛하야 生於欲
心하고 若女中有인댄 緣父起愛하야 生於欲想하고 翻此緣二인댄 俱
起瞋心이라 彼由起此二種倒心하야 便謂己身이 與所愛合이라하며
所泄不淨이 流至胎時에 謂是己有라하고 便生歡喜하나니 此心生已
에 中有便沒하야 受生有身이라하니 餘廣如彼하니라 瑜伽又說호대 彼
胎藏者는 若當爲女인댄 於母左脇에 倚脊向腹而住하고 若當爲男인
댄 於母右脇에 倚腹向脊而住하며 又此胎藏은 業報所發로 生分風起
하야 令頭向下하며 足便向上케하야 胎衣纏裏라가 而趣産門하야 其正
出時에 胎衣遂裂하야 分之兩腋하야 出産門時를 名正生位라하니 並
可知니라

『열반경』 이십구권이라고 한 것은 남경본은 이십칠권이다.
『열반경』에 말하기를 중음中陰이 두 가지가 있나니
첫 번째는 선업과요,
두 번째는 악업과다.

선업을 인한 까닭으로 잘 깨달아 관찰함을 얻고 악업을 인한 까닭으로 잘못 깨달아 관찰함을 얻나니,

아버지와 어머니가 서로 만나 화합할 때에 업의 인연을 따라 생生을 받을 곳을 향하여 어머니에게 사랑을 생기하고[572] 아버지에게 성냄을 생기하여 아버지의 정기精氣가 나올 때에 이것은 자기의 소유라고 말하고 본 이후에 마음에 기뻐하여 환희를 내나니,

이 세 가지 번뇌[573]의 인연으로써 중음中陰의 음陰이 무너지고 뒤에 오음五陰을 생기하는 것이 마치 밀랍 도장으로 진흙에 찍음에 도장은 사라지고 문채가 이루어지는 것과 같다 하였다.

해석하여 말하면 이『열반경』에는 남자만 간략하게 거론하였거니와 『구사론』제구권에는 곧 남자와 여자를 갖추어 거론하였다.

『구사론』에 전도된 마음은 탐욕의 경계에 나아간다고 한 것을 해석하여 말하기를 이것은 중유中有가 먼저 전도된 마음을 일으켜 탐욕의 경계에 치달려 나아감을 밝힌 것이다.

저 중유가 업력으로 생기할 바 안근을 인유하여 비록 먼 방소에 머물지만 능히 태어날 곳을 보아서 아버지와 어머니가 서로 만남에 전도된 마음을 일으키나니,

만약 남자의 중유[574]라고 한다면 어머니를 인연하여 사랑을 일으켜

---

572 원문에 어모생애於母生愛 운운은 단 남자男子에 한하여 말한 것이다.

573 원문에 삼종번뇌三種煩惱는 애愛, 진瞋, 열悅이다.

574 중유中有는 생사의 중간이기 때문에 중유이니(生死之中故 中有) 곧 중음中陰이다. 이 중음신中陰身은, 몸의 크기는 삼척三尺이고 육근六根이 아주 명리明利하여 원방遠方에 부모父母와 화합和合할 사실을 능히 보고 듣고 그곳에 가서

탐욕의 마음을 내고, 만약 여자의 중유라고 한다면 아버지를 인연하여 사랑을 일으켜 탐욕의 생각을 내고, 이 두 가지 인연을 번복하면[575] 함께 진심을 일으키는 것이다.

저 중유가 이 두 가지 전도된 마음을 일으킴을 인유하여 문득 자기 몸이 사랑할 바 부모로 더불어 화합한다 말하며 섞을[576] 바 부정한 것이 태중에 흘러 이를 때에 이것은 자기 소유라 말하고 문득 환희를 내나니,

이 마음이 생기한 이후에 중유가 곧 몰입하여 생유신生有身[577]을 받는다 하였으니,

나머지는 널리 저 『구사론』에서 설한 것과 같다.

『유가론』에 또 말하기를 저 태장이라고 한 것은 만약 마땅히 여자라고 한다면 어머니 왼쪽 옆구리에 등골을 의지하여 배를 향하여 머물고, 만약 마땅히 남자라면 어머니의 오른쪽 옆구리에 배를 의지하여 등골[578]을 향하여 머물며

또 이 태장은 업보의 생기한 바로 생분生分의 바람[579]이 일어나 머리로

태어난다.

575 이 두 가지 인연이라고 한 것은 아버지와 어머니의 두 가지 인연을 가리키는 것이다. 번복한다고 한 뜻은 가히 알 수가 있을 것이다. 역시 『잡화기』의 말이다.

576 泄은 '섞을 설' 자이다.

577 생유生有는 사유四有의 하나이니 사유는 생유生有, 사유死有, 중유中有, 본유本有이다.

578 脊은 '등골뼈 척' 자이다.

하여금 아래로 향하게 하며 다리로 하여금 문득 위로 향하게 하여
태의 껍질[580]이 속을 감았다가 산문産門에 나아가 그가 바로 나올
때에 태의 껍질이 드디어 찢어져 두 겨드랑이를 나누어 산문에
나올 때를 정생위正生位라 한다 하였으니,
아울러 가히 알 수가 있을 것이다.

疏

次三及十은 文並可知라 八九는 各有通別하니 別謂四魔와 十魔
及業이니 如離世間品과 及大品魔事品과 起信論說하니라 若依智
論인댄 除諸法實相하고 皆菩薩魔事라하니 起心動念이 悉是魔業
이라 今以智覺察하야 不隨其轉이 如人覺賊과 及偸狗故며 知魔界
如가 與佛界如로 如無二故니 旣覺其事인댄 卽不造其業이리라

다음에 세 가지[581]와 그리고 제 열 번째는 경문을 모두 가히 알
수가 있을 것이다.
여덟 번째와 아홉 번째는 각각 통과 별의 뜻이 있나니,
별의 뜻은 말하자면 사마四魔와 십마十魔와 그리고 업이니 이세간품

---

579 원문에 생분풍生分風은 『구사론俱舍論』엔 이숙풍異熟風이라 하였다. 『잡화
　　기』도 이와 같이 말했다.
580 원문에 태의胎衣는 사전에 태의 껍질이라 하였다.
581 원문에 차삼次三이란, 第五에 보리의菩提意와 第六에 사선지식事善知識과
　　第七에 근수불법勤修佛法이다.

과 그리고『대품반야경』마사품魔事品과『기신론』에 설한 것과 같다.

만약『지도론』을 의지한다면[582] 모든 법의 실상을 제외하고는 다 보살에게는 마군의 일이다 하였으니,

마음을 일으키고 생각을 움직이는 것이 다 마군의 업이다.

지금에는 지혜로써 깨달아 살펴 그 마군을 따라 유전하지 않는 것이 마치 사람이 도적과 그리고 도둑개를 깨달아[583] 아는 것과 같은 까닭이며

마군 세계의 진여가 부처 세계의 진여로 더불어 같아서 둘이 없는 줄 깨달아 아는 까닭이니,

이미 그 사실을 깨달아 알았다면 곧 그 마군의 업을 짓지 않을 것이다.

鈔

別謂四魔者는 四謂天陰과 煩惱及死라 言十魔者는 一은 蘊魔니 生取著故요 二는 煩惱魔니 恒雜染故요 三은 業魔니 能障礙故요 四는 心魔니 起高慢故요 五는 死魔니 捨生處故요 六은 天魔니 自慢縱故요 七은 善根魔니 恒執取故요 八은 三昧魔니 久耽味故요 九는 善知識魔니 起著心故요 十은 菩提法智魔니 不願捨離故라 言及業者는 一은 忘失菩提心하고 修諸善根이 是爲魔業이요 二는 惡心布施하며 瞋心

---

582 원문에 약의지론若依智論下는 通의 뜻이다.
583 원문에 약인각적若人覺賊 운운은『열반경涅槃經』제칠권第七卷이다.

持戒하며 捨惡性人하며 遠懈怠者하며 輕慢亂意하며 譏嫌惡慧하며
乃至第十에 增長我慢하야 無有恭敬하며 於諸衆生에 多行惱害하며
不求正法의 眞實智慧하며 其心弊惡하야 難可開悟가 是爲魔業이라

별의 뜻은 말하자면 사마라고 한 것은 사마는 말하자면 천마와
오음마와 번뇌마와 그리고 사마死魔이다.
십마라고 말한 것은 첫 번째는 오온마니 취착을 내는 까닭이요
두 번째는 번뇌마니 항상 섞이어 물들이는 까닭이요
세 번째는 업마니 능히 장애하는 까닭이요
네 번째는 심마니 높이 교만을 일으키는 까닭이요
다섯 번째는 사마니 사는 곳을 버리는 까닭이요
여섯 번째는 천마니 스스로 교만하여 방종하는 까닭이요
일곱 번째는 선근마니 항상 집착하여 취하는 까닭이요
여덟 번째는 삼매마니 오랫동안 그 삼매의 맛을 즐기는 까닭이요
아홉 번째는 선지식마니 집착하는 마음을 일으키는 까닭이요
열 번째는 보리법지마니 버리고 떠나기를 원치 않는 까닭이다.
그리고 업[584]이라고 말한 것은 첫 번째는 보리심을 망실하고[585] 모든

584 원문에 급업자及業者라고 한 것은 업業이 열 가지가 있지만 여기서는 一,
二, 十만 인용하였다. 나머지 일곱 가지는 저 이세간품離世間品의 인자권鱗字
卷 초이장初二丈에 있다. 이세간품離世間品은 함鹹, 하河, 담淡, 인鱗의 사권四
卷으로 되어 있다.
585 보리심을 망실했다고 한 등은 이 가운데는 다만 업만 인용하였으니 인자권鱗
字卷 상권, 초, 2장을 볼 것이다. 역시 『잡화기』의 말이다.

선근을 닦는 것이 이것이 마군의 업이 되는 것이요

두 번째는 악한 마음으로 보시하며

성낸 마음으로 계를 가지며

악한 성품의 사람을 버리며

게으른 사람을 멀리하며

산란한 뜻의 사람을 업신여겨 모욕하며[586]

나쁜 지혜의 사람을 속이고 싫어하며,

내지 제 열 번째 아만을 증장하여 공경함이 없으며

모든 중생에게 뇌로움과 해로움을 수없이 행하며

정법의 진실한 지혜를 구하지 아니하며

그 마음이 부패하고 추악하여 가히 열어 깨닫기 어려운 것이 이것이
마군의 업이[587] 되는 것이다.

起信論者는 餘論廣有나 此論分明할새 人易尋故라 故依示耳리니 卽
修行信心分中이라 論云호대 或有衆生이 無善根力인댄 則有諸魔外
道와 鬼神之所惑亂이니 若於坐中에 現形恐怖하며 或現端正男女等
相거든 當念唯心인댄 境界則滅하야 終不爲惱리라 或現天像菩薩像
하며 亦作如來像호대 相好具足하야 若說陀羅尼하며 若說布施持戒
忍辱精進禪定智慧하며 或說平等空無相無願과 無怨無親無因無

---

586 경만輕慢은 업신여겨 모욕하는 것을 말한다.
587 원문에 마업魔業 下에 북장경北藏經에는 사마四魔는 여상소변如常所辨이니
    謂天魔, 陰魔, 煩惱魔, 死魔라. 故로 大品之中에 四魔나 而多說天魔, 煩惱魔
    라는 말이 있다.

果와 畢竟空寂이 是眞涅槃하며 或令人으로 知宿命過去之事하며 亦
知未來之事하며 得他心智하야 辯才無礙하며 能令衆生으로 貪著世
間의 名利之事하며 又復令人으로 數嗔數喜하야 性無常準하며 或多
慈愛하며 多睡多病하며 其心懈怠하며 卒起精進이라가 後便休廢하며
生於不信하야 多疑多慮하며 或捨本勝行하고 更修雜業하며 若著世
事하야 種種牽纏하며 亦能使人으로 得諸三昧하야 少分相似하나니
皆是外道所得이요 非眞三昧니라 或復令人으로 若一日若二日과 若
三日乃至七日을 住於定中하야 得自然香美飮食하야 身心適悅하고
不飢不渴하야 使人愛著하며 或亦令人으로 食無分齊하야 乍多乍少
하야 顔色變異하나니 以是義故로 行者는 當應智慧觀察하야 勿令此
心으로 墮於邪網하고 當勤正念하야 不取不著케하면 則能遠離是諸
業障이라하니라 釋曰此一段文은 雖則稍廣이나 亦爲要用이라 其中에
兼有對治하니 則顯菩薩의 心無癡亂이니라

『기신론』이라고 한 것은 나머지 논에도 널리 있지만 이『기신론』이
분명하기에 사람들이 쉽게 찾는 까닭이다.
그런 까닭으로 『기신론』을 의지하여 현시하리니,
곧 수행신심분 가운데 말이다.
『기신론』에 말하기를 혹 어떤 중생이 선근의 힘이 없다면 곧 모든
마군과 외도와 귀신에게 미혹하고 산란하는 바가 되나니,
만약 앉아 있는 가운데 공포스런 형상을 나타내며, 혹 단정한 남녀
등의 모습을 나타내거든 마땅히 오직 마음인 줄 생각한다면 경계가
곧 사라져서 마침내 뇌롭게 하지 못할 것이다.

혹 하늘의 형상과 보살의 형상을 나타내며,

또한 여래의 형상을 짓되 삼십이상과 팔십종호를 구족하여 혹 다라 니를 설하며,

혹 보시와 지계와 인욕과 정진과 선정과 지혜를 설하며,

혹 평등과 공과 무상과 무원無願과 무원無怨과 무친無親과 무인無因과 무과無果와 필경에 공적한 것이 이것이 진실한 열반이라 설하며

혹 사람으로 하여금 숙세 과거의 일을 알게 하며,

또한 미래의 일도 알게 하며,

다른 사람의 마음을 아는 지혜를 얻어서 변제가 걸림이 없게 하며

능히 중생으로 하여금 세간에 명예와 이익의 일을 탐착하게 하며

또다시 사람으로 하여금 자주 성질나게도 하고 자주 기쁘게도 하여

성품이 떳떳한 기준이 없으며

혹 자비와 사랑이 많으며,

잠도 많고 병도 많으며,

그 마음이 게으르며,

갑자기 정진을 시작하다가 뒤에 문득 쉬며,

불신을 내어 의심이 많고 생각이 많으며

혹 본래 수승한 행을 버리고 다시 잡된 업을 닦으며

혹 세상의 일에 집착하여 가지가지로 이끌어 얽으며

또한 능히 사람으로 하여금 모든 삼매를 얻어서 조금 비슷하게 하나니,

다 이것은 외도들이 얻은 바요 진실한 삼매는 아니다.

혹 다시 사람으로 하여금 혹 하루와 혹 이틀과 혹 삼일과 내지

칠일을 삼매 가운데 머물러 자연스레 향도 맛도 좋은 음식을 얻어 몸과 마음이 알맞게 기쁘고 배고프지도 않고 목마르지도 않게 하여 사람으로 하여금 애착하게 하며

혹 또한 사람으로 하여금 음식이 분한이 없어서 별안간 많게도 하고 별안간 적게도 하여 안색을 변하게 하나니,

이런 뜻인 까닭으로 수행하는 사람은 응당히 지혜로 관찰하여 이 마음으로 하여금 삿된 그물에 떨어지지 말고 응당 정념을 부지런히 닦아 취하지도 않고 집착하지도 않게 한다면 곧 능히 이 모든 업장을 멀리 떠나게 될 것이다 하였다.

해석하여 말하면 이 일단의 문장을 비록 곧 점점 폭넓게 설하였지만 또한 긴요하게 쓰이는[588] 것이다.

그 가운데 상대하여 다스리는 것을 겸하고 있나니,

곧 보살의 마음이 어리석거나 산란함이 없음을 나타낸 것이다.

若依智論인댄 除諸法實相等者는 論有喩云호대 譬如繩能緣一切物이나 唯不能緣火焰하나니 緣卽爲燒故라 魔亦如是하야 能緣一切法이나 唯不能緣諸法實相하나니 若入實相인댄 魔卽實相이거니 何所惑耶아 故論云호대 魔界如와 佛界如가 一如無二如하야 皆法界印이거니 豈以法界印으로 更壞法界印가하며 又八十二云호대 魔見解般若菩薩에 如捕魚人이 見一大魚가 入深大水하야 鉤網所不及하면 則絶望憂愁하나니 以離六十二見網故라하며 又七十三中에 魔作大沙

---

588 원문에 요용要用은 공부할 때 쓰인다는 것이다.

門하야 有重威德等하야 或時語菩薩호대 般若三解脫門이 是魔說이
라 但是空이니 汝常習此空하야 於中得證이라도 不得不證하나니 云何
作佛하며 作佛法이리요 先行布施持戒等하야 修三十二相福德하야
坐道場時라야 爾乃用空이라하면 菩薩은 或行或信或疑하야 遠離般
若라하니라 釋曰依此컨대 世魔甚多니라 七十一云호대 魔作知識身하
야 說般若空호대 雖說罪福名이나 而無道理라하며 或說空可取卽涅
槃이라하니라 釋曰前七十三엔 魔令莫修空하고 而須修事行하며 此
中엔 說斷滅空하야 令其趣證일새 故人多惑耳어니와 若得諸法實相
하야 亦不捨空修事하며 亦不謂空礙有하며 亦不以空爲證하고 則以
般若性空으로 導一切行하야 修無所修하면 則魔不能令菩薩癡亂케
하리라

만약 『지도론』을 의지한다면 모든 법의 실상을 제외한다고 한 등은
『지도론』에 비유를 두어 말하기를, 비유하자면 파리가 능히 일체의
사물을 반연하지만 오직 능히 불꽃만은 반연하지 못하는 것과 같나
니 곧 타게 되는 까닭이다.
마군도 또한 이와 같아서 능히 일체법을 반연하지만 오직 능히
모든 법의 실상만은 반연하지 못하나니, 만약 실상에 들어간다면
마군이 곧 실상이거니 어찌 미혹할 바가 있겠는가.
그런 까닭으로 『지도론』에 말하기를 마군 세계의 진여와 부처 세계
의 진여가 한결같아 두 진여가 없어서 다 법계의 정인이거니, 어찌
법계의 정인으로 다시 법계의 정인을 무너뜨리겠는가 하였으며
또 『지도론』 팔십이권에 말하기를 마군이 반야를 아는 보살을 봄에

마치 고기를 잡는 사람이 하나의 큰 고기가 깊고 큰 물 가운데 들어 있어 낚시나 그물로 미칠 바가 아닌 줄 보면 곧 절망하여 근심하는 것과 같나니, 육십이견의 그물을 떠나는 까닭이다 하였으며

또『지도론』칠십삼권 가운데[589] 마군이 큰 사문을 지어 중후하고 위덕한 모습 등이 있어 혹시에 보살에게 말하기를 반야의 삼해탈이 이 마군의 말이다. 다만 이 공일 뿐이니 그대가 항상 이 공을 익혀 그 가운데 얻고 증득하려 할지라도 얻을 수 없고 증득할 수 없나니 어떻게 부처를 지으며 부처님의 법을 짓겠는가.

먼저 보시·지계 등을 행하여 삼십이상의 복덕을 닦아 도량에 앉은 때라야 그대가 이에 공을 쓸 것이다 한다면, 보살은 혹 행하고 혹 믿고 의심하여 반야를 멀리 떠날 것이다 하였다.

해석하여 말하면 이 말을 의지하건대 세간에 마군이 매우 많다는 것이다.

『지도론』칠십일권에 말하기를 마군이 선지식의 몸을 지어 반야의

589 『지도론』칠십삼권 가운데라고 한 것은 그러나 저『지도론』은 육십구권에 해당한다. 토吐를 말하면 마설魔説"이라" 시공是空"이어늘" 차공此空"하니" 득증得證(得하며 證인댄)"인댄" 부득不得"하며" 부증不證"하리니" 작불作佛"하리요" 불법佛法"은" 등이라 하고, 다음 줄에 도량시道場時"에사"라 할 것이다. 그러나 네 번째 줄에 득得 자와 불不 자 사이에 저『지도론』에는 역亦 자가 있고, 바로 아래 불佛 자와 법法 자 사이에 지之 자가 있다. 항상 공을 익힌 가운데 얻고 증득한다고 말하였다면 곧 얻고 증득한다고 말할 필요는 없다는 것이다. 역시『잡화기』의 말이나 나는 여기에 해석한 대로 현토하여 보았다.

공을 설하되 비록 죄와 복의 이름이 있지만 도리가 없다 하였으며 혹 말하기를 공이 가히 곧 열반을 취한다 하였다.

해석하여 말하면 앞의 칠십삼권에서는 마군이 하여금 공을 닦지 못하게 하고 반드시 사행事行[590]을 닦게 하였으며

여기 칠십일권 가운데서는 단멸공을 설하여 그로 하여금 나아가 증득케 하였기에 그런 까닭으로 사람들이 다분히 미혹하거니와,

만약 모든 법의 실상을 얻어 또한 공을 버리고 사행을 닦지 아니하며, 또한 공이 유에 걸린다 말하지 아니하며,

또한 공으로써 증득함을 삼지 않고 곧 반야의 자성이 공한 것으로써 일체 행을 인도하여 닦지만 닦는 바가 없다면 곧 마군이 능히 보살로 하여금 어리석거나 산란하게 하지 못할 것이다.

今以智覺察者下는 示不爲癡亂所以라 如人覺賊과 及偸狗者는 卽涅槃이니 南經은 邪正品이요 北經은 亦如來性品이라 卽第七經에 如人覺賊하면 賊無能爲니라 又因迦葉이 聞依四種人하야 難云호대 世尊魔等이 尙能變作佛身거든 況當不能作羅漢等이릿가 佛言하사대 善男子야 於我所說에도 若生疑者인댄 尙不應受어든 況如是等이리요 是故로 應當善分別知니라 善男子야 譬如偸狗가 夜入人舍를 其家婢使가 若覺知者인댄 卽應驅罵호대 汝疾出去하라 若不出者인댄 當奪汝命하리라하면 偸狗聞之하고 卽去不還하나니 汝等從今으로 亦應如是降伏波旬거든 應作是言호대 波旬아 汝今不應作如是像하라 若

故作者인댄 當以五繫로 繫縛於汝리라하면 魔聞是已하고 便當還去를 如彼儜狗가 更不復還이라하고 下乃廣說佛說과 魔說之相하니 此文은 但令覺察이라

지금에는 지혜로써 깨달아 살핀다고 한 아래는 어리석거나 산란함이 되지 않는 까닭을 시현한 것이다.

마치 사람이 도적과 그리고 도둑개를 깨달아 아는 것과 같다고 한 것은 곧 『열반경』이니,
남장경은 사정품邪正品[591]이고 북장경은 또한 여래성품如來性品이다.
곧 남장경 제칠권[592]에 마치 어떤 사람이 도적인 줄 깨달으면 도적이 능히 어떻게 할 수 없는 것과 같다.
또[593] 가섭보살이 부처님께서 네 종류의 사람[594]을 의지해야 한다고

---

591 사정품邪正品은 제육권第六卷 사의품四依品을 잘못 기록한 것이다. 이 내용이 사정품邪正品엔 없고 사의품四依品 처음부터 시작하여 있다. 이미 앞에서 인용한 바도 있나니 한글장경 53, 열반부 1, p.101, 下段에 있다.

592 제칠경第七經은 제육경第六經이니 여인각적如人覺賊 운운은 사의품四依品에도 사정품邪正品에도 없다. 다음 줄에 단 세존世尊이시여, 마등魔等 운운 이하는 제육권第六卷 사의품四依品에 있다.

593 원문에 우인又因이라고 한 인因 자는 다음 줄에 아라한 등이라 한 아래에서 해석할 것이라고 『잡화기』는 말하나 나는 사종인四種人이라 한 아래에 해석하였다. 가섭문迦葉問이라 한 문問 자는 문聞 자의 잘못이라고 『잡화기』에 말하나 차본에는 이미 교정되어 있다. 원문에 문의聞依 운운은 상경上經(『열반경』이 경문 上이다)에 부처님의 말을 의지하기를 권한 것이 있는 까닭이니

함을 들음을 인하여 물어 말하기를 세존이시여, 마군 등이 오히려
능히 변화하여 부처님의 몸을 짓거든 하물며 마땅히 아라한 등의
몸을 능히 짓지 못하겠습니까.

부처님께서 말씀하시기를 선남자야, 내가 설한 바에도 만약 의심이
생긴다면 오히려 응당 받아들이지 않아야 할 것이거든 하물며 이와
같은 마군 등의 말이겠는가.

이런 까닭으로 응당히 잘 분별하여[595] 알아야 할 것이다.

선남자야, 비유하자면 도둑개가 밤에 사람의 집에 들어오는 것을
그 집에 하인들이 만약 깨달아 알았다면 곧 응당히 몰아내며 꾸짖되
너 이놈, 빨리 나가거라. 만약 나가지 않는다면 마땅히 너의 목숨을
빼앗을 것이다 하면 도둑개가 그 말을 듣고 곧 도망가 돌아오지
않는 것과 같나니, 그대 등도 지금으로부터 응당히 이와 같이 마왕
파순을 항복받을 수 없거든 응당히 이와 같은 말을 짓되 파순아,
그대는 지금 응당 이와 같은 형상을 짓지 말라. 만약 짐짓 짓는다면
마땅히 오계五繫[596]로써 그대를 얽어맬 것이다 하면, 마왕 파순이

이 권勸한 경문 말미에 수다원 등 네 종류의 사람이 세간을 어여삐 여겨
세간에 출현하여 인간과 하늘을 안락케 하고 대중의 귀의처가 된다 운운하였
다. 세존이시여라고 한 등은 갖추어 말하기를 세존이시여, 내가 지금 이
네 종류의 사람을 의지하지 않습니다 하였다. 역시 『잡화기』의 말이다.
이후로 조자권調字卷 하권 끝날 때까지 『잡화기』의 사기가 빠지고 없다.

594 원문에 사종인四種人은 『열반경涅槃經』에 첫째 번뇌를 구족한 사람, 둘째
수다원과 사다함, 셋째 아나함, 넷째 아라한이라 하였다.

595 원문에 선분별善分別은 魔와 正을 잘 분별한다는 것이다. 이상은 『유망기』의
말이다.

이 말을 들어 마치고 곧 마땅히 돌아가기를 마치 저 도둑개가 다시
돌아오지 않는 것과 같이 한다 하고, 그 아래에 부처님의 말씀과
마군의 말의 모습을 폭넓게 설하였으니
이 문장[597]은 다만 하여금 깨달아 살피게 하는 것이다.

---

596 오계五繫는 오체五體를 얽어매는 것이다.

597 이 문장이란, 영인본 화엄 6책, p.613, 8행, 선남자비여투구善男子譬如偸狗
이하 글(文)이다. 역시 『유망기』의 말이다.

經

此菩薩이 成就如是無量正念하야 於無量阿僧祇劫中에 從諸佛
菩薩과 善知識所로 聽聞正法하나니

이 보살이 이와 같은 한량없는 정념을 성취하여 한량없는 아승지세
월 가운데 모든 부처님과 보살과 선지식의 처소를 좇아 정법을
듣나니

疏

第二에 此菩薩下는 別約所持法門하야 明無癡亂이라 文有二別하
니 先은 正明이요 後는 徵釋이라 前中三이니 初는 結前標後요 次에
所謂下는 正顯所持요 三에 菩薩下는 結無癡亂이라

제 두 번째 이 보살이라고 한 아래는 따로 가질 바 법문을 잡아서
어리석거나 산란함이 없음을 밝힌 것이다.
경문에 두 가지 다름이 있나니
먼저는 바로 밝힌 것이요
뒤에는 묻고 해석한 것이다.[598]
앞의 바로 밝힌 가운데 세 가지가 있나니
처음에는 앞의 말을 맺고 뒤의 말을 표한 것이요

---

[598] 원문에 후징석後徵釋이란, 영인본 화엄 6책, p.618, 1행이다.

다음에 말하자면이라고 한 아래는 바로 가질 바 법문을 나타낸
것이요
세 번째 보살이 이와 같은 법문을 들었다고 한 아래는 어리석거나
산란함이 없음을 맺는 것이다.

經

所謂甚深法과 廣大法과 莊嚴法과 種種莊嚴法과 演說種種名句
文身法과 菩薩莊嚴法과 佛神力光明無上法과 正希望決定解하
는 淸淨法과 不著一切世間法과 分別一切世間法과 甚廣大法과
離癡翳하야 照了一切衆生法과 一切世間共法과 不共法과 菩薩
智無上法과 一切智自在法이니라

말하자면 깊고도 깊은 법과

넓고도 큰 법과

장엄한 법과

가지가지로 장엄한 법과

가지가지 명名과 구句와 문신文身⁵⁹⁹을 연설하는 법과

보살의 장엄한 법과

부처님의 신력 광명의 더 이상 없는 법과

바로 결정한 지해(解)를 희망하는 청정한 법과

일체 세간에 집착하지 않는 법과

일체 세간을 분별하는 법과

깊고도 넓고 큰 법과

어리석음의 가리움을 떠나 일체중생을 비추어 아는 법과

---

599 문신文身은 俱舍에는 十四不相應法의 一이고, 唯識에는 二十四不相應法의
   一이니 소리로 된 문체로 굴곡 차별이 있는 문체, 의미는 없고 소리만
   있는 것. 즉 가, 나, 다와 같은 것이다.

일체 세간의 공법共法과
불공법不共法과
보살 지혜의 더 이상 없는 법과
일체 지혜의 자재한 법입니다.

疏

二는 正顯中에 有十五法하니 一은 所證理體라 大分深義는 所謂
空故니 卽事眞故니라

두 번째는 바로 나타낸 가운데 열다섯 가지 법이 있나니
첫 번째는 증득할 바 진리의 자체이다.
크게 나누어 깊다고 한 뜻은 말한 바 공인 까닭이니
사실(事)에 즉한 진실인 까닭이다.

鈔

大分深義者는 卽十二門論이니 但改彼也字하야 爲故字耳니라

크게 나누어 깊은 뜻이라고 한 것은 곧 『십이문론』이니,
다만 저 『십이문론』에 야也 자만을 고쳐서 고故 자로 하였을 뿐이다.

疏

二는 卽體業用之法이요 三은 具德相故요 四는 一具一切일새 故云
種種이니 上四는 卽所詮理法이요 五는 卽能詮敎法이니 義見初卷
이라 六은 行法이니 以因嚴果故요 七은 果法이니 上七은 通明四法
이라 下八은 唯約地位며 亦果行收니 謂八은 卽初地大願이니 已證
理故로 名正希望決定解요 斷二障故로 云淸淨이라 九는 卽根本
智요 十은 卽後得이니 此二는 通至七地라 十一에 甚廣大法은 卽八
地法이니 證深法忍이 如法界故요 十二는 九地니 是法師位니 了
物機故요 十三은 十地니 知世間集의 共不共等故니 苦無常等은
通色心故로 名之爲共이요 色心類殊는 名爲不共이라 又器世間은
名共이니 共業感故요 衆生世間은 名不共이니 自業成故니 此二는
唯約所知라 又隨他意行은 名共이요 隨自意行은 名不共이라 又靜
慮와 無色과 四等과 五通은 雖共凡小나 菩薩은 無漏大悲일새 故名
不共이라

두 번째는 자체에 즉한 업용의 법이요
세 번째는 덕상을 구족한 까닭이요
네 번째는 하나가 일체를 구족하였기에 그런 까닭으로 가지가지라
말한 것이니
위에 네 가지는 곧 소전所詮의 이법理法이요
다섯 번째는 곧 능전能詮의 교법이니
뜻이 첫 권에 나타났다.[600]

여섯 번째는 행법이니

원인으로써 결과를 장엄하는 까닭이요

일곱 번째는 과법이니

위에 일곱 가지 법은 네 가지 법[601]을 모두 밝힌 것이다.

아래 여덟 가지는 오직 지위만을 잡은 것이며 또한 과果와 행行을 거두는 것이니,

말하자면 여덟 번째는 곧 초지의 큰 서원이니

이미 진리를 증득한 까닭으로 이름을 바로 결정한 지해를 희망한다 한 것이요

두 장애를 끊은 까닭으로 말하기를 청정하다 한 것이다.

아홉 번째는 곧 근본지요

열 번째는 곧 후득지이니,

이 두 가지는 모두 칠지에 이르는 것이다.

열한 번째 깊고도 넓고 큰 법이라고 한 것은 곧 팔지의 법이니

깊은 법인을 증득한 것이 법계와 같은 까닭이요

열두 번째는 구지이니,

이는 법사위法師位이니 중생의 근기를 아는 까닭이요

열세 번째는 십지이니,

세간에 고의 집합체(集)의 공共과 불공不共 등을 아는 까닭이니 고와

---

600 원문에 의현초권義見初卷이란, 홍자권洪字卷에 있나니 二十卷疏의 초권初卷에 있다는 것이다. 역시 『유망기』의 말이다.

601 원문에 사법四法이란 敎, 理, 行, 果니 소전리법所詮理法은 上四요, 능전교법能詮敎法은 第五요, 행법行法은 第六이요, 과법果法은 第七이다.

무상 등은 색과 심에 통하는 까닭으로 이름을 공이라 하고, 색과
심의 유형이 다른 것은 이름을 불공이라 하는 것이다.
또 기세간은 이름을 공이라 하는 것이니 공업으로 감득한 까닭이요
중생세간은 이름을 불공이라 하는 것이니 자업으로 이룬 까닭이니
이 두 가지[602]는 오직 소지所知만을 잡은 것이다.
또 다른 사람의 뜻을 따라 행하는 것은 이름을 공이라 하고, 자기의
뜻을 따라 행하는 것은 이름을 불공이라 하는 것이다.
또 사정려四靜慮[603]와 사무색정과 사무량 등과 오신통은 비록 범부와
소승과 같지만 보살은 무루 대비가 있기에 그런 까닭으로 이름을
불공이라 하는 것이다.

鈔

共不共等은 此有二義하니 前義는 十地更釋이요 後義는 出現品明하
리라 又隨他意行下는 卽涅槃經意니 明佛有三語니 隨自意語와 隨他
意語와 隨自他意語라 立行亦然하니 如前已引하니라

공과 불공 등이라고 한 것은 여기에 두 가지 뜻이 있나니
앞에 뜻은 십지에서 다시 해석할 것이요,

---

602 이 두 가지란, 一은 고무상등苦無常等 以下요, 二는 우기세간又器世間 以下
이다.
603 사정려四靜慮는 색계사선정色界四禪定이다. 사무색四無色은 무색계사선정無
色界四禪定이다.

뒤에 뜻은 출현품에서 밝히겠다.

또 다른 사람의 뜻을 따라 행한다고 한 아래는 곧 『열반경』의 뜻이니
부처님이 세 가지 말이 있음을 밝힌 것이니,
자기의 뜻을 따르는 말과 다른 사람의 뜻을 따르는 말과 자기와
다른 사람의 뜻을 함께 따르는 말이다.
행을 세운 것도 또한 그러하나니
앞에서 이미 인용한 것과 같다.

疏

十四는 等覺智요 十五는 如來智라 上竪明諸位어니와 若約橫配者
인댄 初一은 唯因이요 後一은 唯果요 中間六智는 通於因果나 而別
義相顯하니라

열네 번째는 등각지요
열다섯 번째는 여래지이다.
위에서는 수竪로 모든 지위를 밝혔거니와, 만약 횡橫으로 배속함을
잡는다면 처음에 한 지혜는 오직 인因뿐이요
뒤에 한 지혜는 오직 과果뿐이요
중간에 여섯 지혜는 인과에 통하지만 그러나 다른 뜻을 서로 나타내
고 있다.

經

菩薩聽聞如是法已에 經阿僧祇劫토록 不忘不失하야 心常憶念
하야 無有間斷하니라

보살이 이와 같은 법문을 들은 이후에 아승지세월이 지나도록
잊지 않고 잃지 않아 마음에 항상 기억하고 생각하여 잠깐도 끊어짐
이 없었습니다.

疏

三에 結無癡亂者는 不忘은 不癡요 不失은 無亂이라 心常憶下는
通結相續이라

세 번째 어리석거나 산란함이 없음을 맺는다고 한 것은 잊지 않는다
고 한 것은 어리석지 않다는 것이요
잃지 않는다고 한 것은 산란하지 않다는 것이다.
마음에 항상 기억하고 생각한다고 한 아래는 상속함을 모두 맺는
것이다.

經

何以故요 菩薩摩訶薩이 於無量劫에 修諸行時에 終不惱亂一衆
生하야 令失正念하며 不壞正法하고 不斷善根하야 心常增長廣
大智故니라

무슨 까닭인가.
보살마하살이 한량없는 세월에 모든 행을 닦을 때에 끝내 한 중생이
라도 뇌롭고 산란하게 하여 하여금 정념을 잃지 않게 하며 정법을
무너뜨리지 않고 선근을 끊지 아니하여 마음에 항상 광대한 지혜를
증장케 한 까닭입니다.

疏

第二에 何以故下는 徵釋이니 釋中엔 以因深故라 不亂衆生일새
得無亂果요 不壞正法하고 增廣大智일새 得無癡果요 不斷善根일
새 得相續果니 因果影響이 屬然無差니라

제 두 번째 무슨 까닭인가 한 아래는 물고 해석한 것이니
해석한 가운데는 원인이 깊은 까닭이다.
중생을 산란하게 하지 않았기에 산란함이 없는 과보를 얻는 것이요
정법을 무너뜨리지 않고 광대한 지혜를 증장하였기에 어리석음이
없는 과보를 얻는 것이요
선근을 끊지 않았기에 상속하는 과보를 얻는 것이니,

인과의 그림자와 메아리가 잔연屛然⁶⁰⁴히 차별이 없는 것이다.

鈔

屛然無差者는 屛現也라

잔연히 차별이 없다고 한 것은 잔屛 자는 현現 자의 뜻이다.

---

604 잔연屛然은 현연顯然의 뜻이다.

경

復次此菩薩摩訶薩은 種種音聲으로 不能惑亂하나니

다시 이 보살마하살은 가지가지 음성으로 능히 미혹하거나 산란케
못하나니

소

**第二에 復次下는 別釋上九하야 攝爲三禪하니 初六은 釋前現法樂
住라 卽爲六段하리니 今初는 釋前心無散亂이라 文二니 初標라**

제 두 번째[605] 다시라고 한 아래는 위에 아홉 구절[606]을 따로 해석하여
거두어 삼선三禪을 삼았으니

---

605 제 두 번째라고 한 것은 십구十句에 제 두 번째이다. 또 과목을 제 두 번째라고
한 것은 십구十句를 둘로 나눈 것이니, 처음에는 초구初句를 해석한 것이니
총이 되고, 제 두 번째는 후구後句를 해석한 것이니 별이 되는 것이다.
이상은 『유망기』의 말이다. 바로 아래 위에 아홉 구절이라고 말한 것은
위의 경문 가운데 뒤에 아홉 구절이다. 처음에 여섯 구절이라 한 그 처음이란
삼선三禪의 처음이고, 여섯 구절이란 아홉 구절 가운데 앞에 여섯 구절이고,
끝줄에 지금은 처음이라 한 것은 처음에 여섯 구절이라 한 처음이다. 역시
『유망기』의 말이다.
606 원문에 上九란, 영인본 화엄 6책, p.598, 6행에 上九別句를 섭위삼선攝爲三禪
하리니 前六은 현법락주現法樂住요 次二는 인생공덕引生功德이요 後一은
요익유정饒益有情이라 하였다.
上九란, 영인본 화엄 6책, p.595, 7행 경문에 第一에 正念을 제외한 九句이다.

처음에 여섯 구절[607]은 앞에 현재 법락에 머문다고 한 것을 해석한 것이다.

곧 육단으로 하리니

지금은 처음으로 앞에 마음이 산란함이 없다고 한 것을 해석한 것이다.

경문에 두 가지가 있나니

처음에는 한꺼번에 표한 것이다.

---

607 처음에 여섯 구절이란, 아홉 구절(九句) 가운데 처음에 여섯 구절(初六句)이다.

經

所謂高大聲과 麁濁聲과 極令人恐怖聲과 悅意聲과 不悅意聲과
誼亂耳識聲과 沮壞六根聲이니라

말하자면 높고 큰 음성과

거칠고 탁한 음성과

지극히 사람으로 하여금 공포하게 하는 음성과

마음을 기쁘게 하는 음성과

마음을 기쁘지 않게 하는 음성과

이식耳識을 시끄럽고 산란하게 하는 음성과

육근을 꺾어 무너뜨리는 음성입니다.

疏

二에 所謂下는 釋이라 釋中又二니 前은 釋種種音聲이니 略列七種
이라 言沮壞六根者는 非唯引奪耳根이라 亦令餘根으로 不能緣境
일새 故名沮壞根이니 以見等으로 而爲義故니라 又沮壞者는 如治
禪病經云호대 因於外聲이 動六情根하야 心脈顚倒일새 五種惡風
이 從心脈入하야 風動心故로 或歌或舞하야 作種種變이라하니라
此卽破壞之義니 旣壞意身인댄 餘皆隨壞라 然色可冥目하고 觸
味合知하고 香少詮顯거니와 爲禪定刺는 唯在於聲일새 故偏語之
하야 明無癡亂이언정 非餘四塵이 不能亂也니라 故上忍中에 遇身

加害하야도 心無散亂이라하니라

두 번째 말하자면이라고 한 아래는 따로 해석한 것이다.
해석한 가운데 또 두 가지가 있나니
앞[608]은 가지가지 음성을 해석한 것이니
간략하게 일곱 가지의 음성을 열거하였다.
육근을 무너뜨린다고 말한 것은 오직 이근耳根만 이끌어 빼앗는
것이 아니라 또한 나머지 오근으로 하여금 능히 경계를 반연하지
못하게 하기에 그런 까닭으로 육근을 꺾어 무너뜨린다고 이름한
것이니
보는 등[609]으로써 뜻을 삼은 까닭이다.

또 꺾어 무너뜨린다고 한 것은 저 『치선병경』에 말하기를 밖의
소리가 육정의 근본을 움직임으로 인하여 심근과 맥이 전도하기에
다섯 가지 나쁜 바람이 심근과 맥을 좇아 들어가 그 나쁜 바람이
심근과 맥을 움직이는 까닭으로 혹은 노래도 하고 혹은 춤도 추어
가지가지 변화를 짓는다 하였다.

---

608 앞은 석종종음성釋種種音聲이요 뒤는 석불능혹란釋不能惑亂이니 영인본 화엄
6책, p.624에 있다.

609 보는 등이라고 한 것은 부진근浮塵根을 가린다면 곧 소리(聲)는 꺾어 무너뜨릴
바가 아니지만, 지금에는 식의識意를 잡은 까닭으로 소리도 무너뜨릴 바가
되는 것이다. 역시『유망기』의 말이다. 부진근이란 전오식으로 경계를 반연
하기 위하여 승의근勝義根의 소의所依가 되는 것이다.
원문에 견등見等이란, 곧 견문각지見聞覺知이다.

이것은 곧 꺾어 무너뜨린다는 뜻이니

이미 의근意根과 신근身根이 무너졌다면[610] 나머지 사근四根도 다
따라 무너지는 것이다.

그러나 색깔은 가히 눈을 어둡게 하고 촉감과 맛은 합하여야 알
수 있고 향기는 설명하여 나타낼 수 있는 것이 적거니와[611] 선정의
가시가 되는 것은 오직 음성에 있기에 그런 까닭으로 치우쳐 그
음성을 말하여 어리석거나 산란함이 없음을 밝혔을지언정 나머지
사진四塵[612]이 능히 산란하게 못하는 것은 아니다.[613]

그런 까닭으로 위에 인욕바라밀 가운데[614] 몸에 해를 가함을 만나서도
마음에 산란함이 없었다 하였다.

---

610 원문에 기괴의신旣壞意身이란, 바로 위에 다섯 가지 나쁜 바람이 심근과
    맥을 좇아 들어가 그 나쁜 바람이 심근과 맥을 움직인다고 한 등이 이것이
    이미 먼저 의근意根이 무너졌다는 것이다. 역시 『유망기』의 말이다.

611 향기는 설명하여 나타내는 것이 적다고 한 것은 향기는 능히 선정을 설명하여
    나타낼 수 있는 뜻이 적기에 그런 까닭으로 선정의 가시가 된다는 것이다.
    설노雪老(설파)가 말하기를 향기는 선정의 가시가 되는 허물이 없기에 그런
    까닭으로 여기에 허물이 되는 뜻을 가히 설명하여 나타낼 수 없는 것이니,
    적다(少)는 것은 없다(無)는 뜻이다 하였다. 역시 『유망기』의 말이다.

612 사진四塵은 색色·향香·미味·촉觸이다.

613 나머지 사진四塵이 능히 산란하게 못하는 것은 아니다고 한 것은 법진을
    제외한 것이니, 법진은 선정의 가시가 되는 진塵은 아니다. 역시 『유망기』의
    말이다. 바로 말하면 사진은 색·향·미·촉이다.

614 위에 인욕바라밀 가운데라고 한 것은 촉진을 들어 나머지 삼진을 비례한
    것도 또한 있다. 역시 『유망기』의 말이다.

鈔

五種惡風者는 卽治禪病祕要經第一에 標云호대 治阿蘭若에 亂心病이 七十二種法이라하고 經云호대 尊者舍利弗의 所問은 出雜阿含에 阿蘭若事라 下取意引호리라 卽諸釋子比丘가 坐禪하다가 因毘瑠璃王의 象戱하야 驚怖發狂거늘 阿難令閉門케하고 白舍利弗한대 舍利弗이 牽其問佛이라 經云호대 唯願天尊은 慈悲一切하사 爲未來世에 諸阿蘭若比丘하소서 因五種事하야 令心發狂케하나니 一者는 因亂聲이요 二者는 因惡名이요 三者는 因利養이요 四者는 因外風이요 五者는 因內風이니 此五種病을 當云何治릿가 唯願天尊은 爲我解說하소서 爾時世尊이 卽便微笑하시니 有五色光이 從佛口出하야 繞佛七匝하다가 還從頂入하니 告舍利弗하사대 諦聽諦聽하야 善思念之하라 吾當爲汝하야 分別解說하리라 若有行者가 於阿蘭若에 修心과 十二頭陀코자 於阿那般那할재 因外惡聲이 觸內心根과 四百四脈하야 治心急故로 一時動亂하며 風力强故로 最初發狂하야 心脈動轉하야 五風入咽에 先作惡口하나니 汝等은 應當敎是行者로 服食酥密과 及訶梨勒하고 繫心一處호대 先想作一玻瓈色鏡하야 自觀己身이 在彼鏡中하야 作諸狂事하고 見此事已에 復當更觀하야 而作是言호대 汝於明鏡에 自見汝作狂癡事等이라하야 廣有治法하고 末後結云호대 是名治亂倒心法이라하니라 復次舍利弗아 旣去外聲已에 當去內聲者는 因於外聲하야 動六情根하야 心脈顚倒할새 五種惡風이 從心脈入하야 風動心故로 或歌或舞하야 作種種變하나니 汝當敎洗心觀이니라 洗心觀者는 先自觀心하야 令漸漸明을 猶如火珠하고 四百四脈을 如

毘瑠璃等이라하야 廣說治法하나니 今疏엔 卽引後段之文이라

다섯 가지 나쁜 바람이라고 한 것은 곧 『치선병비요경』[615] 제일권에
한꺼번에 표하여 말하기를 아란야에 비구의 산란한 마음의 병을
다스리는 것이 칠십 두 가지 법이 있다 하고, 그 비요경에 말하기를
존자 사리불이 물은 바라고 한 것은 『잡아함경』에 아란야의 사실에
서 설출한 것이다.[616]

이 아래부터는 뜻만 취하여 인용하겠다.

곧 모든 석가모니의 제자 비구들이 좌선을 하다가 비유리왕이 코끼
리를 희롱하는 것으로 인하여 놀라 두려워하고 광란을 일으키거늘[617]
아란존자가 하여금 문을 닫게 하고 사리불에게 말을 한데, 사리불이
그들을 이끌고 가서 부처님께 물었다.

『아함경』[618]에 말하기를 오직 원컨대 세존께서는 일체중생을 자비로
여겨 미래 세상의 모든 아란야에 비구들을 위하소서. 이 비구들이
다섯 가지 일을 인하여 마음으로 하여금 광란을 일으키게 하나니
첫 번째는 산란한 소리를 인하여 일으키고,

---

615 『치선병비요경』은 송나라 원가元嘉 십팔년 담마밀다 스님이 양주揚州 기원사
　　祇洹寺에서 번역한 것이다.

616 원문에 출잡아함出雜阿含의 아란야사阿蘭若事라고 한 것은, 이 『치선병경癡禪
　　病經』이 곧 『아함경』의 아란야 사실의 부분에서 말한 별행別行이다. 역시
　　『유망기』의 말이다.

617 경포발광驚怖發狂한 비구는 선난제禪難提와 우파난제優波難提 등이다.

618 『아함경』은 『잡아함경』이다.

두 번째는 악명惡名을 인하여 일으키고,

세 번째는 이양을 인하여 일으키고,

네 번째는 외풍을 인하여 일으키고,

다섯 번째는 내풍內風을 인하여 일으키나니

이 다섯 가지 병통을 마땅히 어떻게 치료하리까.

오직 원컨대 세존께서는 저희들을 위하여 해설하소서.

그때에 세존께서 곧바로 미소를 지으시니 오색광명이 부처님의 입으로 좇아 나와 부처님을 에워싸고 일곱 바퀴를 돌다가 도리어 정수리로 좇아 들어가니,

사리불에게 말씀하시기를 자세히 듣고 자세히 들어 잘 생각하고 잘 생각하라.

내가 마땅히 그대들을 위하여 분별하여 해설하겠다.

만약 어떤 수행자가 아란야에서 마음을 닦거나 십이두타를 닦고자 아나반나阿那般那[619]를 할 때에, 밖의 나쁜 소리가 안의 심근心根과 사백사맥四百四脈에 닿임을 인하여 다스리는 마음이 급한 까닭으로 일시에 움직여 산란하며, 풍력風力이 강한 까닭으로 최초에 광란을 일으켜 심근과 맥이 동전하여 다섯 가지 바람이 목구멍으로 들어감에 먼저 나쁜 말을 짓나니,

그대 등은 응당히 이 수행자로 하여금 수락과 꿀과 그리고 아리륵 과실을 복용시켜 먹이고 마음을 한곳에 매어두되, 먼저 하나의

---

[619] 아나반나阿那般那라고 한 것은 혹 안나반나安那般那라고도 하나니, 수식관數息觀이다. 즉 오정심관五停心觀의 하나이나, 『유망기』에는 다만 아나는 안나 와 같다고만 하였다.

파리색⁶²⁰ 거울을 생각으로 지어 스스로 자기 몸이 저 거울 가운데 있어서 모든 광란한 일을 짓는 줄 관찰하고,⁶²¹ 이 사실을 본 이후에 다시 응당히 관찰하여 이와 같은 말을 하되 그대는 밝은 거울에 스스로 그대가 광란하여 어리석은 일을 짓는 등을 보라 하여 널리 다스리는 법이 있고, 말후에 맺어 말하기를 이 이름이 산란하여 전도된 마음을 다스리는 법이다 하였다.

다시 사리불아, 이미 밖의 소리가 떠나간 이후에 마땅히 안의 소리를 보내는 것은 밖의 소리로 인하여 육정의 근본을 움직여 심근과 맥이 전도顛倒하기에 다섯 가지 나쁜 바람이 심근과 맥을 좇아 들어가 나쁜 바람이 심근과 맥을 움직이는 까닭으로 혹은 노래도 하고 혹은 춤도 추어 가지가지 변화를 짓나니,

그대는 응당히 세심관洗心觀을 가르칠 것이다.

세심관이라고 한 것은 먼저 스스로 마음을 관찰하여 하여금 점점 밝게 하기를 비유하자면 화주火珠와 같이 하고, 사백사맥을 마치 비유리 등과 같이 한다 하여 널리 다스리는 법을 설하였으니, 지금 소문에서는 곧 뒷단⁶²²의 경문만 인용하였다.

---

620 파리색은 칠보 가운데 파리색이다.

621 모든 광란한 일을 짓는 줄 관찰한다고 한 것은, 본경에는 모든 광란한 일을 짓는 것을 부모와 종친宗親이 다 그대가 상서롭지 못한 일을 짓는 줄 본다 하였다. 그 원문은 이렇다. 作諸狂事를 父母宗親이 皆見汝作不祥之事니라.

622 원문에 후단後段이란, 부차사리불復次舍利佛 이하이다.

然彼但云五種惡風이라하고 下更不說이나 然似前因五種事를 便爲
五風하니라 準金七十論컨댄 說五種風하니 一者는 波那요 二者는 阿
波那요 三者는 優陀那요 四者는 婆那요 五者는 婆摩那라 是五種風
이 一切根에 同一事니 波那風者는 口鼻가 是其路요 取外塵이 是事
니 謂我止我行이 是其作事니라 外曰호대 是波那라면 何根能作고 答
曰호대 是十三根이 共一事니(謂十一根에 幷大我慢이라) 譬如籠中鳥
가 鳥動故籠動이라 是故十三根이 同其事니라 阿波那風者는 見可畏
事에 卽縮避之니 是風若多면 令人怯弱이라 優陀那者는 我欲上山
에 我勝他不如我하야 我能作此니 是風若多면 令人自高니 謂我勝
我富等이 是優陀那事니라 婆那風者는 遍滿於身에 亦極離身이니 是
風若多면 令人離他하야 不得安樂케하고 若稍稍離하면 分分如死하
야 離盡便卒이라 婆摩那風者는 住在心處하야 能攝持是事니 是風若
多면 令人慳惜하야 覓財覓伴이라 是五種風事가 並十三根所作이라
하니라 釋曰此五必是也니 不依常位하고 從心脈入일새 故發狂亂耳
니라

그러나 저 『치선병경』에는 다만 다섯 가지 나쁜 바람이라고만 말하
고 아래에 다시는 말하지 않았지만, 그러나 앞[623]에 다섯 가지 일을
인한다고 한 것을 곧 다섯 가지 나쁜 바람이라고 한 것 같다.
『금칠십론金七十論』[624]을 기준하건대 다섯 가지 바람을 설하였으니,

---

623 앞이란, 영인본 화엄 6책, p.620, 6행에 인용한 『아함경阿含經』이다.
624 『금칠십론金七十論』은 논論의 이름이니, 수론사數論師 자재흑自在黑이 지었
   다. 칠십七十줄의 게송偈頌으로 되었기에 『칠십론七十論』이라 하고, 당시에

첫 번째는 파나 바람이요

두 번째는 아파나 바람이요

세 번째는 우타나 바람이요

네 번째는 바나 바람이요

다섯 번째는 바마나 바람이다.

이 다섯 가지 바람이 일체근[625]에 한 가지 바람의 일을 같이 하나니

파나 바람이라고 한 것은 입과 코가 그 길이요,

밖의 경계(塵)를 취하는 것이 이 바람의 일이니,

말하자면 내가 그치고 내가 행하는 것이 그 바람이 짓는 일이다.

외도가 말하기를 이 파나 바람이라고 한다면 어떤 근根이 능히

짓는가.

답하여 말씀하시기를 이 십삼근이 함께 한 가지 일이니(말하자면

십일근[626]에 지대智大와 아만을 병합한[627] 것이다)

왕이 그『칠십론』을 찬탄하고 기념으로 금金을 주었기에『금칠십론金七十
論』이라 하는 것이다.

625 일체근一切根이란, 오지근五知根－오근五根, 오작업근五作業根－구口·수手·
족足·대변大便·소변小便, 지대근智大根－각대覺大, 아심근我心根－아만我慢,
심평등근心平等根－제육식第六識.

626 십일근十一根은 오근五根과 오작업근五作業根과 심평등근心平等根이다. 홍자
권洪字卷에도 현시顯示하였다.

627 십일근에 지대智大와 아만을 병합한다고 한 것은 지대와 아만은 뒤에 두
가지이니 홍자권洪字卷을 볼 것이다. 새장이 움직인다고 한 아래에 또 말하기
를 제근諸根도 또한 그러하여 파나 바람(첫 번째 바람)이 움직이는 까닭으로
십삼근도 또한 움직인다 운운하였다. 역시『유망기』의 말이다.

비유하자면 새장 속에 새가 그 새가 움직이는 까닭으로 새장이
움직이는 것과 같다.

이런 까닭으로 십삼근이 그 일을 같이 한다.

아파나 바람이라고 한 것은 가히 두려워할 일을 봄에 곧 주눅[628]이
들어 피하는 것이니,

이 바람이 만약 많다면 사람으로 하여금 겁나고 약하게 하는 것이다.

우타나 바람이라고 한 것은 내가 산에 오르고자 함에 나는 뛰어나고
저 사람은 나만 같지 못하여 내가 능히 이 일을 짓는 것이니,

이 바람이 만약 많다면 사람으로 하여금 스스로를 높게 하나니,
말하자면 나는 뛰어나고 나는 부자다 하는 등이 이 우타나 일이다.

바나 바람이라고 한 것은 몸에 두루 넘쳐남에 또한 끝내 몸을 떠나는
것[629]이니,

이 바람이 만약 많다면 사람으로 하여금 다른 사람을 떠나 안락을
얻지 못하게 하고, 만약 점점 떠난다면 분분分分이 죽음과 같아서
떠나는 것이 다함에 문득 죽는 것이다.

바마나 바람이라고 한 것은 마음이 있는 곳에 머물러 능히 이일을
섭수하여 가지는 것이니,

이 바람이 만약 많다면 사람으로 하여금 아껴 재물을 찾고 벗을
찾게 하는 것이다.

---

628 縮은 '오그라들 축' 자이다.
629 원문에 역극리신亦極離身이라고 한 것은, 몸이 넘쳐나는 것이 지극하면
　　도리어 몸을 떠난다는 뜻이다. 『유망기』의 말이다. 낙극비래樂極悲來의 의미
　　와 같다 하겠다.

이 다섯 가지 바람의 일이 모두 십삼근이 짓는 바다 하였다.
해석하여 말하면 이 다섯 가지 바람이 반드시 그러하나니[630]
바람의 영원한 지위[631]를 의지하지 않고 심근과 맥을 좇아 들어가기에
그런 까닭으로 광란을 일으키는 것이다.

---

630 원문에 필시必是는 사전에 필연必然이라 하였다.

631 원문에 상위常位란, 風之常出之位니 바람이 항상 나오는 위치이다. 『유망
기』는 바람이 항상 나오는 지위를 의지하지 않는다 하였다.

經

此菩薩은 聞如是等無量無數好惡音聲호대 假使充滿阿僧祇世
界하야도 未曾一念心有散亂하나니

이 보살은 이와 같은 등 한량도 없고 수도 없는 좋고 나쁜 음성을
듣기를 가사 아승지 세계에 충만하게 하여도 일찍이 한 생각 마음도
산란한 적이 있지 않았으니

疏

二에 此菩薩下는 釋不能惑亂이라 文亦分二리니 先은 總明長時不
亂이라

두 번째 이 보살이라고 한 아래는 능히 미혹하거나 산란케 못한다고
한 것을 해석한 것이다.
경문에 또한 두 가지가 있나니
먼저는 장시간 산란하지 아니함을 한꺼번에 밝힌 것이다.

經

所謂正念不亂과 境界不亂과 三昧不亂과 入甚深法不亂과 行菩
提行不亂과 發菩提心不亂과 憶念諸佛不亂과 觀眞實法不亂과
化衆生智不亂과 淨衆生智不亂과 決了甚深義不亂이니라

말하자면 정념이 산란하지 않는 것과
경계가 산란하지 않는 것과
삼매가 산란하지 않는 것과
깊고도 깊은 법에 들어가는 것이 산란하지 않는 것과
보리의 행을 행하는 것이 산란하지 않는 것과
보리의 마음을 일으키는 것이 산란하지 않는 것과
모든 부처님을 기억하고 생각하는 것이 산란하지 않는 것과
진실한 법을 관찰하는 것이 산란하지 않는 것과
중생을 교화하는 지혜가 산란하지 않는 것과
중생을 청정케 하는 지혜가 산란하지 않는 것과
깊고도 깊은 뜻을 결정코 아는 것이 산란하지 않는 것입니다.

疏

後에 所謂下는 別顯不亂之相이라 句有十一하니 初總餘別이라 別
爲五對리니 一은 境審心定이요 二는 敎達行成이요 三은 憶因念緣
이요 四는 觀眞起用이요 五는 外淨他惑과 自決義門이니 雖遇惡聲
이나 此皆無損이라 上皆一切種禪이니 謂通名義止觀과 及二利故

니라

뒤에 말하자면이라고 한 아래는 산란하지 않는 모습을 따로 나타낸
것이다.
구절이 열한 구절이 있나니
첫 번째는 총구요,
나머지는 별구이다.
별구를 오대五對로 하리니
첫 번째는 경계를 살피는 것과 마음을 결정하는 것이요
두 번째는 교법을 통달하는 것과 보리의 행을 이루는 것이요
세 번째는 원인을 기억하는 것과 조연을 생각하는 것이요
네 번째는 진실을 관찰하는 것과 작용을 일으키는 것이요
다섯 번째는 밖으로 저 중생의 미혹을 청정케 하는 것과 스스로
깊은 뜻의 문門을 결정코 아는 것이니,
비록 나쁜 음성을 만났지만 이것이 다 손해가 없는 것이다.
이 위에는 다 일체종 선정[632]이니,
말하자면 명과 의(名·義)와 지와 관(止·觀)과 그리고 두 가지 이익에
통하는[633] 까닭이다.

---

632 원문에 일체종선一切種禪은 六度各有九門에 第六에 一切種이다.
633 원문에 통명의通名義 운운은, 名義는 第二對요, 止는 第一對요, 觀은 第三四對
　　요, 二利는 第五對이다. 역시 『잡화기』의 말이다.

鈔

上皆一切種禪者는 瑜伽四十三에 一切種禪이 有六種七種하야 總
成十三이니 言六種者는 一은 善靜慮요 二는 無記變化요 三은 奢摩他
요 四는 毘鉢舍那요 五는 於自他利에 正審思惟요 六은 能引神通威力
功德이라 言七種者는 一은 名緣이요 二는 義緣이요 三은 心相緣이요
四는 擧相緣이요 五는 捨相緣이요 六은 現法樂住요 七은 能饒益他라
하니라 今云名義는 卽後七中에 一二是也요 止觀은 卽六七中에 各是
三四요 二利는 卽前六中에 五六과 及後七中에 五六七이라 故攝十三
이니 善及與無記도 亦有通也니라

이 위에는 다 일체종 선정이라고 한 것은 『유가론』사십삼권에
일체종 선정이 여섯 가지와 일곱 가지가 있어서 모두 열세 가지를
이루나니
여섯 가지라고 말한 것은 첫 번째는 선善의 정려요,
두 번째는 무기無記의 변화요,
세 번째는 사마타요,
네 번째는 비발사나요,
다섯 번째는 자타의 이익에 바로 살펴 사유하는 것이요,
여섯 번째는 능히 신통과 위력의 공덕을 이끌어내는 것이다.
일곱 가지라고 말한 것은 첫 번째는 이름을 반연하는 것이요
두 번째는 뜻을 반연하는 것이요
세 번째는 마음의 모습을 반연하는 것이요

네 번째는 거동의 모습을 반연하는 것이요

다섯 번째는 버리는 모습[634]을 반연하는 것이요

여섯 번째는 현재 법락에 머무는 것이요

일곱 번째는 능히 저 중생을 요익케 하는 것이다 하였다.

지금에 말하기를 명과 의라고 한 것은 곧 뒤에 일곱 가지 가운데

첫 번째와 두 번째가 이것이요

지와 관이라고 한 것은 곧 여섯 가지와 일곱 가지 가운데 각각

세 번째와 네 번째요

두 가지 이익이라고 한 것은 곧 앞에 여섯 가지 가운데 다섯 번째와

여섯 번째와 그리고 뒤에 일곱 가지 가운데 다섯 번째와 여섯 번째와

일곱 번째이다.

그런 까닭으로 열세 가지 선정을 섭수하는 것이니,

선과 그리고 무기[635]도 또한 통하는 데가 있는 것[636]이다.

---

634 버리는 모습이라고 한 것은 지止와 관觀을 함께 운행하는 것이다. 역시
『잡화기』의 말이다.

635 선과 그리고 무기라고 한 것은 곧 여섯 가지 선 가운데 첫 번째 선과 두
번째 무기이지만 그러나 위에서 배속하지 아니한 까닭으로 말하기를 또한
통하는 데가 있다 하였으니, 말하자면 지止 가운데 무기가 있지만 그러나
선은 곧 일체에 통하는 데가 있는 것이다. 이미 선정려라고 말하였다면
곧 지관止觀 가운데 통하는 데가 있다 하겠다. 역시 『유망기』의 말이다.

636 원문에 역유통亦有通이라고 한 것은 다른 각도에서 말하면 육종선六種禪과
칠종선七種禪은 각의各義, 지관止觀, 이리二利에 다 배속하였지만 육종선六種
禪 가운데 一에 선정려善靜慮와 二에 무기변화無記變化를 배속하지 않기에
하는 말이다.

經

不作惡業故로 無惡業障하며 不起煩惱故로 無煩惱障하며 不輕
慢法故로 無有法障하며 不誹謗正法故로 無有報障하니라

악업을 짓지 않는 까닭으로 악업의 장애가 없으며
번뇌를 일으키지 않는 까닭으로 번뇌의 장애가 없으며
법을 경만하지 않는 까닭으로 법의 장애가 없으며
정법을 비방하지 않는 까닭으로 과보의 장애가 없습니다.

疏

第三에 不作下는 釋前堅固니 謂四障不壞가 是知正念堅固니라
亦是出前不亂之因이라 言法障者는 於法不了가 如彼牛羊이니
此卽所知障也요 三障爲言인댄 攝在煩惱니 體卽無明故라 斯亦
淸淨靜慮也니라

제 세 번째[637] 악업을 짓지 않는 까닭이라고 한 아래는 앞[638]에 견고하

---

637 제 세 번째와 아래(영인본 화엄 6책, p.627, 6) 제 네 번째라고 한 등은 이에
십구十句의 차례이지만 그러나 위에서 이미 뒤에 아홉 구절을 따로 해석하는
가운데 지금은 처음으로 운운하였다면 곧 이것은 응당 말하기를 제 두
번째와 제 세 번째와 내지 제 아홉 번째라고 하는 것이 옳을 것이다. 역시
『유망기』의 말이다.

638 앞이란, 영인본 화엄 6책, p.595, 7행이다.

다고 한 것을 해석한 것이니,

말하자면 네 가지 장애가 무너뜨릴 수 없는 것이 이것이 보살의
정념이 견고한 것인 줄 알아야 할 것이다.

또한 이것은 앞에 산란하지 않는다고 한 원인을 설출한 것이다.

법의 장애라고 말한 것은 법에 대하여 알지 못하는 것이 마치 소와
양과 같나니

이것은 곧 소지장이요

삼장三障으로 말한다면[639] 번뇌장에 섭수되어 있는 것이니

자체가 곧 무명인 까닭이다.

이것은 또한 청정한 정려이다.

鈔

斯亦淸淨靜慮者는 瑜伽四十三云호대 有十種하니 一은 由世間淨하
야 離諸愛味한 淸淨靜慮요 二는 由出世淨하야 無有染汚요 三은 由加
行이요 四는 由根本이요 五는 由本勝進이요 六은 由入住自在요 七은
捨靜慮已에 復還證入自在요 八은 神通變現自在요 九는 離一切見
趣요 十은 一切煩惱와 所知障淨이라하니 皆有淸淨靜慮之言이라 若

---

639 삼장三障으로 말한다고 한 것은 삼장은 경문에 법장法障을 제외한 삼구三句이
니 곧 업장業障과 번뇌장과 보장報障이다. 『유망기』는 지금에 사장四障을
세운 까닭으로 삼장三障 밖에 따로 소지所知의 법장을 세웠거니와, 만약
삼장을 세운다면 곧 소지장이 번뇌장 가운데 섭수되어 있나니 소지의 무명도
역시 번뇌인 까닭이다.

配經者인댄 正是九十과 及與初二니 離垢障故니라 然大意淸淨者는
由離三輪故니 定三輪者는 一은 境界요 二는 衆生이요 三은 惑苦라

이것은 또한 청정한 정려라고 한 것은『유가론』사십삼권에 말하기
를 열 가지 정려가 있나니
첫 번째는 세간의 청정을 인유하여 모든 애욕의 맛을 떠난 청정한
정려요
두 번째는 출세간의 청정을 인유하여 오염이 없는 것이요
세 번째는 가행加行을 인유한 것이요
네 번째는 근본根本을 인유한 것이요
다섯 번째는 근본 승진을 인유한 것이요
여섯 번째는 들어가고 머무는 것이 자재함을 인유한 것이요
일곱 번째는 정려를 버린 이후에 다시 도리어 증득하여 들어가는
것이 자재한 것이요
여덟 번째는 신통을 변화하여 나타내는 것이 자재한 것이요
아홉 번째는 일체 견취見趣를 떠난 것이요
열 번째는 일체 번뇌장과 소지장이 청정한 것이다 하였으니,
다 청정한 정려라는 말이 있어야 한다.

만약 경문에 배속한다면 바로 제 아홉 번째와 제 열 번째와 그리고
처음에 두 가지이니
더러운 장애를 떠난 까닭이다.
그러나 큰 뜻에 청정한 정려라고 한 것은 삼륜을 떠남을 인유한

까닭이니

선정의 삼륜이라고 한 것은 첫 번째는 경계요,

두 번째는 중생이요,

세 번째는 번뇌와 고(惑·苦)[640]이다.

---

640 원문에 혹고惑故의 故 자는 苦 자의 잘못이다.

經

佛子야 如上所說하야 如是等聲이 一一充滿阿僧祇世界하야 於
無量無數劫에 未曾斷絶하야 悉能壞亂衆生身心과 一切諸根하
야도 而不能壞此菩薩心하니라

불자여, 위에서 설한 바와 같이 이와 같은 등의 음성이 낱낱이
아승지 세계에 충만하여 한량도 없고 수도 없는 세월에 일찍이
끊어짐이 없이 다 능히 중생의 몸과 마음과 일체 육근을 무너뜨리고
산란하게 하여도 능히 이 보살의 마음은 무너뜨릴 수 없습니다.

疏

第四에 佛子如上下는 釋前不動이니 謂諸惡緣이 不能牽故니라
悉能壞亂衆生身心者는 彰聲之過요 不能壞此菩薩心者는 對顯
難思라

제 네 번째 불자여, 위에서 설한 바와 같이라고 한 아래는 앞에
동요하지 않는다고 한 것[641]을 해석한 것이니,
말하자면 악한 인연이 능히 이끌 수 없는 까닭이다.
다 능히 중생의 몸과 마음을 무너뜨리고 산란하게 한다고 한 것은
음성의 허물을 밝힌 것이요

---

641 원문에 전부동前不動이란, 영인본 화엄 6책, p.595에 있다.

능히 이[642] 보살의 마음은 무너뜨릴 수 없다고 한 것은 사의하기 어려움을 상대하여 나타낸 것이다.

---

642 난亂 자 아래에 경문에는 차此 자가 있다.

經

菩薩入三昧中하야 住於聖法하야 思惟觀察一切音聲하야 善知
音聲의 生住滅相하며 善知音聲의 生住滅性하나니

보살이 삼매 가운데 들어가 성인의 법에 머물러 일체 음성을 사유하
고 관찰하여 음성이 생기고 머물고 사라지는 모습을 잘 알며
음성이 생기고 머물고 사라지는 자성을 잘 아나니

疏

第五에 菩薩入下는 釋前最上이니 謂超劣顯勝故니라 此下三段은
亦卽出前無癡亂緣이니 正示現法樂住之相이라 言超勝者는 初는
標人揀禪이니 云菩薩入은 異凡小故요 住於已下는 擧法以揀이라
聖法은 卽是無漏니 揀於凡夫요 思惟觀察은 揀於二乘이니 二乘
入禪에 不能緣境이라 故身子가 不覺刑害之手하고 迦葉이 不聞涅
槃之音이라

제 다섯 번째 보살의 삼매 가운데 들어갔다고 한 아래는 앞에 최상이
라고 한 것을 해석한 것이니,
말하자면 하열함을 뛰어넘어 수승함을 나타내는 까닭이다.
이 아래에 삼단三段은 또한 곧 앞에 어리석거나 산란함이 없다는
인연을 설출한 것이니
바로 현재 법락에 머무는 모습을 시현한 것이다.

하열함을 뛰어넘어 수승함을 나타낸다고 한 것은 처음에는 사람을
표하여 선정을 가린 것이니

보살이 삼매에 들어간다고 말한 것은 범부와 소승과 다른 까닭이요
성인의 법에 머문다고 한 이하는 법을 들어 가린 것이다.

성인의 법이라고 한 것은 곧 무루법이니 범부와 다름을 가린 것이요
사유하고 관찰한다고 한 것은 이승과 다름을 가린 것이니 이승은
선정에 들어감에 능히 경계를 반연하지 않는 것이다.

그런 까닭으로 사리불이 형해귀신形害鬼神의 손을 알지 못하고,
가섭이 열반의 소리를 듣지 못한 것이다.

鈔

身子不覺刑害之手者는 準智論說인댄 舍利弗이 當道坐禪이러니 有
大力鬼하니 名爲刑害라 以手搏之한대 從禪定起하야 微覺頭痛하고
白佛호니 佛言하사대 賴汝定力이라 此鬼之力은 摑須彌山하야 令如
微塵케하나니 自今已後로 莫當道坐하라하니라 迦葉不聞涅槃之音
者는 如來가 二月十五日晨朝에 出聲하사 普告一切言하사대 如來가
今日中夜에 當入無餘涅槃하리니 若有疑者면 今悉可問하야 爲最後
問하라하니라 然以佛神力으로 其聲이 遍滿三千大千世界하야 萬類
皆至나 而迦葉不聞하다가 定起方覺世界變異하고 驚怪詢問코사 方
知如來가 入般涅槃이라하니라 上之二事가 一은 定中不能覺觸이요
二는 定中不能聞聲이니 故知劣也어니와 今엔 菩薩善知일새 故爲超
勝이라

사리불이 형해귀신의 손을 알지 못한다고 한 것은 『지도론』에 말한 것을 기준한다면 사리불이 길에 당하여 좌선을 하더니, 대력귀신이 있으니 이름이 형해形害라. 그 귀신이 손으로 사리불을 친데 선정을 좇아 일어나 조금 머리가 아픈 것을 깨닫고 부처님께 여쭈니, 부처님이 말씀하시기를 그대의 선정력을 의지하여[643] 그 정도이다. 이 귀신의 힘은 수미산을 후려쳐 하여금 작은 티끌같이 만드나니, 지금부터 이후로는 길에 당하여 좌선하지 말라 하였다.

가섭이 열반의 소리를 듣지 못했다고 한 것은 여래가 이월 십오일 이른 아침(晨朝)에 소리를 내어 널리 일체 대중에게 일러 말씀하시기를 여래가 금일 한밤중(中夜)에 마땅히 무여열반에 들 것이니, 만약 의심이 있는 사람이라면 지금 다 가히 물어서 최후의 질문을 삼으라 하였다.
그러나 부처님의 위신력으로 그 소리가 삼천대천세계에 두루 충만하여 만류萬類의 중생이 다 이르렀지만 가섭존자는 선정에 들어 듣지 못하고 있다가, 선정에서 일어나 바야흐로 세계가 변하여 다른 줄 깨닫고 놀라 괴이하게 여겨 물어보고서 바야흐로 여래가 반열반에 드신 줄 알았다 하였다.
위에 두 가지 사실이 첫 번째는 선정 가운데서 능히 닿임을 깨닫지 못한 것이요
두 번째는 선정 가운데서 능히 소리를 듣지 못한 것이니

---

643 정력定力 "일새" 토라고 『유망기』는 말하나, 나는 "이라" 토로 보았다.

그런 까닭으로 하열한 줄 알아야 할 것이어니와, 지금에 보살은
잘 알기에 그런 까닭으로 하열함을 뛰어넘어 수승함이 되는 것이다.

疏

善知已下는 正顯勝相이니 了性相故라 相則念念不住하야 取不
可得이요 性則三相性空하야 固無所得이라 不得性相거니 違順何
依리요

잘 안다고 한 이하는 바로 수승한 모습을 나타낸 것이니
자성(性)과 모습(相)을 잘 아는 까닭이다.
모습이라고 한 것은 곧 생각 생각에 머물지 아니하여 취하여도
가히 얻을 수 없는 것이요
자성이라고 한 것은 삼상三相644이 그 자성이 공하여 진실로 얻을
바가 없는 것이다.
자성과 모습을 얻을 수 없거니645 어기고 따르는 것이 어찌 의지하겠
는가.

鈔

相則念念不住等者는 然三相四相이 一念具足은 已如初卷거니와 今
엔 性相別明하리라 若相融爲四者인댄 攬緣名生이니 生卽無生이요

---

644 삼상三相은 생生·주住·멸滅이고, 사상四相은 생生·주住·이異·멸滅이다.
645 『유망기』는 성상性相"이거니" 토라 하였다.

空有無礙하야 虛相安立을 名之爲住니 住卽無住요 圓融形奪하야 隨
緣轉變을 名之爲異니 異卽無異요 兩相都盡하야 各無自性을 名之爲
滅이니 滅卽無滅이라 斯則卽相而性이니 固無所得이라

모습이라고 한 것은 곧 생각 생각에 머물지 않는다고 한 등은 그러나
삼상과 사상이 한 생각에 구족한 뜻은 이미 첫 권과 같거니와 지금에
는 자성과 모습을 따로 밝히겠다.
만약 서로 융합하여 사상을 삼는다면 인연을 잡는 것을 생生이라
이름하는 것이니
생은 곧 무생無生이요
공과 유가 걸림이 없어서646 거짓 모습으로 안립하는 것을 이름하여
주住라 하는 것이니
주는 곧 무주無住요
원만히 융합하여 모습을 빼앗아 인연을 따라 전전히 변하는 것을
이름하여 이異라 하는 것이니
이는 곧 무이無異요
두 모습이 모두 다하여 각각 자성이 없는 것647을 이름하여 멸滅이라

---

646 원문에 공유무애空有無礙라고 한 것은, 生은 곧 상유相有요 無相은 곧 성공性空
이니, 이것은 生相中에 性과 相이 서로 융합하는 것이다. 아래 형탈形奪과
도진都盡이라고 한 것은 住相과 異相中에 性과 相이 서로 융합하는 것이다.
역시 『유망기』의 말이다.
647 각각 자성이 없다고 한 것은 앞에 생生·주住·이異의 세 가지 모습이 다
자성이 없다는 것이다. 『유망기』는 앞에 세 가지 모습이 각각 자성이 없는

하는 것이니

멸은 곧 무멸無滅이다.

이것은 곧⁶⁴⁸ 모습(相)에 즉한 자성(性)이니

진실로 얻을 바가 없는 것이다.

것이니 이 아래는 다 멸의 모습(멸상滅相) 가운데 자성과 모습이 서로 융합함을 밝힌 것이다 하였다.

648 이것은 곧이라고 한 아래는 멸의 모습이 서로 융합함을 밝힌 것이다. 또 만약 네 가지 모습을 모두 맺는 것이라고 한다면 멸은 곧 무멸이라고 한 아래에 응당 일구一句가 빠졌다 할 것이니, 앞에 세 가지 모습(生·住·異)의 예를 기준한 까닭이다. 역시 『유망기』의 말이다.

經

如是聞已에 不生於貪하며 不起於瞋하며 不失於念하야 善取其
相호대 而不染著하며

이와 같이 들은 이후에 탐욕을 내지 아니하며
성냄을 일으키지 아니하며
생각을 잃지 아니하여 그 모습을 잘 취하되 물들거나 집착하지
아니하며

疏

第六에 如是聞已下는 釋前淸淨이니 卽淸淨禪이라 順違中境에
不生三毒하며 不染善取하나니 有定慧故니라 了相無相일새 故名
善取니 有斯正念이면 大地爲鼓하고 妙高爲椎인달 豈能亂哉아

제 여섯 번째 이와 같이 들은 이후라고 한 아래는 앞[649]에 청정이라고
한 것을 해석한 것이니
곧 청정선[650]이다.
따르고 어기는 가운데 경계에 삼독심을 내지 아니하며 잘 취하는[651]
것에도 물들지 않나니

---

649 앞이란, 역시 영인본 화엄 6책, p.595, 7행이다.
650 청정선淸淨禪이란, 구문九門 가운데 하나(一)이다.
651 원문에 선취善取란, 경문에 선취기상善取其相이다.

선정과 지혜[652]가 있는 까닭이다.

그 모습과 모습이 없는 것을 잘 알기에 그런 까닭으로 잘 취한다고 이름한 것이니,

이 정념이 있으면 대지大地로 북을 삼고 수미산으로 망치[653]를 삼은들 어찌 능히 산란하게 하겠는가.

鈔

大地爲鼓等者는 如幻三昧經云호대 假使以大地爲鼓하고 須彌爲椎 하야 於須菩提耳邊打라도 不能生微念心亂이니 何以故요 入空定故 라하니라

대지로 북을 삼는다고 한 등은 『여환삼매경』에 말하기를 가사 대지 로써 북을 삼고 수미산으로 망치[654]를 삼아 수보리의 귓가에 친다 할지라도 능히 조그만 생각의 심란함도 내지 않나니, 무슨 까닭인가. 사공정에 들어간 까닭이다 하였다.

---

652 원문에 정혜定慧는 혹 선정의 지혜는 아닌지. 여기는 청정선淸淨禪을 말하기에 하는 말이다.

653 椎는 '망치 추' 자이다.

654 搥는 '칠 추' 자이니 椎 자가 더 좋아 소문처럼 고친다.

經

知一切聲이 皆無所有하야 實不可得이며 無有作者며 亦無本際
며 與法界等이며 無有差別이니라

일체 음성이 다 있는 바가 없어서 진실로 가히 얻을 바가 없으며
지을 자가 없으며
또한 본제가 없으며
법계로 더불어 평등하며
차별이 없는 줄 압니다.

疏

第七에 知一切下는 釋廣이니 謂稱法界하고 如虛空故며 亦近釋前
이라 文有六句하니 初總餘別이라 別中無得은 相空이요 無作은
人空이요 無際는 性空이니 此三相盡故로 法界理現이라 與法界等
은 事如理故요 無有差別은 理卽事故라

제 일곱 번째 일체 음성이 다 있는 바가 없다는 등을 안다고 한
아래는 앞[655]에 넓다고 한 것을 해석한 것이니,
말하자면 법계와 칭합하고 허공계와 같은 까닭이며,
또한 가까이로는 앞에 말을 해석한 것[656]이다.

---

655 앞이란, 영인본 화엄 6책, p.595이다.

경문[657]에 여섯 구절이 있나니

처음 구절은 총구요

나머지 구절은 별구이다.

별구 가운데 얻을 바가 없다고 한 것은 모습이 공한(相空) 것이요

지을 자가 없다고 한 것은 사람이 공한(人空) 것이요[658]

본제가 없다고 한 것은 자성이 공한(性空) 것이니,

이 세 가지 모습이 다한 까닭으로 법계의 진리가 나타나는 것이다.

법계로 더불어 평등하다고 한 것은 사실이 진리와 같은 까닭이요

차별이 없다고 한 것은 진리가 곧 사실인 까닭이다.

---

656 앞에 말을 해석한 것이란, 此前六段이니 영인본 화엄 6책, p.618, 8행에
　　종종음성種種音聲 불능혹란不能惑亂으로부터 같은 책 p.630, 5행에 불생어탐
　　등不生於貪等 삼독을 여기 같은 책 p.631, 3행에 지일체성知一切聲 개무소유皆
　　無所有 운운으로 해석한 것이다. 또한 오직 제오단第五段만을 해석한 것이라
　　고도 볼 수 있다.

657 원문에 우유又有라 한 우又 자는 문文 자의 잘못이다.

658 지을 자가 없다고 한 것은 사람이 공한(人空) 것이라고 한 것은 짓는 자가
　　이 사람이지만 그러나 지금에는 지을 자가 없다 한 까닭으로 사람이 공한
　　것이라 말한 것이다. 역시 『유망기』의 말이다.

經

菩薩이 如是成就寂靜身語意行하야 至一切智호대 永不退轉하며

보살이 이와 같이 적정한 몸과 말과 뜻의 행을 성취하여 일체 지혜에 이르되 영원히 퇴전하지 아니하며

疏

第八에 菩薩如是下는 釋前大義니 此下二段은 釋引生功德이라 今云大者는 趣一切智호대 不退轉故니 卽難行禪也라

제 여덟 번째 보살이 이와 같이라고 한 아래는 앞[659]에 크다고 한 뜻을 해석한 것이니,
이 아래에 이단二段은 공덕을 이끌어내는 선정을 해석한 것이다.
지금에 크다고 말한 것[660]은 일체 지혜에 나아가되 퇴전하지 않는 까닭이니
곧 행하기 어려운 선정[661]이다.

---

659 앞이란, 영인본 화엄 6책, p.595, 8행이다.

660 원문에 금운대今云大라고 한 것은 前大之大이다.

661 원문에 난행선難行禪은 곧 구문九門 가운데 하나이다. 육도구문六度九門은 영인본 화엄 6책, p.507, 1행을 참조하라.

鈔

卽難行禪者는 難行이 瑜伽有三하니 明法已引거니와 今重取意出之
리라 謂住深靜慮나 捨而利生코자 生於欲界는 爲一이요 依止靜慮하
야 發無量菩薩과 二乘境界等持는 爲二요 依此하야 速證無上菩提는
爲三이니 今文은 正當第三이라

곧 행하기 어려운 선정이라고 한 것은 행하기 어려운 선정이 『유가
론』662에 세 가지가 있나니,
명법품에 이미 인용하였거니와 지금에 거듭 뜻만을 취하여 설출하
겠다.
말하자면 깊은 정려에 머물렀지만 버리고 중생을 이익케 하려 욕계
에 태어난 것은 첫 번째가 되는 것이요
정려를 의지하여 한량없는 보살과663 이승 경계의 등지等持를 일으킨
것은 두 번째가 되는 것이요
이것을 의지하여 속히 더 이상 없는 보리를 증득한 것은 세 번째가
되는 것이니,
지금에 경문은 바로 세 번째에 해당하는 것이다.

---

662 『유가론瑜伽論』은 삼십삼권三十三卷이다. 영인본 화엄 6책, p.507과 영인본
　　화엄 5책, 현수품 p.311과 p.292와 명법품明法品에 설출說出하였다.
663 菩薩 아래에 본론本論에는 超越 두 글자가 있다. 따라서 해석하면 한량없는
　　보살과 이승의 경계를 초월하는 등지를 일으킨 것은 운운이다.

經

善入一切諸禪定門하야 知諸三昧가 同一體性하며 了一切法이
無有邊際하며 得一切法의 眞實智慧하며 得離音聲한 甚深三昧
하며 得阿僧祇諸三昧門하야 增長無量廣大悲心하나니 是時菩
薩이 於一念中에 得無數百千三昧하야 聞如是聲이나 心不惑亂
하야 令其三昧로 漸更增廣케하고

일체 모든 선정의 문에 잘 들어가서 모든 삼매가 동일한 체성임을
알며
일체법이 끝이 없음을 알며
일체법의 진실한 지혜를 알며
음성을 떠난 깊고도 깊은 삼매를 얻으며
아승지 모든 삼매의 문을 얻어서 한량없이 광대한 자비심을 증장하
나니,
이때에 보살이 한 생각 가운데 수없는 백천삼매를 얻어서 이와
같은 음성을 듣지만 마음이 미혹하거나 산란하지 아니하여 그
삼매로 하여금 점점 다시 증장케 하고

疏

第九에 善入下는 釋前無量이니 謂引發難量故라 文分爲三하리니
初는 引自利德이라 文有六句하니 初句는 標擧一切門禪이요 次四

는 別顯이요 後一은 類結多門이니 則何定不攝이리요 復云門者는
三昧無量하야 數如虛空거늘 今一中攝多일새 故名爲門이니 如牽
衣一角하며 如蠭王來하니라

제 아홉 번째 일체 모든 선정의 문에 잘 들어간다고 한 아래는
앞에 한량이 없다고 한 것을 해석한 것이니,
말하자면 헤아리기 어려운 것을 이끌어 일으키는 까닭이다.

경문을 나누어 세 가지로 하리니
처음에는 자리의 공덕을 이끌어 일으킨 것이다.
경문에 여섯 구절이 있나니
처음 구절은 일체문 선정을 한꺼번에 표하여 거론한 것이요[664]
다음에 네 구절은 따로 나타낸 것이요
뒤에 한 구절은 수많은 삼매문을 비류하여 맺는 것이니
곧 무슨 선정인들 섭수하지 못하겠는가.
다시 말하기를 문門이라고 한 것[665]은 삼매가 한량이 없어서 그 수가
허공과 같거늘 지금에는 하나 가운데 많은 것을 섭수하였기에 그런
까닭으로 이름을 문門이라 한 것이니,
마치 옷의 한 모퉁이를 당기는[666] 것과 같으며 여왕벌이 오는 것과

---

664 초문에는 初 자 아래 句 자가 있고 標 자 아래 擧 자가 있다.
665 다시 말하기를 문門이라고 한다 한 것은, 문門은 이것은 능히 통하는 뜻이
   있는 까닭으로 하나 가운데 많은 것을 포함한다는 것이다. 역시『유망기』의
   말이다.

같다.

鈔

初句는 標擧一切門禪者는 瑜伽云호대 略有四種하니 一者는 有尋有
伺靜慮요 二는 喜俱行이요 三은 樂俱行이요 四는 捨俱行靜慮라하니라
復云門者는 卽智論云호대 何以로 不但言三昧하고 而復說門고 答이
라 但語三昧인댄 無量數如虛空無邊하리니 菩薩云何盡得고 是故說
門이니 菩薩이 入一三昧中하야 攝無量三昧라하니라 如牽衣下는 同
此中意하니라

처음 구절은 일체문 선정을 한꺼번에 표하여 거론한 것이라고 한
것은 『유가론』에 말하기를 간략하게 네 가지가 있나니
첫 번째는 심尋도 있고 사伺도 있는[667] 정려요

---

666 원문에 如牽 운운은 옷의 한 깃을 당기면 전체 옷이 따라오고, 한 여왕벌이
  날아오면 모든 벌이 따라오듯이, 한 삼매三昧 가운데 무량無量한 삼매三昧가
  있다는 것이다.

667 원문에 有尋有伺라 하니, 참고로 유가관행십칠지瑜伽觀行十七地를 기술기술記述
  한다.
  一. 오식신상응지五識身相應地, 二. 의지意地, 三. 유심유사지有尋有伺地, 四.
  무심유사지無尋唯伺地, 五. 무심무사지無尋無伺地, 六. 삼마혜다지三摩呬多地,
  七. 비삼마혜다지非三摩呬多地, 八. 유심지有心地, 九. 무심지無心地, 十. 문소
  성지聞所成地, 十一. 사소성지思所成地, 十二. 수소성지修所成地, 十三. 성문지
  聲聞地, 十四. 독각지獨覺地, 十五. 보살지菩薩地, 十六. 유여의지有餘依地,
  十七. 무여의지無餘依地이다.

두 번째는 기쁨을 함께 행하는 정려요

세 번째는 즐거움을 함께 행하는 정려요

네 번째는 버리는 것을 함께 행하는 정려다 하였다

다시 말하기를 문이라고 한다고 한 것은 곧 『지도론』에 말하기를 무슨 까닭으로 다만 삼매라고만 말하지 않고 다시 문門이라고 말하는가.

답하겠다.

다만 삼매라고만 말한다면 삼매가 한량이 없어서 그 수가 허공과 같아 끝이 없을 것이니 보살이 어떻게 다 얻겠는가.

이런 까닭으로 문이라고 말한 것이니, 보살이 한 삼매 가운데 들어가 한량없는 삼매를 섭수한다 하였다.

마치 옷에 한 모퉁이를 당기는 것과 같다고 한 아래는 이 가운데 뜻[668]과 같다.[669]

疏

次增長下는 引利他德이요 後에 是時下는 結不爲亂이니 非唯不亂

---

668 원문에 차중의此中意란, 卽今에 한 삼매三昧 가운데 들어가 한량없는 삼매를 섭수한다 한 것이다.

669 이 가운데 뜻과 같다고 한 것은 『잡화기』는 다만 두 가지 비유는 다 이 『지도론』 가운데 뜻이니, 뜻으로 인용한 까닭으로 이 가운데 뜻이라고 말하고 그 문장을 말하지는 아니한 것이다 하였다.

이라 **本定更增**이 **如猪揩金山**하며 **風熾於火**하니라

다음에 증장한다고 한 아래는 이타의 공덕을 이끌어내는 것이요
뒤에 이때라고 한 아래는 산란함이 되지 아니함을 맺는 것이니,
오직 산란하지 아니할 뿐만 아니라 본래의 삼매를 다시 증장하는
것이 마치 돼지가 금산金山을 닦는[670] 것과 같으며 바람이 불을 치연하
게 하는 것과 같다.

鈔

非唯不亂者는 下出增相이니 猪以穢身으로 揩於金山에 非唯不汚
이라 而令山色으로 轉益明淨케하나니 斯乃外境之猪로 益定山之淨
이라

오직 산란하지 아니할 뿐만 아니라고 한 것은 이 아래는 증장하는
모습을 설출한 것이니,
돼지가 더러운 몸으로써 금산을 닦음에 오직 더럽지 아니할 뿐만
아니라 산색으로 하여금 전전히 더 밝고 맑게 하나니,
이것은 이에 바깥 경계의 돼지로 삼매산三昧山의 맑음을 더한다는
데 비유한 것이다.

---

670 揩는 '닦을 개' 자이다.

經

作如是念호대 我當令一切衆生으로 安住無上淸淨念中하야 於
一切智에 得不退轉하며 究竟에 成就無餘涅槃이라하나니 是名菩
薩摩訶薩의 第五離癡亂行이니라

이와 같은 생각을 하기를 내가 마땅히 일체중생으로 하여금 더
이상 없는 청정한 생각 가운데 편안히 머물러 일체 지혜에 퇴전하지
아니함을 얻으며
구경에 무여열반을 성취케 할 것이다 하나니,
이것이 이름이 보살마하살의 제 다섯 번째 어리석거나 산란함을
떠난 행입니다.

疏

第十에 作如是下는 釋無迷惑이니 謂耽著禪味하야 不起大悲가
是爲迷惑거늘 今以悲導禪일새 故無迷也니 此卽饒益有情禪也라
住淸淨念은 卽現世樂이요 得智斷果는 卽後世樂이니 是謂與二
世樂也라

제 열 번째 이와 같은 생각을 한다고 한 아래는 미혹함이 없다고
한 것[671]을 해석한 것이니,

---

671 미혹함이 없다고 한 것은 영인본 화엄 6책, p.595, 8행이다.

말하자면 선정의 맛에 탐착하여 대비심을 일으키지 않는 것이 이것
이 미혹함이 되거늘 지금에는 대비로 선정을 인도하기에 그런 까닭
으로 미혹함이 없는 것이니,

이것은 곧 유정을 요익케 하는 선정이다.

청정한 생각에 머문다고 한 것은 곧 현세에 즐거움이요

지덕과 단덕의 과보를 얻는다[672]고 한 것은 곧 후세의 즐거움이니
이것은 두 세상에 즐거움을 주는 것을 말한 것이다.

鈔

住淸淨念等者는 瑜伽에 二世樂이 有九하니 一은 神通變現하야 調伏
有情靜慮요 二는 記心變現하야 調伏有情靜慮요 三은 敎誡變現하야
調伏有情靜慮요 四는 於造惡者에 示現惡趣靜慮요 五는 於失辯者에
能施辯才靜慮요 六은 於失念者에 能施正念靜慮요 七은 制造建立
無顚倒論과 微妙讚頌과 摩怛理迦하야 能令正法으로 久住於世靜慮
요 八은 於諸世間의 工巧業處에 能引義利하야 饒益有情하는 種種書
算과 測度數印과 床座等事를 能隨造作靜慮요 九는 生於惡趣한 所
化有情을 爲欲暫時에 息彼衆苦코자하야 放大光明하야 照觸靜慮니
今但通擧二世樂義耳니라

---

672 원문에 득지단과得智斷果란, 의인意引이니 경문經文에 어일체지득불퇴전於一
切智得不退轉은 지덕智德이고, 구경성취무여열반究竟成就無餘涅槃은 단덕斷
德이다.

청정한 생각에 머문다고 한 등은 『유가론』에 두 세상에 즐거움이 아홉 가지가 있나니

첫 번째는 신통을 변화하여 나타내어 유정을 조복하는 정려요

두 번째는 기심을 변화하여 나타내어 유정을 조복하는 정려요

세 번째는 교계를 변화하여 나타내어 유정을 조복하는 정려요

네 번째는 악을 짓는 사람에게 악취를 시현하는 정려요

다섯 번째는 변재를 잃은 사람에게 능히 변재를 시여하는 정려요

여섯 번째는 정념을 잃은 사람에게 능히 정념을 시여하는 정려요

일곱 번째는 전도가 없는 논리와 미묘한 찬송과 마달리가摩怛理迦[673]를 제조하고 건립하여 능히 정법으로 하여금 세상에 오래 머물게 하는 정려요

여덟 번째는 모든 세간의 공교업工巧業을 하는 처소에서 능히 의리를 이끌어 유정을 요익케 하는 가지가지 글을 읽을 때 수를 세는 물건[674]과 수를 헤아리는 도장[675]과 평상과 자리 등의 일을 능히 따라 만드는 정려요

아홉 번째는 악취에 태어난 교화할 바 유정을 잠시에 저 수많은

---

673 마달리가摩怛理迦는 此云하면 본모本母니 논장論藏의 다른 이름이다. 본모本母가 묘혜妙慧를 생기하고, 묘혜妙慧가 논論을 인하여 생기한다고 한다.

674 원문에 서산書算은 글을 읽을 때 그 번수를 세는 물건(산가지)이다.

675 수를 헤아리는 도장이라고 한 것은, 원문에 측測은 지금의 일영대日影臺와 같은 것이고, 도度는 음音이 도道이니 자로써 헤아리는 것이다. 아홉 가지 가운데 첫 번째와 아홉 번째는 정려靜慮라는 말이 있나니, 중간에 일곱 가지도 다 응당 정려라는 말이 있어야 할 것이다. 역시 『유망기』의 말이다. 일영대라고 한 것은 해의 그림자로 시간을 아는 기구이다.

고통을 쉬게 하고자 큰 광명을 놓아서 비추어 닿게 하는 정려이니, 지금에는 다만 두 세상에 즐거움을 주는 뜻만을 모두 거론하였을 뿐이다.

經

佛子야 何等이 爲菩薩摩訶薩의 善現行고

불자여, 어떤 등이 보살마하살의 잘 나타나는 행이 되는가.

疏

第六은 善現行이니 體卽般若라

제 여섯 번째는 잘 나타나는 행이니 자체가 곧 반야이다.

鈔

體卽般若는 亦忘三輪하고 而照也라 般若三輪者는 境智衆生分別
이라

자체가 곧 반야라고 한 것은 또한 삼륜을 잊고 비추는 것이다.
반야의 삼륜三輪[676]이라고 한 것은 경계와 지혜와 중생을 분별하는
것이다.

---

[676] 반야의 삼륜三輪이란, 前 영인본 화엄 6책, p.583, 8행에는 精進이니 三輪者는
吐이다. 또 같은 책 p.575, 8행에도 忍이니 三輪者는 吐이다. 참고하라.

疏

瑜伽에 一切般若가 亦有三種하니 一은 能於所知眞實에 隨覺通
達慧요 二는 能於如所說五明處와 及三聚中에 決定善巧慧요 三
은 能作一切有情義利慧라하니라 攝論엔 以加行根本과 後得爲三
이라하니 皆六度明義요 唯識엔 以生法俱空이라하고 本業엔 以照
於三諦라하니 皆十度明義라

『유가론』에 일체 반야[677]가 또한 세 가지가 있나니
첫 번째는 능히 알 바의 진실에 깨달음을 따라 통달한 지혜요
두 번째는 능히 설할 바 오명처五明處[678]와 그리고 삼취三聚[679] 가운데
결정한 선교의 지혜와 같은 것이요
세 번째는 능히 일체 유정의 의리를 짓는 지혜다 하였다.
『섭론』에는 가행지혜와 근본지혜와 후득지혜가 세 가지가 된다
하였으니
다 육바라밀로 뜻을 밝힌 것[680]이요

---

677 일체 반야라고 한 것은 『유망기』에 구문九門 가운데 일체라 하였다.

678 오명五明은 내명內明 등 다섯이다.

679 삼취三聚는 삼정취三定聚니 1. 정정취正定聚, 2. 사정취邪定聚, 3. 부정취不定聚
니 사람의 성질을 세 가지로 나눈 것이다. 그러나 여기서 삼취는 의리법취義利
法聚와 비의리법취非義利法聚와 비의리비비의리법취非義利非非義利法聚이
다. 영인본 화엄 6책, p.640, 1행에 나온다.

680 육바라밀로 뜻을 밝힌다고 한 것은 반야 가운데 근본지혜와 후득지혜의
뒤에 두 가지를 갖춘 까닭이다. 역시 『유망기』의 말이다.

『유식론』에는 생공[681]지혜와 법공지혜와 구공지혜라 하고, 『본업
경』에는 삼제三諦를 비춘다 하였으니
십바라밀로 뜻을 밝힌 것[682]이다.

鈔

瑜伽下는 正釋名이라 有二하니 先은 引三慧의 立名不同하야 略出四
說이라 就攝論三中하야 準論具列之인댄 一은 無分別加行慧요 二는
無分別根本慧요 三은 無分別後得慧라하고 論具釋云호대 無分別加
行慧는 謂眞如觀前에 勝方便智요 二에 無分別根本慧者는 謂眞如
觀智요 三에 無分別後得慧者는 現諸世俗智하야 能起種種等事라하
니라 梁論三慧者는 論中釋云호대 從聞無相大乘敎로 得聞思修하야
入分別相空은 通名無分別加行般若요 以入三無性者의 無分別智
는 名無分別般若요 得無分別智하야 後得入觀하야 如於所證하야 或
自思惟하며 或爲他說은 名無分別後得般若니 由具此義일새 故說般
若가 有其三品이라하니라 本業엔 以照於三諦者는 經云호대 一은 照
有諦慧요 二는 照無諦慧요 三은 照中道第一義諦慧라하니라 皆十度
明義者는 經具十故니라

『유가론』이라고 한 아래는 바로 반야의 이름을 해석한 것이다.

---

681 생공生空은 아공我空 혹은 인공人空이라고도 한다.
682 십바라밀로 뜻을 밝힌다고 한 것은 반야 가운데는 오직 근본지혜뿐인 까닭이
   다는 것이다. 『유망기』의 말이다.

두 가지가 있나니

먼저는 세 가지 지혜의 이름을 세운 것이 같지 아니함을[683] 이끌어 간략하게 네 가지 논설論說을 설출한 것이다.[684]

『섭론』 제삼권 가운데 나아가 그 논에 갖추어 열거한 것을 기준한다면 첫 번째는 무분별 가행지혜요

두 번째는 무분별 근본지혜요

세 번째는 무분별 후득지혜라 하고,

논에 갖추어 해석하여 말하기를 무분별 가행지혜라고 한 것은 말하자면 진리를 관찰하기 전에 수승한 방편지혜요

두 번째 무분별 근본지혜라고 한 것은 말하자면 진여를 관찰하는 지혜요

세 번째 무분별 후득지혜라고 한 것은 모든 세속의 지혜를 나타내어 능히 가지가지 등의 일을 일으킨다 하였다.

『양섭론』에 세 가지 지혜라고 한 것은 논 가운데 해석하여 말하기를 모습이 없는 대승의 가르침을 들음으로 좇아 문·사·수 삼혜를 얻어 분별하는 모습이 공함에 들어가는 것은 모두 이름이 무분별 가행반

---

683 원문에 부동不同이라고 한 아래에 타본(대만 교정본)엔 後는 依之釋名이라 前中에 略出四說 운운하였다.

684 간략하게 네 가지 논설論說을 설출한 것이라고 한 것은, 『유망기』는 다만 처음에 『유가론』을 해석하지 아니한 것은 해석을 보류하고 아래 초문에서 널리 해석한 까닭이다 하였다. 네 가지 논설이란 『유가론』과 『섭론』과 『유식론』과 『본업경』이다.

야요

세 가지 자성이 없는 무분별 지혜에 들어가는 것은 이름이 무분별 반야[685]요

무분별 지혜를 얻어 뒤에 들어가 관찰함을 얻어 증득한 바와 같이 혹 스스로 사유하며 혹 다른 사람을 위하여 설하는 것은 이름이 무분별 후득반야니,

이 뜻을 갖춤을 인유하기에 그런 까닭으로 말하기를 반야가 그 삼품三品이 있다고 한다 하였다.

『본업경』에는 삼제를[686] 비춘다고 한 것은 『본업경』에 말하기를

첫째는 유제有諦[687]를 비추는 지혜요

두 번째는 무제無諦[688]를 비추는 지혜요

세 번째는 중도제일의제中道第一義諦를 비추는 지혜다 하였다.

---

685 무분별반야無分別般若는 근본지根本智이다. 다 무분별無分別이라고 한 것은 다 근본지根本智를 인因하여 이루어지는 까닭으로 무분별無分別이라는 이름을 얻는 것이다.

686 『본업경』에는 삼제라고 한 등은, 유식의 삼공三空은 근본지의 뜻이 밝게 나타나 있으나, 그러나 『본업경』의 삼제三諦는 흡사 두 가지 지혜를 갖추고 있는 것 같지만 그 유제有諦를 비춘다는 말이 겸하고 있음을 잡아 말한 것일 뿐 정의正義는 아닌 까닭이며, 또한 다만 근본지뿐이니 또한 십바라밀로써 뜻을 밝힌 까닭이다. 역시 『유망기』의 말이다.

687 유제有諦는 가관假觀이다.

688 무제無諦는 공관空觀이다.

다 십바라밀로 뜻을 밝혔다고 한 것은 『본업경』에 십바라밀을 갖춘[689] 까닭이다.

疏

經有十度인댄 應依本業이나 今爲順文하야 且依瑜伽하나니 則權實無礙가 皆名善現이라 雖彼依六度나 今圓行菩薩은 則十度齊修니라 據行布分인댄 兼正不同하나니 亦不相濫이니라

경에 십바라밀이 있다면[690] 응당 『본업경』을 의지할 것이지만 지금에는 경문을 따르기 위하여 우선 『유가론』을 의지하나니,
곧 방편과 진실이 걸림이 없는 것이 다 이름이 잘 나타나는 행(善現行)이다.
비록 저 유식에서는 육바라밀을 의지하여 수행하지만 지금에 원교의

---

689 『본업경』에 십바라밀을 갖추었다고 한 것은 『본업경』을 증거한 것이나 논論 자가 빠진 것이 아닌가 염려하나니, 다 십바라밀을 갖추었다 말한 까닭이다. 즉 '경론에'라고 해야 할 것이다.

690 경에 십바라밀이 있다면 운운한 것은 문세文勢가 곧 경에 십바라밀이 있나니 응당 『본업경』을 의지할 것이지만 지금에는 경문을 따르기 위하여 우선 『유가론』을 의지한다고 토吐를 달면 옳을 것이다. 아래 양자권陽字卷 54장 상, 2행의 전문前文에 이미 『본업경』 운운한 말을 의지한다고 한 것을 기준한다면 곧 응당 『본업경』을 의지할 것이지만 지금에 경문을 따르기 위하여 운운할 것이다. 경문을 따른다고 한 것은 지금의 선현행 가운데 세 가지 지혜를 갖추고 있는 까닭이니, 곧 『본업경』과 『유가론』을 함께 의지한 것이다. 역시 『유망기』의 말이다.

수행을 하는 보살은[691] 곧 십바라밀을 함께 수행해야 한다.
행포문을 의지하여 분별한다면 겸兼과 정正[692]이 같지 않나니
또한 서로 혼돈하지 말아야 할 것이다.

鈔

雖彼依六中下는 解妨이라 云唯識云호대 若依六度인댄 則般若가 具
攝三慧하니 謂加行根本後得이요 若爲十度인댄 第六이 唯攝無分別
智어늘 今何引六하야 而成十耶아할새 故今釋云호대 約圓行說하며
亦兼正明義라하니 如本業是니라

비록 저 유식에서는 육바라밀을 의지하여 수행하지만이라고 한
아래는 방해함을 해석한 것이다.
『유식론』에 일러 말하기를 만약 육바라밀을 의지한다면 곧 반야가
세 가지 지혜를 갖추어 섭수할 것이니,

---

691 원교의 수행을 하는 보살은 운운한 것은 원교의 수행을 하는 보살은 곧
   십바라밀을 함께 닦는 까닭으로 반야를 닦을 때에도 또한 뒤에 사바라밀(방
   편·원·역·지)을 갖추어 닦는 것이다. 그런 까닭으로『유가론』의 세 가지
   지혜와 같은 것이다. 또 전전히 비난하여 말하기를 십바라밀을 함께 닦으면
   곧 십바라밀이 서로 혼란하여 나눌 수 없다 하기에 그런 까닭으로 통석하여
   말하기를 행포문을 의거한다 하였다. 역시『유망기』의 말이다.
692 겸兼과 정正이란, 정正은 반야般若이고, 겸兼은 나머지 구도九度이다. 그리고
   겸兼은 후득지後得智이고, 정正은 근본지根本智이다. 또 겸兼은 겸수兼修이고,
   정正은 별행別行이다.

말하자면 가행지혜와 근본지혜와 후득지혜요,

만약 십바라밀을 의지한다면 제 여섯 번째 지혜가 오직 무분별
지혜만을 섭수해야 할 것이어늘 지금에는 어찌 육바라밀을 이끌어
십바라밀을 성립하려 하는가 하기에 그런 까닭으로 지금에 해석하여
말하기를 원교의 수행을 잡아 설하며 또한 겸과 정으로 뜻을 밝혔다
하였으니,

『본업경』과 같은 것[693]이 이것이다.

---

693 『본업경』과 같다고 한 것은 비록 삼제三諦의 지혜가 다 근본지根本智이지만
   유제有諦를 비추는 것이 후득지後得智를 겸하고 있다. 따라서 次下疏文에
   依於瑜伽하야 兼正으로 以辨各具三諦라 하였으니 경론經論의 뜻을 함께
   의지한 것이다. 『유망기』의 말이다.
   그러나 次下疏文(末行)에 依本業三慧하야 分三이 如本業이라는 말이다.
   즉 次下 소문에 『본업경』의 세 가지 지혜를 의지하여 세 가지로 나눈 것이
   『본업경』과 같다는 것이다.

經

此菩薩이 身業淸淨하며 語業淸淨하며 意業淸淨하야 住無所得하야 示無所得身語意業하나니 能知三業이 皆無所有하며 無虛妄故로 無有繫縛하며 凡所示現이 無性無依하니라

이 보살이 신업이 청정하며 어업이 청정하며 의업이 청정하여 얻을 바가 없는 곳에 머물러 얻을 바가 없는 신업과 어업과 의업을 시현하나니
능히 삼업이 다 있는 바가 없으며,
허망함이 없는 까닭으로 매여 얽힘이 없으며,
무릇 시현하는 바가 자성도 없고 의지함도 없는 줄 압니다.

疏

就釋相中하야 古人이 亦依本業三慧하야 分三하니 初는 明中道요 次는 念生無性等은 以爲照無요 普入已下는 明其照有라 此는 得次第三諦하고 失於圓融이라 又照無는 經中에 佛法世法이 二互不異하고 亦不雜亂이라하얏거니 豈獨是無리요 今約圓融하야 依於瑜伽하야 兼正으로 以辨各具三諦리라 故彼論에 釋初慧云호대 於一切法에 悟平等性하야 入大總相하야 究達一切所知邊際하야 遠離增益損減二邊하야 順入中道故라하니라

모습을 해석한 가운데 나아가 고인이 또한『본업경』의 세 가지 지혜를 의지하여 세 가지로 나누었으니

처음에는 중도를 밝힌 것이요

다음에는 생각이 일어나지만[694] 자성이 없다고 한 등은 없음을 비춤이 되는 것이요

널리 들어간다고[695] 한 이하는 있음을 비춤을 밝힌 것이다 하니, 이것은 차제삼제次第三諦[696]를 얻고 원융삼제圓融三諦를 잃은 것이다. 또 없음을 비춘다고 한 것은 지금 이『화엄경』가운데서[697] 불법과 세간의 법이 둘이 서로 다르지 않고 또한 섞이어 혼란하지 않다고 하였거니, 어찌 유독 없다고만 하는가.

지금에 원융을 잡아『유가론』을 의지하여 겸과 정으로 각각 삼제를 갖춘 것을 분별하겠다.

그런 까닭으로 저『유가론』에 처음 세간의 지혜를 해석하여 말하기를 일체법에 평등한 자성을 깨달아 대총상大總相에 들어가 일체 알 바의 경계를 궁구하고 통달하여 늘어나고 감소하는 두 가지 경계를 멀리 떠나 중도에 수순하여 들어가는 까닭이다 하였다.

---

694 원문에 차념생次念生 운운은『본업경本業經』의 말이다.

695 원문에 보입普入 운운은『본업경本業經』의 말이다.

696 삼제三諦는 유유有有·무무無無·중도中道이다.

697 經中이란, 此經이니 영인본 화엄 6책, p.656, 3행에 불법불이세간법佛法不異世間法하며 세간법불이불법世間法不異佛法하며 불법세간법佛法世間法이 무유잡란無有雜亂이라 한 것을 의인意引한 것이다.

鈔

古人亦依下는 初에 敍昔이요 此得次第下는 二에 辯非요 今約下는
三에 辯正이라 文中猶略일새 今具引三慧하리라 瑜伽에 釋三慧相云
호대 云何菩薩一切慧고 此有二種하니 一者는 世間慧요 二者는 出世
間慧라 復有三種하니 一은 能於所知眞實에 隨覺通達慧니 謂若諸菩
薩이 於離言說하야 法無性과 或於眞諦에 將欲覺悟와 或於眞諦에
正覺悟時와 或於眞諦에 覺悟已後에 所有妙慧가 最勝寂靜하며 明了
現前이나 無有分別하며 離諸戲論하야 於一切法에 悟平等性하야 入
大總相하야 究達一切所知邊際하야 遠離增益損減二邊하야 順入中
道가 是名菩薩의 能於所知眞實에 隨覺通達慧라하니라 釋曰據此컨
댄 卽具足加行과 根本後得三慧하고 亦具照有하고 照無照中道하는
三慧之體가 是第一慧니라 今經文中에 第一段內에 便具三諦之慧일
새 故與之同하니라 二는 將上證眞하야 善了於俗일새 故廣知五明等
이니 論云호대 若諸菩薩이 於五明處에 決定善巧演說인댄 如前力種
性品하야 應知其相과 及於三聚中에 決定善巧니 謂於能引義利法
聚와 能引非義利法聚와 能引非義利非非義利法聚를 皆如實知하
야 於是八處에 所有妙慧를 善巧攝受하야 能速圓滿廣大無上妙智
資糧하야 速證無上正等菩提라하니라 釋曰此是後得으로 廣知諸法
이라 三聚는 卽前能引義利等이며 亦卽善惡無記니 兼五明하면 爲八
이라 五明은 卽內明因明等이라 三은 釋能作一切有情義利慧云호대
有十一種하니 如前應知者는 卽三十七論의 成熟品에 成熟自性이
自有十一하니 謂由有善法種子와(一) 及數習諸善法하야(二) 獲得

能順二障斷淨과(三) 增上心이 有堪任性과(四) 極調善性하야(五)
正加行滿에(六) 安住於此하야 若遇大師거나 不遇大師에 皆有堪任
하며(七) 有大勢力하야(八) 無間能證煩惱障斷과(九) 所知障斷이
(十) 譬如癰腫이 熟至究竟하야 無間可破를 說名爲熟이라하니라(十
一) 前十은 別明이요 後一은 總喩熟相이라

고인이 또한 『본업경』의 세 가지 지혜를 의지한다고 한 아래는
처음에 옛 사람의 말을 서술한 것이요
이것은 차제삼제를 얻었다고 한 아래는 두 번째 잘못된 뜻을 분별한
것이요
지금에 원융을 잡았다고 한 아래는 세 번째 바른 뜻을 분별한 것이다.
경문 가운데 오히려 생략되었기에 지금에 세 가지 지혜를 갖추어
인용하겠다.
『유가론』에 세 가지 지혜의 모습을 해석하여 말하기를 어떤 것이
보살의 일체 지혜인가.
여기에 두 가지가 있나니
첫 번째는 세간의 지혜요
두 번째는 출세간의 지혜이다.
다시 세 가지가 있나니
첫 번째는 능히 알 바의 진실에 깨달음을 따라 통달한 지혜이니,
말하자면 만약 모든 보살이 언설을 떠나 법에 자성이 없는 것과
혹 저 진제[698]에 장차 깨닫고자 하는 때와 혹 저 진제에 바로 깨달을
때와 혹 저 진제에 깨달은 이후에 있는 바 묘한 지혜가 최승으로

적정하며⁶⁹⁹

명료하게 앞에 나타나지만 분별이 없으며,

모든 희론을 떠나 일체법에 평등한 자성을 깨달아 대총상에 들어가 일체 알 바의 경계를 궁구하고 통달하여 늘어나고 감소하는 두 가지 경계를 멀리 떠나 중도에 수순하여 들어가는 것이 이것이 이름이 보살의 능히⁷⁰⁰ 알 바의 진실에 깨달음을 따라 통달한 지혜이다 하였다.

해석하여 말하면 이것을 의거하건대 곧 가행지혜와 근본지혜와 후득지혜⁷⁰¹의 세 가지 지혜를 구족하고, 또한 있는 것을 비추고 없는 것을 비추고 중도를 비추는 세 가지 지혜의 자체를 구족한 것이 이것이 제일 첫 번째 지혜이다.

지금의 경문⁷⁰² 가운데 제일단 안에 곧 삼제의 지혜를 갖추었기에

698 혹 저 진제라고 한 것은 이 세 가지 혹 저 진제라 한 것은 차례와 같이 가행지와 근본지와 후득지의 세 가지 지혜이니, 위에서 세 가지 지혜를 거론하였다. 역시 『유망기』의 말이다.

699 최승으로 적정하다고 한 아래는 명료하게 무제無諦를 비추는 것이고, 두 줄 뒤에 대총상에 들어간다고 한 아래는 명료하게 유제有諦를 비추는 것이고, 그 아래 멀리 떠난다고 한 아래는 명료하게 중도를 비추는 것이니, 역시 『본업경』의 세 가지 지혜이다. 역시 『유망기』의 말이다.

700 원문에 能入의 入 자는 於 자의 잘못이다.

701 가행加行은 장욕각오將欲覺悟이고, 근본根本은 정각오시正覺悟時이고, 후득後得은 각오이후覺悟已後이니 바로 위에 주석에서 말한 바 있다.

702 경문은 영인본 화엄 6책, p.643, 8행이고, 소문疏文은 p.644, 4행에 今初意業 이하이다. 즉 삼업三業이 삼단三段이라 하였다.

그런 까닭으로 그로 더불어 같은 것이다.

두 번째는 위에 증득한 지혜를 가져 속제를 잘 알기에 그런 까닭으로 널리 오명五明 등을 아는 것이니,

『유가론』에 말하기를 만약 모든 보살이 오명처에 결정한 선교로 연설한다면 앞[703]에 역종성품力種性品과 같아서 응당 그 모습과 그리고 삼취 가운데 결정한 선교를 알아야 할 것이니,

말하자면 능히 의리를 이끌어내는 법취와 능히 비의리를 이끌어내는 법취와 능히 의리도 아니고 비의리도 아닌 것을 이끌어내는 법취를 다 여실하게 알아서 이 팔처八處[704]에 있는 바 묘한 지혜를 선교로 섭수하여 능히 빨리 광대하고 더 이상 없는 묘한 지혜의 자량資糧을 원만하게 하여 빨리 더 이상 없는 바르고 평등한 보리를 증득해야 할 것이다 하였다.

해석하여 말하면 이것은 후득지혜로 널리 모든 법을 아는 것이다.

삼취라고 한 것은 앞에 능히 의리를 이끌어낸다고 한 등이며 또한 곧 선과 악과 무기이니,

오명을 겸하면 팔처가 되는 것이다.

오명이라고 한 것은 곧 내명과 인명 등이다.

세 번째는 능히 일체 유정의 의리를 짓는 지혜를 해석하여 말하기를 열한 가지가 있나니,

앞[705]에 응당 그 모습을 알아야 한다고 한 것과 같은 것은 곧 유가

---

703 앞이란, 『유가론』 가운데 此文前이다.

704 팔처八處는 삼취三聚와 오명五明이다.

705 앞이란, 『유가론瑜伽論』 此文前이다.

삼십칠론 성숙품에 자성을 성숙케 하는 것이 스스로 열한 가지가
있나니,

말하자면 선법 종자와(一) 그리고 모든 선법을 자주 닦음이 있음을
인유하여(二) 능히 두 가지 장애를 따라 끊어서 청정함을 얻는 것과
(三) 증상심이 감당하여 맡는 자성과(四) 지극히 선을 고르는 자성이
있어서(五) 바로 가행이 가득 참에(六) 여기에 편안히 머물러 혹
대사를 만나거나 대사를 만나지 못함에 다 감당하여 맡는 자성이
있으며(七) 큰 세력이 있어서(八) 간단없이 능히 번뇌장을 끊는
것과(九) 소지장을 끊는 것을 증득하는 것이(十) 비유하자면 옹종癰
瘇706이 익어서 구경에 이르러 잠깐도 가히 깨뜨릴 수 없는 것과
같은 것을 설하여 숙熟이라 이름한다(十一) 하였다.
앞에 열 가지707는 따로 밝힌 것이요
뒤에 한 가지는 숙熟의 모습을 한꺼번에 비유한 것이다.

疏

文分二別하리니 先은 明行相이요 後는 顯成益이라 前中亦二니
先略後廣이라 前中又二니 先은 總標요 後에 能知下는 解釋이니
今初也라 三業淸淨은 是能示體요 示於三業은 正是現義라 住無

---

706 옹종癰瘇은 교정본엔 癰瘇이라 하였으니 등창과 같은 것이다. 그러나 옹癰은
　　 등창이고, 종瘇은 수중다리이니 다리가 퉁퉁 붓는 것이다.
707 앞에 열 가지라고 한 것은 열한 가지 가운데 처음에 여섯 가지는 가행지이고,
　　 아홉 번째와 열 번째는 근본지이다. 역시 『유망기』의 말이다.

得現일새 現卽無得하야 寂用無礙니 斯卽中道니 可稱善現이라 若
異後有無하야 而說中者인댄 相待中也니라

경문에 두 가지 다름을 나누었으니
먼저는 행의 모습을 밝힌 것이요
뒤에는 이익을 이룸을 나타낸 것이다.
앞에 행의 모습을 밝힌 가운데 또한 두 가지가 있나니
먼저는 간략하게 밝힌 것이요
뒤에는 폭넓게 밝힌 것이다.
앞에 간략하게 밝힌 가운데 또한 두 가지가 있나니
먼저는 한꺼번에 표한 것이요
뒤에 능히 안다고 한 아래는 해석이니,
지금은 처음이다.

삼업이 청정하다고 한 것은 이것은 능히 시현할 자체요
삼업을 시현했다[708]고 한 것은 바로 나타낸다는 뜻이다.
얻을 바가 없는 곳에 머물러 나타내기에 나타내어도 곧 얻을 바가
없어서 적체와 작용이 걸림이 없나니,
이것이 곧 중도이니 가히 잘 나타낸다(善現)고 이름할 만하다.
만약 뒤에 있는 것과 없는 것[709]을 달리하여 중도를 설한다면 상대적

---

708 원문에 시어삼업示於三業은 경문經文에 시무소득신어의업示無所得身語意業이
　　라 한 것이다.

709 원문에 후유무後有無는 결탄고인結彈古人이니 前은 조중도照中道이고, 後는

인 중도이다.

鈔

住無得現者는 住無所得은 卽空觀也요 示無所得身等은 假觀也라
故云住無得現이라하니라 現卽無得은 上二不二니 中道觀也라 故云
寂用無礙니 斯爲中道라하니라 若異後下는 結彈古人이니 以瓔珞三
慧로 別配하야 得中道慧인댄 是相待中이요 非得中也니라

얻을 바가 없는 곳에 머물러 나타낸다고 한 것은 얻을 바가 없는
곳에 머문다고 한 것은 곧 공관空觀이요
얻을 바가 없는 신업 등을 나타낸다고 한 것은 가관假觀이다.
그런 까닭으로 말하기를 얻을 바가 없는 곳에 머물러 나타낸다고
하였다.

나타내어도 곧 얻을 바가 없다고 말한 것은 위에 둘이 둘이 아닌
것이니 중도관中道觀이다.
그런 까닭으로 말하기를 적체와 작용이 걸림이 없나니 이것이 중도
가 된다 하였다.

만약 뒤에 있는 것과 없는 것을 달리한다고 한 아래는 고인古人을
맺어 탄핵한 것이니,

조유조무照有照無이다.

『영락경』에 세 가지 지혜로써 따로 배속하여 중도의 지혜를 얻으려고 한다면 이것은 상대적 중도일 뿐 진실한 중도의 지혜를 얻을 수 없는 것이다.

疏

二釋中에 能知三業이 皆無所有는 是住無得義요 不妄取有하야 離二邊縛은 是淸淨義요 凡所示現이 無性無依는 釋示無得義니 以境無定性하며 心無所依하야 皆不可得也니라 三業皆示일새 故 致凡言이라

두 번째 해석한 가운데 능히 삼업이 다 있는 바가 없는 줄 안다고 한 것은 이것은 얻을 바가 없는 곳에 머문다고 한 뜻이요
허망하게 있음을 취하지 아니하여[710] 이변二邊의 얽매임을 떠났다고 한 것은 이것은 청정하다는 뜻이요
무릇 시현하는 바가 자성도 없고 의지함도 없다고 한 것은 시현하는 바를 얻을 수 없다는 뜻을 해석한 것이니,
경계가 결정된 자성이 없으며 마음이 의지하는 바가 없어서 다 가히 얻을 수 없는 것이다.
삼업을 다 시현하기에 그런 까닭으로 무릇(凡)이라는 말을 이루는 것이다.

---

710 원문에 불망취不妄取 운운은 경문經文에 무허망고無虛妄故로 무유계박無有繫縛이라는 말을 의인意引한 것이다.

經

住如實心하야 知無量心自性하며 知一切法自性이 無得無相하
야 甚深難入하며

여실한 마음에 머물러 한량없는 마음의 자성을 알며
일체법의 자성이 얻을 것도 없고 모습도 없어서 깊고도 깊어 들어가
기 어려운 줄 알며

疏

二에 住如實下는 廣辨行相中三이니 初는 如實隨覺慧요 二에 佛
子야 此菩薩作如是下는 於五明等善巧慧요 三에 菩薩爾時下는
能作有情義利慧라 今初는 如實覺於三業이나 而現二業이라 於
中先은 別明이요 後는 總結이니 前中三業이 卽爲三段이라 今初意
業은 是二本故로 首而明之니라 如實心者는 用所依也요 住者는
心冥體也요 知無量心等者는 不礙用也니 卽所示意業이라 多心
多法은 皆有諦也요 境旣無相거니 心何所得은 卽無諦也요 有無
不二일새 故曰甚深이라하니 卽中道義也라 不可以次第三觀而觀
일새 故名難入이니 唯圓機가 方能入故니라 何者고 若偏觀三諦인
댄 是常是斷이요 是相待故니라 若總觀者인댄 一則壞於三諦요 異
則迷於一實이니 故卽一而三이요 卽三而一이라 非三非一이나 雙
照三一이니 在境則三諦圓融하고 在心則三觀俱運이라 住之與知

는 卽是觀也니라

두 번째 여실한 마음에 머문다고 한 아래는 널리 행의 모습을 분별한 가운데 세 가지가 있나니
처음에는 여실하게 깨달음을 따르는[711] 지혜요
두 번째 불자여, 이 보살이 이와 같은 생각을 하였다고 한 아래는 오명五明 등[712]에 선교의 지혜요
세 번째 보살이 그때라고 한 아래는 능히 유정의 의리를 짓는 지혜이다.[713]
지금은 처음으로 여실하게 삼업을 깨달아 알았지만 그러나 이업二業을 나타낸 것이다.
그 가운데 먼저는 따로 밝힌 것이요
뒤에는 모두 맺는 것이니,
앞의 가운데 삼업이 곧 삼단이 되는 것이다.

지금은 처음으로 의업은 이 두 가지 업의 근본[714]이 되는 까닭으로 첫머리에 밝힌 것이다.
여실한 마음이라고 한 것은 작용이 의지할 바요

---

711 원문에 여실수각如實隨覺은 영인본 화엄 6책, p.636, 3행에 소지진실所知眞實에 수각통달혜隨覺通達慧라 하였다.
712 오명五明 등이라 한 것은 영인본 화엄 6책, p.636, 4행이다.
713 원문에 능작유정의리혜能作有情義利慧는 영인본 화엄 6책, p.636, 5행에 있나니, 다 『유가론』에 반야般若의 삼종三種이다.
714 원문에 이본二本은 신업身業과 어업語業의 근본根本이다.

머문다고 한 것은 마음이 자체에 명합한 것이요

한량없는 마음의 자성을 안다고 한 등은 작용에 걸리지 않는 것이니 곧 시현할 바 의업이다.

수많은 마음과 수많은 법은 다 유제요

경계가 이미 모습이 없거니 마음이 어찌 얻을 바가 있겠는가 한 것은 곧 무제요

유제와 무제가 둘이 없기에 그런 까닭으로 말하기를 깊고도 깊다 하였으니 곧 중도의 뜻이다.

가히 차제삼관[715]으로써 관찰할 것이 아니기에 그런 까닭으로 들어가기가 어렵다 이름한 것이니,

오직 원교의 근기라야만이 바야흐로 능히 들어가는 까닭이다.

무슨 까닭인가.

만약 삼제를 치우쳐 관찰[716]한다면 이것은 상견이요 이것은 단견이요 이것은 상대적인[717] 까닭이다.

만약 한꺼번에 관찰한다면 하나라고 함에 곧 삼제를 무너뜨리는 것이요

다르다고 함에 곧 하나의 진실을 미혹하는 것이니,

---

715 차제삼관次第三觀은 삼관三觀을 차례로 닦는 것이니 즉 별관別觀이다. 원융삼관圓融三觀은 삼관三觀을 동시同時에 닦는 것이다.

716 원문에 편관偏觀은 별관別觀이다.

717 원문에 시상지시是常之是는 유有이고, 시단지시是斷之是는 무無이고, 시상대지시是相對之是는 유무有無를 떠난 것이다.

그런 까닭으로 하나에 즉한 셋이요 셋에 즉한 하나인 것이다.
셋도 아니고 하나도 아니지만 셋과 하나를 함께 비추나니,
경계가 있음에 곧 삼제가 원융하고 마음이 있음에 곧 삼관이 함께
움직이는 것이다.
그 여실한 마음에 머문다고 한 것과 더불어 안다[718]고 한 것은 곧
관찰한다는 뜻이다.

鈔

何者若偏觀下는 出次第三觀過니 相有則定有며 定有著常이니 以
離空故요 定無著斷이니 以離有故요 離二明中이니 故是相待라하니
라 若總觀下는 示圓融三觀之德이라 於中에 先有兩句는 向上하야
成次第之過니 明次第三觀이 有一異過故라 二者는 卽初二句는 反
釋이니 雙遮三一이라 故卽一而三下는 雙融三一이니 具有四句하야
皆融이라 卽一而三은 是一句요 卽三而一은 是第二句요 雙非三一은
是雙非句니 由卽一而三故로 非三이요 卽三而一故로 非一이라 四는
雖卽一體이나 而三用歷然하고 雖有三用이나 而一體無二일새 故雙
照三一이니 卽遮而照하고 卽照而遮일새 故圓融也니라 在境下는 結
成諦觀이라

무슨 까닭인가. 만약 삼제를 치우쳐 관찰한다면이라고 한 아래는

---

718 원문에 지知란, 즉 안다고 한 것은 마음의 자성과 법法의 자성自性을 안다는
    것이다. 즉 경문을 약설略說한 것이다.

차제삼관의 허물을 설출한 것이니

모습이 있다는 것은 곧 결정코 있다는 것이며, 결정코 있다는 것은

상견에 집착한 것이니 공을 떠난 까닭이요

결정코 없다는 것은 단견에 집착한 것이니 유를 떠난 까닭이요[719]

두 가지를 떠났다는 것은 중도를 밝힌 것이니,

그런 까닭으로 이것은 상대적이다 하였다.

만약 한꺼번에 관찰한다면이라고 한 아래는 원융삼관의 공덕을

시현한 것이다.

그 가운데 먼저 두 구절[720]이 있는[721] 것은 위[722]를 향하여 차제삼관의

허물을 성립한 것이니,

차제삼관이 하나와 다름의 허물이 있음을 밝힌 까닭이다.

두 번째는 곧 처음에 두 구절[723]은 반대로 해석한 것이니,

셋과 하나를 함께 막는 것이다.

---

719 북장경北藏經엔 착단著斷 아래에 이리유고以離有故 네 글자가 있다. 그러면
著斷"이니" 以離有故"요" 토吐이다. 나는 보증하여 번역하였다.

720 두 구절이란, 즉 일一과 이異이다.

721 먼저 두 구절이 있다고 한 것은 두 가지 뜻이 있나니 첫 번째는 위를 향하여
차제삼관을 성립한다 운운한 것이고, 두 번째는 바로 아래 두 번째는 곧
처음에 두 구절 운운이다. 역시 『유망기』의 말이나 생각해 볼 것이다. 두
구절은 곧 일一과 이異라고 나는 본다.

722 위란, 차제삼관次第三觀이다.

723 원문에 초이구初二句란, 일즉괴어삼제一則壞於三諦와 이즉미어일실異則迷於一實
이다.

그런 까닭으로 하나에 즉한 셋이라고 한 아래는 셋과 하나를 함께
원융하게 하는 것이니,

사구四句를 갖추고 있어 다[724] 원융한 것이다.

하나에 즉한 셋이라고 한 것은 이것은 첫 번째 구절이요

셋에 즉한 하나라고 한 것은 이것은 제 두 번째 구절이요

셋과 하나를 함께 아니라고 한 것은 이것은 제 세 번째 함께 아니라는
구절[725]이니

하나에 즉한 셋을 인유한 까닭으로 셋이 아니요,

셋에 즉한 하나를 인유한 까닭으로 하나가 아닌 것이다.

제 네 번째 구절은 비록 곧 자체는 하나이지만 세 가지 작용이
역연하고, 비록 세 가지 작용이 있지만 자체는 하나여서 둘이 없기에
그런 까닭으로 셋과 하나를 함께 비추는 것이니,

막음에 즉하여 비추고 비춤에 즉하여 막기에 그런 까닭으로 원융하
다는 것이다.

경계가 있다고 한 아래는 삼제와 삼관을 맺어 성립한 것이다.

疏

古德以凡所下로 至於難入은 明唯識觀이라하니 非無所以나 唯識
之義가 不彰하니라 又有釋云호대 心非境外故로 無得이라하고 境

---

724 여기서 皆란, 三과 一을 말한다.
725 원문에 쌍비구雙非句는 제삼구第三句이다.

非心外故로 無相이라하고 卽心是境故로 甚深이라하고 卽境是心故로 難入이라하니 亦是一理니라

고덕이 무릇 시현하는 바⁷²⁶라고 한 아래로부터 들어가기 어렵다⁷²⁷고 한 것에 이르기까지는 유식의 관법을 밝힌 것이다 하였으니 까닭이 없지는 않지만 유식의 뜻이 나타나지 아니하였다.
또 어떤 사람이 해석하여 말하기를 마음은 경계 밖이 아닌 까닭으로 얻을 수 없다 하고,
경계는 마음 밖이 아닌 까닭으로 모습이 없다 하고,
곧 마음이 경계인 까닭으로 깊고도 깊다 하고,
곧 경계가 이 마음인 까닭으로 들어가기 어렵다 하였으니
역시 일리가 있다 하겠다.

鈔

古德下는 敍昔이니 雖非經意나 釋文稍巧할새 故復敍之며 故云亦是一理라하니 以唯識觀相이 不明顯故며 不爲正故니라

고덕이라고 한 아래는 옛날 사람의 말을 서술한 것이니,
비록 지금 경의 뜻은 아니지만⁷²⁸ 경문을 해석한 것이 약간 교묘하게

---

726 원문에 범소凡所는 영인본 화엄 6책, p.638, 9행이다.
727 원문에 난입難入은 영인본 화엄 6책, p.643, 9행이다.
728 비록 지금 경의 뜻은 아니지만 운운한 것은 『간정기』의 뜻을 가리킨 것이다. 역시 『유망기』의 말이다.

하였기에 그런 까닭으로 다시 서술한 것[729]이며,

그런 까닭으로 말하기를 역시 일리가 있다[730] 하였으니

유식의[731] 관법이 그 모습이 밝게 나타나지 아니한 까닭이며

바른 뜻이 되지 않은 까닭이다.[732]

---

729 원문에 고부서지故復敍之는 고덕古德의 말이다.

730 원문에 고운역시일리故云亦是一理는 有人의 해석이다.

731 유식 운운은 소가가 유식의 뜻이 밝게 나타나지 아니함을 해석한 것이다.
『유망기』의 말이다.

732 원문에 불명현고不明顯故까지는 고덕古德의 말을 해석한 것이요, 불위정고不
爲正故은 有人의 해석을 해석한 것이다. 『유망기』는 소가의 역시 일리를
해석한 것이라고 하였다.

經

住於正位와 眞如法性하야 方便出生이나 而無業報하야 不生不
滅하며

바른 지위와 진여와 법성에 머물러 방편으로 출생하지만 그러나
업보가 없어서 생겨난 적도 없고 사라진 적도 없으며

疏

二에 住於正位下는 釋示身業이니 正位等三은 卽示所依요 方便
已下는 依體起用이니 由非惑業之生일새 故生滅卽無生滅이라 此
中正位는 卽眞如異名이니 非約見道요 以智契會일새 故稱爲住니
無住住者가 卽住眞如니라

두 번째 바른 지위 등에 머문다고 한 아래는 신업을 시현한다고
한 것[733]을 해석한 것이니
바른 지위 등 세 가지는 곧 의지할 바를 시현한 것이요
방편이라고 한 아래는 자체를 의지하여 작용을 일으킨 것이니,
혹업으로 생기한 것이 아님을 인유하기에 그런 까닭으로 생기하고
사라지지만 곧 생기하고 사라진 적이 없는 것이다.
이 가운데 바른 지위라고 한 것은 곧 진여의 다른 이름이니

---

733 신업을 시현한다고 한 것은 영인본 화엄 6책, p.638, 8행이다.

견도를 잡은 것이 아니요

지혜[734]로 계합하여 알기에 그런 까닭으로 이름을 머문다(住) 한 것이니,

머무름이 없이 머무는 것이 곧 진여에 머무는 것이다.

---

[734] 원문에 知는 智 자의 잘못이다.

經

住涅槃界하며 住寂靜性하며 住於眞實無性之性일새 言語道斷하고 超諸世間하야 無有所依하니라

열반의 세계에 머물며 적정의 자성에 머물며 진실하여 자성이 없는 자성에 머물기에 언어의 길이 끊어지고 모든 세간을 초월하여 의지하는 바가 없습니다.

疏

三에 住涅槃下는 釋示語業이니 前之三句는 示之所依요 言語道斷은 顯示而無相이니 卽言亡言이 是斷言道니라 故晉經云호대 非有說有일새 言語道斷이라하니라

세 번째 열반의 세계에 머문다고 한 아래는 어업語業을 시현한다고 한 것을 해석한 것이니
앞에 세 구절은 의지할 바를 시현한 것이요
언어의 길이 끊어졌다고 한 것은 현시하지만 모습이 없는 것이니,
말에 즉하여 말을 잃는 것이 이것이 언어의 길이 끊어진 것이다.
그런 까닭으로 진역경에 말하기를 있지 아니함에 있다고 설하기에 언어의 길이 끊어졌다 하였다.

鈔

晉經云호대 非有說有者는 今經無此하야 示言相隱하니라 但有言語
道斷이면 卽通身意일새 故引晉經이니 意在說有之言이라

진역경에 말하기를 있지 아니함에 있다고 설한다고 한 것은 지금
경에는 이[735] 말이 없어 언어를 시현하는 모습이 숨어버렸다.
다만 언어의 길이 끊어졌다는 말만 있으면 곧 신업과 의업에도
통하기에 그런 까닭으로 진역경을 인용하였으니,
그 뜻이 있다[736]고 설하는 말에 있다.

疏

然上之所住가 總有七種하니 體一名異니 異從義別이라 一에 如實
心者는 卽自性淸淨心이니 是爲總相이라 次正位等三은 卽心之
體性이니 正位者는 法所住故요 眞如는 語其自體니 是實是常이요
法性은 約爲諸法之本이니 迷此眞如하야 有諸法故며 成諸法已에
不失自性일새 故名法性이니 亦卽因相이라 涅槃等三은 卽是果相
이니 住涅槃界는 卽是眞如가 體圓寂故며 出二礙故라 故智論云호
대 有菩薩發心인댄 卽觀涅槃行道라하니라 恐此涅槃이 濫唯在果
일새 故云住寂靜性이라하니 謂約眞如가 體無妄動일새 卽是涅槃

---

735 此란, 非有說有之言이니 즉 있지 아니함에 있다고 설하는 그 말이다.
736 원문에 有說이라는 말은 說有라고 해야 한다.

이요 如此之性이 體爲有無일새 故云無性이라하니 無性之性은 卽
是實性이요 非謂斷無니라 故擧多名하야사 方顯所住之深奧요 依
此示現하야사 方明所現之爲善이라

그러나 위에 머무는 바가 모두 일곱 가지가 있나니,
자체는 하나이지만 이름이 다르나니 다른 것은 뜻을 좇아 다른
것이다.
첫 번째 여실한 마음이라고 한 것은 곧 자성청정심이니
이것은 총상이 되는 것이다.
다음에 바른 지위 등 세 가지는 곧 마음의 체성이니
바른 지위라고 한 것은 법이 머무는 바인 까닭이요
진여라고 한 것은 그 자체를 말한 것이니
이것은 진실이며 이것은 영원한 것이요
법성이라고 한 것은 모든 법의 근본이 됨을 잡은 것이니
이 진여를 미혹하여 모든 법이 있는 까닭이며
모든 법을 이룬 이후에도 자성을 잃지 않기에 그런 까닭으로 법성이
라 이름하는 것이니
또한 곧 원인의 모습[737]이다.
열반 등 세 가지는 곧 이것은 결과의 모습이니
열반의 세계에 머문다고 한 것은 곧 이것은 진여의 자체가 원적한
까닭이며 두 가지 걸림을 벗어난 까닭이다.

---

737 원문에 역즉인상亦卽因相은, 법성法性은 과상果相이 아니고 인상因相이라는
것이다.

그런 까닭으로 『지도론』에 말하기를[738] 어떤 보살이 발심하였다면 곧 열반으로 갈 도道를 관찰해야 한다 하였다.

이 열반이 오직 결과에만 있다고 혼돈할까 두려워하기에 그런 까닭으로 적정의 자성에 머문다 하였으니,

말하자면 진여의 자체가 허망하게 동요함이 없음을 잡았기에 곧 이것은 열반이요

이와 같은 자성이 자체가 있고 없음이 되기에 그런 까닭으로 말하기를 자성이 없다 하였으니,

자성이 없는 자성은 곧 실성이요 단멸하여 없음을 말한 것이 아니다. 그런 까닭으로 수많은 이름[739]을 거론하여야 바야흐로 머무는 바가 깊고도 깊음을 나타낼 수 있고,

이것을 의지하여 시현하여야 바야흐로 시현하는 바가 잘 시현됨을 밝힐 수 있는 것이다.

鈔

然上之所住下는 總釋上三業의 所住不同이라 一에 如實心은 卽自性淸淨心者는 勝鬘起信等에 皆立此名이라 莊嚴論第六云호대 衆生於無性과 及有可得과 此二處中에 更生怖畏일새 爲遮怖心하야 而說頌云호대 譬如淸水濁이나 穢除還本淨인달하야 自心淨亦爾하야 唯離

客塵故니라 以說心性淨이 而爲客塵染이나 不離心眞如하야 別有心
性淨이라하니라 釋曰後偈釋前偈니 上半合上半이요 下半釋下半이
라 旣不離心眞如하야 別有心性인댄 明知하라 但是離於客塵인댄 說
之爲淨이니 淨體는 卽是自心이요 心卽眞如라 此自性淨心이 卽如來
藏이며 亦是本來淨識이니 故眞諦三藏이 說有九識하니 第九는 名阿
摩羅識이라하니라 若唐三藏인댄 此翻無垢니 卽第八異名이니 謂成
佛時에 轉第八識하야 以成此識이언정 無別第九라하니라 若依蜜嚴
經인댄 心有八種하며 或復有九라하며 又下卷云호대 如來淸淨藏이
亦名無垢智라하니 卽同眞諦의 所立第九니라 又眞諦三藏의 所翻決
定藏論九識品云호대 第九阿摩羅識이 有二種하니 一者는 所緣이니
卽是眞如요 二者는 本覺이니 卽眞如智라 能緣은 卽不空如來藏이요
所緣은 卽空如來藏이라하니라 若據通論인댄 此二가 並以眞如爲體
하니 故起信에 一心二門이나 生滅門中에 說其本覺이언정 眞如門은
體無二也니라 餘名은 隨釋可知니라

그러나 위에 머무는 바라고 한 아래는 위에 삼업이 머무는 바가
같지 아니함을 한꺼번에 해석한 것이다.
첫 번째 여실한 마음이라고 한 것은 곧 자성청정심이라고 한 것은
『승만경』과 『기신론』 등에 다 이 이름을 세웠다.
『장엄론』 제육권에 말하기를 중생이 자성이 없는 것과 그리고 가히
얻을 수 없는 것과 이 두 가지 처소 가운데 다시 두려움을 내기에
두려워하는 마음을 막기 위하여 게송을 설하여 말하기를,
비유하자면 청정한 물이 탁하지만

더러운 것이 제거되면 본래 청정한 데로 돌아가는 것과 같아서,
자기의 마음이 청정한 것도 또한 그러하여
오직 객진번뇌만 떠나면 되는 까닭[740]이다.

심성이 청정한 것이
객진번뇌에 물듦이 된다 말하지만
자심의 진여를 떠나
따로 심성이 청정한 것이 있지 않다 하였다.
해석하여 말하면 뒤에 게송은 앞에 게송을 해석한 것이니
위에 반 게송은 위에 반 게송을 법합[741]한 것이고, 아래 반 게송은
아래 반 게송을 해석한 것이다.
이미 자심의 진여를 떠나 따로 심성이 있지 않다고 하였다면 분명히
알아라.
다만 객진번뇌만 떠나면 그것을 청정하다 말하는 것이니
청정한 자체는 곧 자기 마음이요, 자기 마음은 곧 진여이다.
이 자성청정심이 곧 여래장이며 역시 본래 청정식이니,
그런 까닭으로 진제삼장[742]이 말하기를 구식九識이 있나니
제구식은 이름이 아마라식이다 하였다.
만약 당삼장이라면 여기에서 번역하면 무구식無垢識이니

---

740 원문에 객진고客塵故까지는 전게前偈이고, 그 이후는 후게後偈이다.
741 원문에 上半은 後偈의 上半頌이고, 合上半은 前偈의 上半頌이다.
742 진제삼장眞諦三藏 운운은 위에 진여眞如라는 말을 증거하고 청정식淸淨識이라
　　는 이름을 얻는 것을 증거한 것이니, 제구식第九識이 진여眞如이다.

곧 제팔식의 다른 이름이니 말하자면 성불할 때에 제팔식을 전하여
이 식을 이룰지언정 달리 제구식이 없다 하였다.

만약 『밀엄경』을 의지한다면 마음이 여덟 가지가 있으며 혹 다시
아홉 가지가 있다 하였으며

또 하권에 말하기를 여래청정장이 또한 이름이 무구지無垢智다 하였
으니,

곧 진제삼장이 세운 바 제구식과 같다.

또 진제삼장이 번역한 바 『결정장론』 구식품에 말하기를 제구 아마
라식이 두 가지가 있나니,

첫 번째는 소연所緣이니 곧 이것은 진여요

두 번째는 본각743이니 곧 진여지眞如智이다.

능연은 곧 불공여래장이요

소연은 곧 공여래장이다 하였다.

만약 통론을 의거한다면 이 두 가지가 모두 진여로 자체를 삼았으니,
그런 까닭으로 『기신론』에 일심에 두 가지 문을 말하였지만 생멸문
가운데 그 본각을 말한 것일지언정 진여문은 자체가 둘이 없는
것이다.

나머지 이름은 해석을 따르면 가히 알 수가 있을 것이다.

故擧多名者는 卽上七名이라 故收眞如法界인댄 略有百名하니 權敎
最多니라 言百名者는 謂法性이며 不虛妄性이며 不變異性이며 平等

---

743 본각本覺은 능연能緣이다.

性이며 離生性이며 法定이며 法住며 實際며 虛空界며 不思議界며(已
上大般若) 眞如며 實有며 空不空性이며 勝義이며(已上佛地論攝論)
無相이며 無爲며 正性이며(已上思益中) 法位며(大品) 眞性이며 無我
性이며 眞實性이며 一心이며(上亦大品이요 下三은 亦華嚴) 唯識性이
며 無性이며 法印이며(第一迴向云호대 以法界印으로 印諸善根이라하
니라) 寂滅이며(智論) 三性中에 名圓成實性이며 三身中에 名法身이
며 三淨土中에 名法性土며 三佛性中에 名自性住性이며 五法中에
名如如며 五藏中에 名皆是니 謂法界藏과 法身藏과 出世間上上藏과
自性淸淨藏과 如來藏이며 四勝義中에 名勝義勝義며 亦通證得과
及道理中에 滅諦라(瑜伽六十四中) 六諦中에 亦名眞諦現觀이며 七
諦通達中에 名法性이며(顯揚) 二種佛性中에 名理佛性이며 十四諦
中에 名勝義諦며 三般若中에 名實相般若며 三三寶中에 名一體며
三解脫中에 名空이며(出智論七十四) 二果中에 名智果며 三涅槃中
에 名性淨이며 二諦中에 名眞諦와 勝義諦며 三諦中에 名空諦며(仁王
經) 四諦中에 名滅諦며 或名實諦며 顯揚에 名一諦며 或名中道며
或名解脫이며 涅槃中에 以一百門으로 顯解脫異名이니 或名不二法
門이며 或名無二無性이며 或名實性이며 或名實相이며 或名無量義
며 亦名第一義諦며 亦名第一義空이라 上來衆名이 若在大乘의 權敎
中者인댄 但就理名之요 若實敎中인댄 或就卽事之理와 卽理之事와
事事無礙어니와 然皆通權實敎니라

그런 까닭으로 수많은 이름을 거론하였다고 한 것은 곧 위에 일곱
가지 이름이다.

그런 까닭으로 진여법계眞如法界를 거둔다면 간략하게 백 가지 이름
이 있나니

권교權敎가 가장 많다.

백 가지 이름이라고 말한 것은 말하자면 법의 자성이며

허망하지 않는 자성이며

변이變異하지 않는 자성이며

평등한 자성이며

생을 떠난 자성이며

법의 결정이며

법이 머무는[744] 것이며

진실한 경계이며

허공계이며

부사의 경계이며(이상은 『대품반야경』의 말이다.)

진여이며

실유이며

공과 불공의 자성이며

승의이며(이상은 『불지론』과 『섭론』의 말이다.)

무상이며

무위이며

정성正性이며(이상은 『사익범천경』 가운데 말이다.)

법의 지위이며(『대품반야경』의 말이다.)

---

744 性은 住 자가 좋다. 왜냐하면 위에 법성法性이 이미 나왔기에 그렇다.

진성이며

아가 없는 자성이며

진실성이며

일심이며(이상은 또한『대품반야경』의 말이고, 아래 세 가지는『화엄
경』[745]의 말이다)

유식성이며

무성이며

법인이며(첫 번째 회향에 말하기를 법계인으로써 모든 선근을 찍는다
하였다.)[746]

적멸이며(『지도론』의 말이다.)

삼성 가운데 이름이 원성실성이며,

삼신 가운데 이름이 법신이며,

삼정토 가운데 이름이 법성토[747]이며,

삼불성[748] 가운데 이름이 자성에 머무는 불성이며,

오법五法[749] 가운데 이름이 여여이며,

---

745 원문에 하삼화엄下三華嚴 四字는 금장경金藏經 밖엔 다 정문正文이 아니고
소문小文으로 되어 있고,『유망기』에는 주註라고 하였다.

746 법인이라고 한 등(주註까지)은 처음에 두 가지(유식성과 무성)는 곳곳에 있는
까닭으로 주註에서 가리키지 않았고, 법인은 숨은 까닭으로 여기 주註에서
치우쳐 가리킨 것이다. 역시『유망기』의 말이다.

747 上은 土의 잘못이다.

748 삼불성三佛性은 자성주불성自性住佛性, 인출불성引出佛性, 지득과불성至得果
佛性이다.

749 오법五法은 상相, 명名, 분별分別, 정지正智, 여여如如이다.

오장 가운데 이름이 다 이것이니,

말하자면 법계장과 법신장과 출세간상상장[750]과 자성청정장과 여래
장이며

사승의四勝義[751] 가운데 이름이 승의승의이며,

또한 증득승의와 그리고 도리승의 가운데 멸제에도 통하는 것이다
(『유가론』 육십사권 가운데 말이다).

육제六諦[752] 가운데 또한 이름이 진제현관[753]이며,

칠제통달[754] 가운데 이름이 법성이며(『현양론』의 말이다.)

이종불성[755] 가운데 이름이 이理불성이며,

십사제 가운데 이름이 승의제며,

삼반야 가운데 이름이 실상반야이며,

---

750 타본他本엔 上上藏이라 하였다. 따라서 고쳤다.

751 사승의四勝義는 『현담玄談』 사권, 영인본 1책, p.191에 세간승의世間勝義 - 오
색五色 · 십이처十二處 · 십팔계十八界, 증득승의證得勝義 - 이공진여二空眞如, 도
리승의道理勝義 - 사제四諦, 승의승의勝義勝義 - 일진법계一眞法界라 하였다.

752 육제六諦는 미상未詳이라 하나 육현관六現觀을 참고하라. 그러나 십지품에
있다.

753 육제 가운데 진제현관이라고 한 것은 육제六諦를 육현관六現觀으로 본 것이
나 육현관에는 진제현관이 없다. 즉 사현관思現觀, 신현관信現觀, 계현관戒現
觀, 현관지제현관現觀智諦現觀, 현관변제현관現觀邊諦現觀, 구경현관究竟現觀
이 육현관으로 혹 구경현관을 진제현관이라 하기도 한다. 『현양론』을 참고
하라.

754 칠제통달은 자字통달, 자상字相통달, 능취통달, 소취통달, 계박繫縛통달,
해탈통달, 법성통달이다.

755 이종불성二種佛性은 이불성理佛性, 행불성行佛性이다.

삼삼보 가운데 이름이 일체삼보[756]이며,

삼해탈 가운데 이름이 공해탈이며(『지도론』 칠십사권에서 설출한 것
이다.)

이과二果[757] 가운데 이름이 지과[758]이며,

삼열반 가운데 이름이 성정[759]열반이며,

이제 가운데 이름이 진제와 승의제이며,

삼제 가운데 이름이 공제이며(『인왕경』의 말이다.)

사제 가운데 이름이 멸제이며 혹은 이름이 실제이며,

『현양론』에 이름이 일제이며 혹은 이름이 중도이며 혹은 이름이
해탈이며,

『열반경』 가운데 일백문으로써 해탈의 다른 이름을 나타내었으니,

혹은 이름이 불이법문이며

혹은 이름이 둘도 없고 자성도 없는[760] 것이며

혹은 이름이 실성이며

혹은 이름이 실상이며

혹은 이름이 한량없는 뜻이며

---

756 一切는 즉 同體三寶이다.

757 이과二果는 의과依果, 정과正果니 수에 지과智果는 정과正果니 지정각智正覺이
다. 이과二果는 『유망기』엔 복지이과福智二果라 하였다.

758 원문 智果下에 三字가 있어야 한다.

759 성정性淨 아래에 方便淨 세 글자는 연자(衍)이다. 원정해탈圓淨解脫은 진여眞
如가 아닌 까닭으로 말하지 않는다. 이 위에서 말한 육제六諦·칠제七諦·십사
제十四諦 등은 십지품十地品에 잘 나타나 있다.

760 원문에 무이무성無二無性은 북장경北藏經엔 무이성無二性이라 하였다.

또한 이름이 제일의제이며

또한 이름이 제일의공이다.

상래에 수많은 이름이 만약 대승권교 가운데 있다면 다만 이理에
나아가 이름한 것이요

만약 실교 가운데 있다면 혹 사事에 즉한 이와 이에 즉한 사와
사사무애에 나아가 이름한 것이어니와, 그러나 다 권교와 실교에
통하는 것이다.

經

入離分別無縛著法하며 入最勝智眞實之法하며 入非諸世間에
所能了知인 出世間法하나니 此是菩薩의 善巧方便으로 示現生
相하니라

분별을 떠나 얽힘도 집착도 없는 법에 들어가며
가장 수승한 지혜의 진실한 법에 들어가며
모든 세간에서 능히 요달하여 알 바가 아닌 출세간의 법에 들어가
나니,
이것이 이 보살의 선교방편으로 생기하는 모습을 시현하는 것입
니다.

疏

二에 入離下는 總結三業中에 初句는 結心이니 故無縛著이요 次句
는 結身이니 卽所住眞如等이요 三은 結前語니 卽超諸世間等이요
末句는 總結三業이니 皆寂用無礙일새 故名善巧니 善現之名이
從斯而立이라

두 번째 분별을 떠나 얽힘도 집착도 없는 법에 들어간다고 한 아래는
삼업을 모두 맺는 가운데 처음 구절은 마음을 맺는 것이니,
그런 까닭으로 얽힘도 집착도 없다 한 것이요
다음 구절은 몸을 맺는 것이니,

곧 머무를 바 진여[761]라 한 등이요

세 번째 구절은 앞[762]에 말을 맺는 것이니,

곧 모든 세간을 초월한다 한 등이요

끝 구절은 삼업을 모두 맺는 것이니,

다 적체와 작용에 걸림이 없기에 그런 까닭으로 선교라 이름하는
것이니 선현이라는 이름이 이것으로 좇아 성립하는 것이다.

---

761 원문에 소주진여所住眞如는 영인본 화엄 6책, p.646, 9행이다.

762 앞이란, 영인본 화엄 6책, p.647, 5행이다.

經

佛子야 此菩薩이 作如是念호대 一切衆生이 無性爲性하며 一切
諸法이 無爲爲性하며 一切國土가 無相爲相하며 一切三世가 唯
是言說이며 一切言說이 於諸法中에 無有依處하며 一切諸法이
於言說中에 亦無依處라하니라

불자여, 이 보살이 이와 같은 생각을 하기를 일체중생이 자성이
없는 것으로 자성을 삼으며
일체 모든 법이 조작이 없는 것으로 자성을 삼으며
일체 국토가 모습이 없는 것으로 모습을 삼으며
일체 삼세가 오직 이 언설뿐이며
일체 언설이 모든 법 가운데 의지할 곳이 없으며
일체 모든 법이 언설 가운데 또한 의지할 곳도 없다 합니다.

疏

第二에 佛子下는 辨五明處와 三聚中에 決定善巧慧니 故於文中
에 解世間法이라하니라 於中分三하리니 初는 以理會事요 二에 菩
薩如是下는 事理無礙요 三에 永不下는 順理起悲라 今初에 文有
六句하니 一은 衆生緣生일새 故說無性이요 二는 法依眞起일새
故會歸無爲요 三은 國是心之相分故요 四는 時依法以假言故요
五는 名無得物之功故니 若名在法中인댄 見義에 應知名故니라

六은 物無當名之實故니 若法在名中인댄 聞名에 則應識義가 召
火에 應當燒口故니라

제 두 번째 불자여, 이 보살이라고 한 아래는 오명처와 삼취를
분별한 가운데 결정한 선교의 지혜이니,
그런 까닭으로 경문 가운데 세간의 법을 안다 하였다.
그 가운데 세 가지로 분별하리니
처음에는 진리로써 사실을 아는 것이요
두 번째 보살이 이와 같은이라고 한 아래는 사실과 진리가 걸림이
없는 것이요
세 번째 영원히 대보리심을 버리지 않는다고 한 아래는 진리를
따라 대비를 일으킨 것이다.

지금은 처음으로 경문에 여섯 구절이 있나니
첫 번째는 중생은 인연으로 생기하기에 그런 까닭으로 자성이 없다
고 말하는 것이요
두 번째는 일체법은 진실을 의지하여 일어나기에 그런 까닭으로
무위에 돌아가는 줄 아는 것이요
세 번째는 일체 국토는 이 마음의 상분相分인 까닭이요
네 번째는 시간[763]은 법을 의지하여 거짓으로 말하는 까닭이요
다섯 번째는 이름은 사물을 얻을 공력이 없는[764] 까닭이니,

---

763 시간이란, 일체법一切法이다.
764 원문에 五에 명무득물名無得物이란, 이름 가운데에는 제법諸法이 없는 까닭으

만약 이름이 법 가운데 있다면 뜻⁷⁶⁵을 봄에 응당히 이름을 알아야
하는 까닭이다.

여섯 번째는 사물은 이름을 감당할 진실이 없는⁷⁶⁶ 까닭이니,
만약 법이 이름 가운데 있다면 이름⁷⁶⁷을 들음에 곧 응당히 뜻을
알아야 하는 것이 불⁷⁶⁸을 부름에 응당히 입이 타야 하는 것과 같은
까닭이다.

鈔

名無得物之功者는 若依世俗인댄 名以召實하고 實以當名일새 故使
命火에 不得於水하고 命水에 不得於火어니와 今約眞諦일새 故平等
無依니라 此五六句가 皆先은 標無依요 後에 若名在法等은 反以釋成
이니 如有一人이 雖先知有나 曾未相識일새 忽然見面하야도 終不得
知此是某人하나니 此爲見義에 不知名耳니라 義卽境義니라 六中有
人이 雖聞其名이나 竟不識面이 召火不燒口하나니 明知名中無有義
也니라 亦應云호대 言飯에 卽應已飽等이니라 故智論四十七云호대
凡有二法하니 一者는 名字요 二者는 名字義라 如火能照能燒가 是其

로 名無得物이다.
765 義 자 아래에 之時 두 글자가 있어야 좋다. 그러나 없어도 무방하다.
766 원문에 六에 물무당명物無當名이란, 제법諸法 가운데에는 이름이 없는 까닭으
로 物無當名이다.
767 名 자 아래에 之時 두 글자가 있어야 좋다. 그러나 없어도 무방하다.
768 火 자 아래에 之時 두 글자가 있어야 좋다. 그러나 모두 之時 두 글자가
없다 해도 뜻은 통한다.

義니 照是造色이요 燒是火用이라 二法和合을 名爲火也라하니라 今
聞火名에 不得照燒之義일새 故無得物之功等이라

이름은 사물을 얻을 공력이 없다고 한 것은 만약 세속을 의지한다면
이름은 진실을 부르고 진실은 이름을 감당하기에 그런 까닭으로
가사 불이라고 명명命名함에 물이라고 이름함을 얻을 수 없고 물이라
고 명명함에 불이라고 이름함을 얻을 수 없거니와, 지금에는 진제를
잡았기에 그런 까닭으로 평등하여 의지할 곳이 없는 것이다.
이 다섯 번째 구절과 여섯 번째 구절이 다 먼저는 의지할 곳이
없음을 표한 것이요
뒤에 만약 이름이 법 가운데 있다면이라고 한 등은 반대로 해석하여
성립한 것이니,
마치 어떤 한 사람이 비록 먼저 있는 줄은 알았지만 일찍이 서로
아는 사이[769]가 아니었기에 홀연히 얼굴을 볼지라도 끝내 이 사람이
어떤 사람인지 알지 못하는 것과 같나니,
이것이 뜻을 봄에 이름을 알지 못하는 것이 되는 것이다.
뜻이라고 한 것은 곧 경계의 뜻이다.
여섯 번째 가운데는 어떤 사람이 비록 그 이름을 들었지만 끝내
얼굴을 알지 못하는 것이 불을 부름에 입이 타지 않는 것과 같나니,
이름 가운데는 뜻이 없음을 분명히 알아야 할 것이다.
또 응당히 말하기를 밥을 말함에 곧 응당히 이미 배가 불러야 한다

---

[769] 원문에 상식相識은 사전에 서로 아는 사이라 하였다.

한 등이다.

그런 까닭으로 『지도론』 사십칠권에 말하기를 무릇 두 가지 법이 있나니

첫 번째는 이름이요,

두 번째는 이름의 뜻이다.

마치 불이 능히 비추고 능히 태우는 것과 같은 것이 그 뜻이니 비추는 것은 색을 만드는 것이요, 태우는 것은 불의 작용이다. 이 두 가지 법이 화합하는 것을 이름하여 불이라 한다 하였다. 지금에는 불의 이름을 들음에 비추고 태우는 뜻을 얻을 수 없기에 그런 까닭으로 사물을 얻을 공력이 없는 까닭이다 한 등이다.

經

菩薩이 如是解一切法이 皆悉甚深하며 一切世間이 皆悉寂靜하며 一切佛法이 無所增益하며 佛法不異世間法하고 世間法不異佛法하며 佛法世間法이 無有雜亂하며 亦無差別하며 了知法界의 體性平等하야 普入三世하며

보살이 이와 같이 일체법이 다 깊고도 깊으며
일체 세간이 다 고요하고 고요하며
일체 불법이 증익하는 바가 없으며
불법이 세간법과 다르지 않고 세간법이 불법과 다르지 아니하며
불법과 세간법이 섞이어 혼란하지 아니하며
또한 차별이 없는 줄 알며[770]
법계가 체성이 평등한 줄 알아 널리 삼세에 들어가며

疏

二에 菩薩如是下는 明事理無礙라 文有七句하니 初一은 總顯甚深이요 餘句는 別顯深相이라 然이나 世法與佛法이 實無二體나 假約事理하야 以分其二니 故以五句로 顯非一異하니라 一은 世相即空일새 故云寂靜이요 二는 佛法平等일새 故無增益이요 三은 以理無不事일새 故佛法不異世法이며 事無不理일새 故世法不異

---

770 안다고 한 것은 여시해如是解라 한 解 자의 해석이다.

佛法이요 四는 此全理之事가 與全事之理로 而事理不雜이요 五는
各全收盡하야 互無所遺일새 故云亦無差別이요 末句는 了前諸法
이 同法界體일새 故得鎔融하야 普入三世하야 橫豎該攝이라

두 번째 보살이 이와 같이라고 한 아래는 사실과 진리가 걸림이
없음을 밝힌 것이다.
경문에 일곱 구절이 있나니
처음 구절은 깊고도 깊은 것을 한꺼번에 나타낸 것이요
나머지 구절은 깊은 모습을 따로 나타낸 것이다.
그러나 세간법과 더불어 불법이 진실로 두 가지 자체가 없지만
거짓으로 사실과 진리를 잡아 그 두 가지[771]를 나누었으니,
그런 까닭으로 다섯 구절로써 하나도 아니고 다르지도 아니함을
나타내었다.
첫 번째는 세간법의 모습이 곧 공하기에 그런 까닭으로 고요하고
고요하다 말한 것이요
두 번째는 불법이 평등하기에 그런 까닭으로 증익이 없다고 한
것이요
세 번째는 진리가 사실이 아님이 없기에 그런 까닭으로 불법이
세법과 다르지 않다 한 것이며
사실이 진리가 아님이 없기에 그런 까닭으로 세간법이 불법과 다르
지 않다 한 것이요

---

771 그 두 가지란, 세법世法과 불법佛法이다.

네 번째는 이 진리와 온전한 사실이 사실과 온전한 진리로 더불어 사실과 진리가 섞이어 혼란하지 않다 한 것이요

다섯 번째는 각각 온전히 거두어 다하여 서로 유실하는 바가 없기에 그런 까닭으로 말하기를 또한 차별이 없다 한 것이요

끝 구절[772]은 앞의 모든 법이 법계의 체성이 같은 줄 알기에 그런 까닭으로 녹여 원융함[773]을 얻어 널리 삼세에 들어가 횡橫과 수竪를 갖추어 거두는 것이다.

鈔

然世法者는 同一眞如故로 無事非眞이요 事亦卽如일새 故云假約事理하야 以分其二라하였다 故以五句로 顯非一異者는 初二句는 當相以辯이니 通非一異나 正是非一이라 三에 一句는 正明不異요 四에 一句는 別明不一이요 五에 亦無差別句는 卽事理無礙요 第六에 了知는 卽出所以라

그러나 세간법이라고 한 것은 동일한 진여인 까닭으로 사실마다 진여가 아님이 없는 것이요

사실도 또한 곧 진여이기에 그런 까닭으로 말하기를 거짓으로 사실과 진리를 잡아 그 두 가지를 나누었다 하였다.

---

772 원문에 말구末句는 제육구第六句이다.
773 원문에 용융鎔融은 평등平等이다.

그런 까닭으로 다섯 구절로써 하나도 아니고 다르지도 아니함을
나타내었다고[774] 한 것은 처음에 두 구절은 세간법의 모습에 당하여
분별한 것이니,

하나도 아니고 다르지도 아니함에 통하지만 바로 이것은 하나가
아니라는 것이다.

세 번째 한 구절은 바로 다르지 않다고 한 것을 밝힌 것이요

네 번째 한 구절은 따로 하나가 아니라는 것을 밝힌 것이요

다섯 번째 또한 차별이 없다고 한 구절은 곧 사실과 진리가 걸림이
없다는[775] 것이요

제 여섯 번째 요달하여 안다고 한 것은 곧 그 까닭을 설출한 것이다.

疏

若約漏無漏說하야 爲世法佛法이 各具事理釋者인댄 一은 生死
卽涅槃일새 故云世間寂靜이요 二는 無有一法도 非佛法故어니 更
何所增이리요 三은 二法이 染淨雖殊나 同一眞性일새 故不相異요
四는 不壞相故로 無有雜亂이요 五는 皆是卽理之事가 而各互收

---

774 명명明 자는 소문에 현현顯 자이니 고쳐서 번역하였다.

775 원문에 五에 事事無礙라고 한 것은, 此 사사무애事事無礙는 사리무애理無礙
라고 해야 한다. 소문疏文에 二에 보살여시하菩薩如是下는 사리무애事理無礙
라고 하지 않았는가. 사사무애事事無礙는 다음 초문鈔文, 영인본 화엄 6책,
p.658, 6행에 五는 事事無礙라고 밝혔다. 따라서 나는 사리무애로 고쳐
번역하였다.

無遺일새 卽無差也요 六은 同一法界니 總顯所因이라

만약 유루와 무루설을 잡아 세간법과 불법이 각각 사리를 구족한
것을 해석한다면 첫 번째는 생사가 곧 열반이기에 그런 까닭으로
말하기를 세간이 고요하고 고요하다 한 것이요
두 번째는 한 법도 불법 아님이 없는 까닭이거니 다시 어찌 증익할
바가 있겠는가[776] 한 것이요
세 번째는 두 가지 법[777]이 더럽고 깨끗한 것이 비록 다르지만 동일한
진성이기에 그런 까닭으로 서로 다르지 않다는 것이요
네 번째는 불법과 세간법의 모습을 무너뜨리지 않는 까닭으로 섞이
어 혼란함이 없다는 것이요
다섯 번째는 다 이것은 진리에 즉한 사실이 각각 서로 거두어 유실함
이 없기에 곧 차별이 없다는 것이요
여섯 번째는 동일한 법계이니 원인하는 바를 모두 나타낸 것이다.

鈔

若約漏無漏等者는 對上事理니 此二가 皆通事理라 上初二句는 卽
是非一이거늘 今約漏等인댄 初二句義가 却成非異니 以相卽故라 三
은 約同體요 四는 不壞相이요 五는 事事無礙라

---

776 원문에 갱하소증更何所增은 경문經文의 무소증익無所增益이다.
777 원문에 이법二法은 세법世法과 불법佛法이다.

만약 유루와 무루설을 잡아서라고 한 등은 위에 사실과 진리를
상대한 것이니,

이 두 가지[778]가 다 사실과 진리에 통하는 것이다.

위에 처음 두 구절은 곧 하나가 아니라는 것이거늘, 지금에 유루
등을 잡는다면 처음에 두 구절의 뜻이 도리어 다르지 않다고 함을
이루나니 서로 즉하는 까닭이다.

세 번째는 동체를 잡은 것이요

네 번째는 불법과 세간법의 모습[779]을 무너뜨리지 않는 것이요

다섯 번째는 사실과 사실이 걸림이 없는 것이다.

---

778 이 두 가지란, 불법佛法과 세법世法이다.
779 事는 相의 잘못이다. 소문疏文에는 相 자이다.

經

永不捨離大菩提心하며 恒不退轉化衆生心하며 轉更增長大慈
悲心하야 與一切衆生으로 作所依處니라

영원히 대보리심을 버리지 아니하며
항상 중생을 교화하는 마음이 물러나지 아니하며
전전히 다시 대자비심을 증장하여 일체중생으로 더불어 의지할
바 처소를 짓습니다.

疏

三에 永不下는 順理起悲니 謂無緣之悲로 以導前亡機之智하야
入假化物이라 初句爲總이니 謂雖深入智慧나 不忘本心이니 非如
八地에 心欲放捨니라 下三句別이니 一은 不捨願炷요 二는 增大悲
油요 三은 兼前智光일새 故堪爲依處니라

세 번째 영원히 대보리심을 버리지 않는다고 한 아래는 진리를
따라 대비심을 일으키는 것이니,
말하자면 무연無緣의 대비로 그 전[780]에 중생을 잊었던 지혜를 인도하
여 거짓으로 들어가 중생을 교화하는 것이다.

---

780 전前이란, 대비심을 일으키기 전을 말한다. 즉 중생 구제는 잊어버리고
자기 지혜에만 빠져 있을 때를 말한다.

처음 구절은 총구가 되나니[781]

말하자면 비록 깊이 지혜에 들어갔지만 본래의 마음[782]을 잊지 않는 것이니

팔지에서 마음을 놓아버리고자 한 것과는 같지 않는 것이다.

아래 세 구절은 별구이니

첫 번째는 서원의 횃불을 버리지 않는 것이요

두 번째는 대비의 기름을 증장하는 것이요

세 번째는 앞에 지혜의 광명을 겸하였기에[783] 그런 까닭으로 의지처가 됨을 감당하는 것이다.

鈔

非如八地에 心欲放捨者는 八地菩薩이 證無生忍하야 便欲放捨利衆生事일새 諸佛勸起하야 令憶本願하야 利益衆生케하나니 是不忘本心이라 不捨願炷等은 卽菩提燈이라

팔지에 마음을 놓아버리고자 한 것과는 같지 않다고 한 것은 팔지보살이 무생법인을 얻어 문득 중생을 이익케 하는 일을 놓아버리고자 하기에 모든 부처님이 일어나기를 권하여 하여금 본래 서원을 기억

---

781 원문에 초구위총初句爲總이란, 비悲·지智·원願 삼심三心으로 대보리심大菩提心을 삼는 까닭이다.

782 원문에 本心이란, 대비심大悲心으로 중생衆生을 교화하려 한 마음이다.

783 원문에 겸전지광兼前智光이란, 前은 忘機之智光이니 즉 중생을 잊었던 지혜 광명이니 三心을 구족한 까닭으로 의지처가 되는 것이다.

하여 중생을 이익케 하나니,

이것이 본래의 마음을 잊지 않는 것이다.

서원의 횃불을 버리지 않는다고 한 등은 곧 보리의 등불[784]이다.

---

[784] 보리의 등불이라고 한 것은 또한 종으로 말한 것이다. 자비는 기름이고 서원은 심지(炷)이니, 갖추어 말하면 곧 바야흐로 지혜 광명의 불이 되는 것이다. 따라서 한꺼번에 등불이라 이름하는 것이다. 『유망기』의 말이다.

經

菩薩爾時에 復作是念호대 我不成熟衆生인댄 誰當成熟하며 我
不調伏衆生인댄 誰當調伏하며 我不敎化衆生인댄 誰當敎化하
며 我不覺悟衆生인댄 誰當覺悟하며 我不淸淨衆生인댄 誰當淸
淨하리요 此我所宜요 我所應作이라하며

보살이 그때에 다시 이와 같은 생각을 하기를 내가 중생을 성숙하게
하지 않는다면 누가 마땅히 성숙하게 하며
내가 중생을 조복하지 않는다면 누가 마땅히 조복하며
내가 중생을 교화하지 않는다면 누가 마땅히 교화하며
내가 중생을 깨닫게 하지 않는다면 누가 마땅히 깨닫게 하며
내가 중생을 청정하게 하지 않는다면 누가 마땅히 청정하게 하
겠는가.
이것은 내가 마땅히 해야 할 바이고 내가 응당 지어야 할 바이다
하며

疏

第三에 菩薩爾時下는 作一切有情義利慧라 於中二니 先은 建攝
生志요 二는 先人後己라 今初에 文有五句하니 成熟是總이니 或因
成果熟故며 或始末勸奬故라 餘句是別이니 一은 折伏이요 二는
攝化요 三은 令悟本性하야 成大菩提요 四는 斷惑淸淨하야 得涅槃

果니라

제 세 번째 보살이 그때라고 한 아래는 일체 유정의 의리를 짓는[785] 지혜이다.

그 가운데 두 가지가 있나니

먼저는 중생을 섭수하는 뜻을 건립한 것이요

두 번째는 자기를 뒤로하고 다른 사람을 먼저 하는 것이다.

지금은 처음으로 경문에 다섯 구절이 있나니

성숙하게 한다고 한 것은 이것은 총구이니,

혹은 원인이 이루어지고 결과가 익은 까닭이며 혹은 처음과 끝에 권장한 까닭이다.

나머지 구절은 이것은 별구이니

첫 번째는 절복하는 것이요

두 번째는 섭수하여 교화하는 것이요

세 번째는 하여금 본성을 깨달아 대보리를 이루게 하는 것이요

네 번째는 번뇌를 끊고 청정히 하여 열반의 결과를 얻게 하는 것이다.

---

[785] 원문에 작일체유정등作一切有情等은 영인본 화엄 6책, p.636. 3행, 『유가론瑜伽論』에서 말한 三慧의 一이다.

經

復作是念호대 若我自解此甚深法인댄 唯我一人이 於阿耨多羅
三藐三菩提에 獨得解脫하고 而諸衆生은 盲冥無目하야 入大險
道하야 爲諸煩惱之所纏縛하며 如重病人하야 恒受苦痛하며 處
貪愛獄하야 不能自出하며 不離地獄과 餓鬼畜生과 閻羅王界하
며 不能滅苦하고 不捨惡業하며 常處癡闇하야 不見眞實하며 輪
迴生死하야 無得出離하며 住於八難하야 衆垢所著하며 種種煩
惱가 覆障其心하며 邪見所迷로 不行正道라하니라 菩薩如是觀
諸衆生하고 作是念言호대 若此衆生을 未成熟하고 未調伏하야
捨而取證阿耨多羅三藐三菩提인댄 是所不應이니 我當先化衆
生호대 於不可說不可說劫에 行菩薩行하야 未成熟者는 先令成
熟케하고 未調伏者는 先令調伏케하리라하나니

다시 이와 같은 생각을 하기를 만약 내 스스로만 이 깊고도 깊은
법을 안다면 오직 내 한 사람만이 아뇩다라삼먁삼보리에 홀로
해탈을 얻고 모든 중생은 눈도 어둡고 지혜의 눈도 없어서 큰
험난한 길에 들어가 모든 번뇌의 얽힌 바가 되며
중병 든 사람과 같아서 항상 고통을 받으며
탐욕과 애욕의 지옥에 거처하여 능히 스스로 나오지 못하며
지옥과 아귀와 축생과 염라왕 세계를 떠나지 못하며
능히 고통을 소멸하지 못하고 악업을 버리지 못하며
항상 어리석음의 어둠에 거처하여 진실을 보지 못하며

생사에 윤회하여 벗어남을 얻지 못하며

팔난에 머물러 수많은 번뇌에 집착하는 바이며

가지가지 번뇌가 그 마음을 덮어 장애하며

사견의 미혹한 바로 정도를 행하지 못할 것이다 하였습니다.

보살이 이와 같이 모든 중생을 관찰하고 이와 같은 생각을 하여
말하기를 만약 이 중생을 성숙케 하지 못하고 조복하지 못하여
버려두고 아뇩다라삼먁삼보리 증득함을 취하려고 한다면 이것은
응당하지 못할 바이니,

내가 마땅히 먼저 중생을 교화하되 가히 말할 수 없고 말할 수
없는 세월에 보살의 행을 행하여 성숙하지 못한 사람은 먼저 하여금
성숙케 하고 조복하지 못한 사람은 먼저 하여금 조복케 할 것이다
하나니

疏

二에 復作下는 先人後己라 文分爲四리니 一은 假設自度요 二에
而諸衆生下는 觀物輪迴니 具業惑苦요 三에 菩薩如是下는 結所
不應이니 有二過故라 一은 違本誓心이요 二는 墮慳貪失이니 此爲
不可니라 四에 我當下는 決志先拔이라

두 번째 다시 이와 같은 생각을 하였다고 한 아래는 다른 사람을
먼저 하고 자기를 뒤로하는 것이다.
경문을 나누어 네 가지로 하리니

첫 번째는 자기 제도를 가설한 것이요

두 번째 모든 중생이라고 한 아래는 중생의 윤회를 관찰하는 것이니

업과 번뇌와 고(業·惑·苦)를 갖춘 것이요

세 번째 보살이 이와 같이라고 한 아래는 응당하지 못할 바를 맺는

것이니

두 가지 허물이 있는 까닭이다.

첫 번째는 본래 서원의 마음을 어기는 것이요

두 번째는 아끼고 탐하는 허물에 떨어지는 것이니,

이것은 가히 하지 말아야 하는 것이다.

네 번째 내가 마땅히라고 한 아래는 뜻을 결정하여 빼내어 주기를

먼저 하는[786] 것이다.

鈔

二에 墮慳貪失者는 法華第一云호대 自證無上道인 大乘平等法하고
若以小乘化하야 乃至於一人인댄 我則墮慳貪이니 此是爲不可라하
니라

아끼고 탐하는 허물에 떨어진다고 한 것은 『법화경』 제일권에 말하
기를 스스로는 더 이상 없는 도道인 대승의 평등법을 증득하고
만약 소승법으로써 교화하여 이에 한 사람에게라도 이르게 한다면

---

786 원문에 선발先拔이란, 중생衆生을 먼저 교화하는 것이다. 즉 발고여락拔苦與樂
    이다.

나는 곧 아끼고 탐하는 죄에 떨어질 것이니,

이 일은 가히 하지 말아야 할 것이다 하였다.

經

是菩薩이 住此行時에 諸天魔梵과 沙門婆羅門과 一切世間과
乾闥婆阿脩羅等이 若有得見하야 暫同住止거나 恭敬尊重하야
承事供養거나 及暫耳聞하고 一經心者인댄 如是所作을 悉不唐
捐하야 必定當成阿耨多羅三藐三菩提하리니 是名菩薩摩訶薩
의 第六善現行이니라

이 보살이 이 잘 나타나는 행[787]에 머물 때에 모든 하늘과 마군과
범천과 사문과 바라문과 일체 세간과 건달바와 아수라 등이 만약
친견함을 얻어 잠시 함께 머물거나 공경하고 존중하여 받들어
섬기고 공양하거나 그리고 잠시 귀로 듣고 한번 마음에 스쳐 지나는
자가 있다면 이와 같이 하는 바를 다 헛되이 버리지 아니하여
반드시 결정코 마땅히 아뇩다라삼먁삼보리를 이루게 할 것이니,
이것이 이름이 보살마하살의 제 여섯 번째 잘 나타나는 행입니다.

疏

第二에 是菩薩下는 顯行成益이라 於中에 三業不空은 是爲遍益이
요 終至菩提는 是究竟益이라

제 두 번째 이 보살이라고 한 아래는 행이 이익을 이루는 것을

---

787 원문에 차행此行이란, 선현행善現行이다.

나타낸 것이다.

그 가운데 삼업[788]이 헛되지 않는[789] 것은 이것은 두루 이익함이 되는 것이요

마침내 보리에 이르게[790] 하는 것은 이것은 구경의 이익이다.

---

788 삼업이라고 한 것은 경문에 만약 친견함을 얻는다 한 아래 두 구절은 신업身業이고, 그 아래 공경하고 존중한다고 한 것은 의업意業이고, 그 아래 귀로 듣는다고 한 것은 구업口業이다. 또 이것은 보살의 삼업이니 중생이 보살을 친견하는 것은 신업이고, 잠시 귀로 듣는 것은 구업이고, 의업은 생략되고 없다. 그러나 뒤의 뜻이 정의가 된다 할 것이다. 『유망기』의 말에 나의 뜻을 삽입하여 해석하였다.

789 원문에 삼업불공三業不空은 경문에 시보살是菩薩에서 불당연不唐捐까지이다.

790 원문에 종지보리終至菩提는 경문에 필정당성아뇩보리必定當成阿耨菩提이다.

청량 징관(清凉 澄觀, 738~839)

중국 화엄종의 제4조.

절강성浙江省 월주越州 산음山陰 사람으로, 속성은 하후夏侯, 자는 대휴大休, 탑호는 묘각妙覺이다.

11세에 출가하여 계율, 삼론, 화엄, 천태, 선 등을 비롯, 내외전을 두루 수학하였다. 40세(777년) 이후 오대산 대화엄사에 머물면서 『화엄경』을 여러 차례 강설하였으며, 이를 토대로 『대방광불화엄경소』 60권, 『대방광불화엄경수소연의초』 90권을 저술하고 강의하였다. 796년에는 반야삼장의 『40권 화엄경』 번역에 참여하였고, 덕종에게 내전에서 화엄의 종지를 펼쳤다. 덕종에게 청량국사清凉國師, 헌종에게 승통청량국사僧統清凉國師라는 호를 받는 등 일곱 황제의 국사를 지냈다.

저서로 『화엄경주소華嚴經註疏』, 『화엄경수소연의초華嚴經隨疏演義鈔』, 『화엄경강요華嚴經綱要』, 『화엄경략의華嚴經略義』, 『법계현경法界玄鏡』, 『삼성원융관문三聖圓融觀門』 등 400여 권이 있다.

관허 수진貫虛 守眞

1971년 문성 스님을 은사로 출가, 1974년 수계, 해인사 강원과 금산사 화엄학림을 졸업하고, 운성, 운기 등 당대 강백 열 분에게 10년간 참문수학하였다.

1984년부터 수선안거 10년을 성만하고, 1993년부터 7년간 해인사 강원 강주로 학인들을 지도하였다.

대한불교조계종 교육위원, 역경위원, 교재편찬위원, 중앙종회의원, 범어사 율학승가대학원장 및 율주를 역임하였다.

현재 부산 승학산 해인정사에 주석하면서, 대한불교조계종 고시위원장, 단일계단 계단위원 · 존증아사리, 동명대학교 석좌교수, 동명대학교 세계선센터 선원장 등의 소임을 맡고 있다.

청량국사화엄경소초 40 - 십행품 ①

초판 1쇄 인쇄 2023년 7월 10일 | 초판 1쇄 발행 2023년 7월 24일
청량 징관 찬술 | 관허 수진 **현토역주** | 펴낸이 김시열
펴낸곳 도서출판 운주사

(02832) 서울시 성북구 동소문로 67-1 성심빌딩 3층

전화 (02) 926-8361 | 팩스 0505-115-8361

ISBN 978-89-5746-748-0 94220
ISBN 978-89-5746-592-9 (총서) 값 30,000원

http://cafe.daum.net/unjubooks 〈다음카페: 도서출판 운주사〉